O EVANGELHO SEM MISTÉRIOS NEM VÉUS

J. Moutinho

O EVANGELHO SEM MISTÉRIOS NEM VÉUS

Textos bíblicos interpretados à luz da
Codificação Kardequiana

Copyright © 2015 *by*
FEDERAÇÃO ESPÍRITA BRASILEIRA – FEB

1ª edição – Impressão pequenas tiragens – 8/2025

ISBN 978-85-8485-035-8

Todos os direitos reservados. Nenhuma parte desta publicação pode ser reproduzida, armazenada ou transmitida, total ou parcialmente, por quaisquer métodos ou processos, sem autorização do detentor do *copyright*.

FEDERAÇÃO ESPÍRITA BRASILEIRA – FEB
SGAN 603 – Conjunto F – Avenida L2 Norte
70830-106 – Brasília (DF) – Brasil
www.febeditora.com.br
editorial@febnet.org.br
+55 61 2101 6161

Pedidos de livros à FEB
Gerência Comercial
Tel.: (61) 2101 6161 – comercial@febnet.org.br

Adquirindo esta obra, você está colaborando com as ações de assistência e promoção social da FEB e com o Movimento Espírita na divulgação do Evangelho de Jesus à luz do Espiritismo.

Dados Internacionais de Catalogação na Publicação (CIP)
(Federação Espírita Brasileira – Biblioteca de Obras Raras)

M934e   Moutinho, João de Jesus, 1925–2022

O evangelho sem mistérios nem véus: textos bíblicos, interpretados à luz da Codificação Kardequiana / João de Jesus Moutinho. – 1. ed. – Impressão pequenas tiragens – Brasília: FEB, 2025.

516 p.; 21cm

Inclui referências

ISBN 978-85-8485-035-8

1. Espiritismo. I. Federação Espírita Brasileira. II. Título.

CDD 133.9
CDU 133.7
CDE 20.03.00

Sumário

Conversa com o leitor 11
Os mistérios 13
Véus do templo 15
1   Saga religiosa 21
2   Revelação mediúnica 25
3   Mediunidade 29
4   Bom samaritano 33
5   Magos 37
6   Batismo 41
7   Culpa original 45
8   Prato de lentilhas 49
9   Dez noivas 51
10 Trabalhadores da última hora 55
11 Jejum 59
12 Páscoa 63
13 Tentação 69
14 Multiplicação de pães 73
15 Cego de Siloé 77
16 Alforje e espada 81

17	Passe	83
18	Fé	85
19	Oração	87
20	Bodas de Caná	89
21	Mercadores expulsos	91
22	Sodoma	95
23	Torre de Babel	99
24	Lençol	103
25	Véu do templo	105
26	Jesus sofre as imperfeições humanas	107
27	Arrebatamento de Elias	111
28	Desobsessão	115
29	Estratégia de Satanás	121
30	Os discípulos são o sal da terra	125
31	Remendos	129
32	Seres que creem em Jesus	133
33	Sinal do grande julgamento	135
34	Oração e recolhimento	139
35	Sentença	141
36	Escândalos inevitáveis	143
37	Ditosas moradas	147
38	Herdeiros da Terra	151
39	Homens e deuses	153
40	O reino de Deus	155
41	Templos	159
42	Funções específicas do templo	161

43	Escala espírita	165
44	Duas árvores	169
45	Roupa velha	173
46	A mulher cananeia	177
47	O estranho que expelia demônios	179
48	O precursor	183
49	A extensa missão do Cristo	185
50	Juízo simbólico	189
51	Reconciliação com o adversário	193
52	Condição para seguir Jesus	197
53	Juiz iníquo	201
54	Amigo importuno	205
55	Endemoniado mudo	207
56	Servo vigilante	211
57	Questionando o batismo de João	215
58	Nação de meninos	217
59	Os olhos figurando luz ou trevas	219
60	Perdão ou retenção de pecados	223
61	Julgamento	227
62	Mordomo infiel	231
63	Endemoniados gadarenos	235
64	Recado a Herodes	239
65	Saduceus e ressurreição	241
66	Matrimônio e ressurreição	245
67	Jesus anda sobre o mar	249
68	Coisas velhas e coisas novas	253

69	Ceifa e ceifeiros	257
70	O regresso dos Apóstolos	259
71	Fogo que desce do Céu	263
72	O convite de Jesus a Pedro	265
73	O poder da palavra	267
74	Seres que não experimentam a morte	269
75	Morte e decomposição	273
76	Restauração do reino de Israel	277
77	Discussão sobre o jejum	281
78	Zelo dos anjos	285
79	O divino Esperado	287
80	Endereço mediúnico	291
81	Intérpretes da lei	293
82	Figueira estéril	297
83	A volta de Elias	301
84	Os dois filhos	305
85	Religião	307
86	Joio	311
87	Parábola do fermento	313
88	A pá e a eira	315
89	Luz do mundo	317
90	Toque da fé	321
91	Boa parte	325
92	Palavra de Deus	329
93	Celestes moradas	331
94	Oração no monte	335

95	Codificação Espírita	339
96	Cura espontânea	343
97	Arrependimento	347
98	Visão espiritual	349
99	Obsessão e terapêutica	351
100	Espíritos enfermos	355
101	Lava-pés	357
102	Leis divinas e leis humanas	361
103	Vinha dileta	365
104	Grão de mostarda	369
105	Parábola do semeador	371
106	Cadeira de Moisés	373
107	Sorte e destino	375
108	Fuga	377
109	Coivara	379
110	Candeia sob o alqueire	381
111	Transe mediúnico	385
112	Etérea morada	389
113	Odre	393
114	Prolongamento da vida	397
115	Temor da morte	401
116	O filho chamado do Egito	405
117	O sábado	409
118	O dízimo	413
119	A respiga	419
120	O Dilúvio	423

121	Pecado e perdão	427
122	Reconciliação e presença do Cristo	429
123	O cuidado de se enterrarem os mortos	433
124	Deixar pais e filhos	435
125	Odiar ou aborrecer os pais	439
126	Última ceia	443
127	Semblante do Cristo	447
128	Entrada triunfal	449
129	Crucificação	453
130	Estrutura do Cristianismo	455
131	Túnica do Cristo	457
132	Fel e vinagre	459
133	Armas da ironia	461
134	Judas	463
135	Dimas	467
136	I.N.R.I.	469
137	Pedra angular	473
138	Ascensão do Cristo	475
139	O eterno Senhor	477
140	Assento à direita	481
141	Retorno do Cristo	483
142	O Cristo e o Pai celestial	487
143	Grande tribulação	491
144	Último juízo	497
Ode ao Evangelho		505
Referências		511

Conversa com o leitor

O Horto das Oliveiras recorda o sítio acolhedor, onde, algumas vezes, Jesus e Apóstolos comparecem para íntimos colóquios evangélicos, do que recolhem transcendentes manifestações de contentamento.

Se, à videira, os Espíritos sugerem ao codificador o símbolo do homem no tríplice aspecto — espírito, perispírito e corpo —, à oliveira, cujos frutos traduzem alimento ou combustível à chama da candeia, sugere-se o emblema do Evangelho. Enquanto os frutos da oliveira asseguram riqueza ao pomicultor, a sombra renova forças ao peregrino, facultando ao botânico o exame das folhas, do caule ou das raízes ocultas no subsolo. Na condição de pomicultor, o seareiro espírita vem estruturando raciocínios sobre as flores e os frutos.

A pesquisa sobre as raízes da árvore do Evangelho, submersas no terreno das figuras e das parábolas, traduz o objetivo exclusivo desta obra.

Admitida a transcendência que se atribui à palavra do Cristo, compreende-se não existir frase sua que não encerre significativa lição, ou que não esteja revestida de elevada sabedoria, exceção feita a textos cujas traduções contemplam a cultura conservadora e o condicionamento milenar de seus tradutores, induzindo a improcedentes raciocínios.

Finalizando, compreende-se oportuno esclarecer ao leitor que, com o objetivo de facilitar o manuseio, a presente obra, acrescida de algumas lições, constitui uma compilação de três outras já publicadas pela Editora da FEB, sob os títulos *Código do reino*, *Notícias do reino* e *Respiga de luz*.

O Autor

Os mistérios

Graças te rendo, meu Pai, por teres revelado aos simples e pequenos, coisas ainda desconhecidas dos doutos e prudentes.

(MATEUS, 11:25.)

Oriundos da *Vulgata*, os mistérios, figurando espessos véus, tiveram por objetivo ocultar a transparência do pensamento do Cristo, calando inconvenientes e audaciosas indagações que escapavam dos limites instituídos pela religião oficial.

O termo "mistério" revela também o pleno domínio que, por extensos séculos, a religião exerce sobre o povo, proibindo o livre raciocínio ou reprimindo peculiares indagações.

Manter o homem submisso ao quadro de eterna ignorância — por sinônimo de cego — ainda consulta os propósitos de organizações espirituais opostas ao Cristo, conquanto o agrado que confere ao ignorante, por lhe alimentar o ócio e o manifesto desinteresse evolutivo.

Inadmissível atribuir ao Mestre as mazelas do homem inferior, admitindo que abone termos definidos por "mistérios", por manter o quadro de ignorância do homem, considerando os Apóstolos que, a seu convite e, na condição de luz do mundo, compareçam à Terra.

Condicionados, por dilatados séculos, às conhecidas traduções evangélicas, difícil agora admitir a singular transparência dos primitivos textos e respectivas parábolas, quando ainda figurados em papiro, anteriores à *Vulgata*, nos quais os ensinos do Cristo devem destacar inimaginável transparência.

Bem-compreendido por seres de coração puro, que falam o idioma da humildade, o Sermão do Monte, tendo por palco a natureza, em ambiente embalsamado de suave brisa, recordando inolvidável aula pública, compreende acontecimento, jamais observado neste mundo, facultando compreensiva paz às multidões de aflitos.

Manter, por conveniência, o homem sob o domínio da ignorância e, por consequência, afastado dos valores morais traduz o pecado de difícil e longo resgate.

Na hipótese de os ensinos evangélicos constituírem mistérios, a Justiça divina não teria como exigir do homem a observação da lei de amor e respeito ao próximo. Por isso, diz o Senhor: "Se eu não viera ao mundo, nem lhes houvera falado, nenhum pecado teriam; mas agora, não têm desculpa do seu pecado" (JOÃO, 15:22).

Traduzida por endemia do Espírito, generalizada enfermidade existe neste plano, de difícil erradicação, talvez coerente à primitiva idade da alma que, sob o nome de ignorância e vaidade, além de restringir o raciocínio, se aborrece diante do quadro de virtudes e dos conhecimentos que, em maior escala, observa no próximo.

Conquanto indiretamente beneficiadas, o Senhor não compareceu à Terra para as almas que se definem por *imaturas gerações*, então admitidas por Jesus à condição de crianças espirituais, considerando a dificuldade que, ainda hoje, denunciam para compreender modestas lições de moral e de respeito ao próximo, razão do desapreço que atribuem à legítima doutrina do Senhor e a preferência que sugerem às seitas humanas.

Permanente garantia de felicidade, a moral cristã, além de facultar o ingresso da alma nos mundos superiores, assegura o reinado de paz, a ser, intimamente, construído. Revelada nos quadros de extrema pobreza moral, sua ausência, além de deter o Espírito em planetas inferiores, traduz constante ameaça de conflito entre os povos.

Véus do templo

Eis que o véu do templo se rasgou de alto a baixo.
(MATEUS, 27:51.)

Definido por Emmanuel como o maior patrimônio e presidindo, como lei, o destino de todos os seres no universo, o Evangelho, sem mistérios ou véus, constitui a palavra ou o verbo do Diretor do sistema solar a que a Terra pertence — o Cristo — cujas origens confundem-se com a poeira dos sóis que rolam na imensidão do universo.[1]

Demonstrar e traduzir os simbólicos véus que, por dilatados séculos, nos textos evangélicos, ofuscam o legítimo pensamento de Jesus constitui o objetivo desta obra.

O prepotente reinado da Terra, sempre posicionado contra o Mestre, observando a ineficácia das perseguições que, aos primeiros cristãos, facultam maior resistência moral propõe diferente estratégia, iniciada por Constantino, em 313 d.C., na simulada visão da cruz.

Como imperador romano e detendo nas mãos as rédeas diretoras da religião oficial, não podia contentar-se com o anunciado reinado celeste posterior à morte, proposto pelo Crucificado aos humildes, ainda hoje confundidos com indigentes. Enquanto, pois, os homens simples o continuariam

---

1 XAVIER, Francisco Cândido. *A caminho da luz; Os filhos de Galileu*, de Alison Rose. Inigo Films, 2004.

aguardando para depois da morte, os seres astutos, mediante o poder econômico, deveriam assegurá-lo na Terra, conquanto os meios exigidos para esse fim.

O objetivo do monarca vem a ser alcançado ainda no século IV, com a instituição da *Vulgata* — versão latina da *Bíblia*, instituída por padrão e fundamento para as futuras edições — inicialmente manuseada só por sacerdotes, considerando tornar-se pública, depois do concílio de Trento, convocado em 1545, em razão do protesto de Martinho Lutero. Destinada então ao povo ou ao vulgo, a *Vulgata* haveria de ocultar, para sempre, a essência do Evangelho, no que concerne à imortalidade do Espírito, obrigado, por isso, a dormir o sono eterno, depois da morte física, razão por que as conhecidas traduções, *embora os diversos idiomas de origem*, somente se diferenciam *segundo o estilo e o arranjo literários* de cada tradutor.

Depois da *Vulgata*, atribuída a Jerônimo de Estridão (340–420), com base nos textos dos massoretas — doutores judeus em tradições religiosas — o povo não mais teve acesso aos genuínos textos, recolhidos que foram, em total segurança, considerando que a *filosofia* da imortalidade do Espírito e a consequente vida organizada noutra dimensão — posteriormente observada apenas nas entrelinhas de alguns textos — comprometia, sobremodo, as bases do edifício dos interesses terrenos, pelo que convinha manter-se ofuscada, para sempre, sob o simbólico "véu" de convencionais mistérios.

Além dos mistérios e dos véus que vieram a empanar para sempre a transparência dos ensinos cristãos, estranhos textos de particular interesse, definidos por sacramentos, atribuídos a Jesus, e traduzindo a estrutura da religião universal, foram introduzidos na *Vulgata*, entre os quais a confissão, o batismo (MATEUS, 3:13), o jejum, além da ressurreição, também atribuída ao Cristo, por vezes chamado de Filho de Deus e, inúmeras outras, de Filho do Homem, não se esquecendo dos parágrafos de compreensivo conteúdo espiritual, afastados das páginas bíblicas, por não consultarem os interesses do reinado material.

O EVANGELHO SEM MISTÉRIOS NEM VÉUS

Na *Vulgata*, foram introduzidas as liturgias então sugeridas pela religião nascente, selando para sempre (DANIEL, 12:9) a essência do Cristianismo de origem no que concerne à moral, à eterna justiça e à imortalidade da alma, com o sangue dos mártires, divulgada nos primeiros três séculos posteriores a Jesus.

Importa ainda reconhecer os "fúnebres mantos" da atualidade, traduzidos na ignorância ou no milenar condicionamento, restringindo ou regulando o raciocínio de seres que ainda não despiram a roupa da pretérita fé religiosa.

Enquanto os fiéis, no pretérito, são proibidos de raciocinar livremente, atualmente, sob a mesma bandeira que objetiva manter as massas acomodadas ao berço da ignorância religiosa, inteligências invisíveis e incansáveis adversárias do Cristo, visando protelar desejável conscientização espírita, sugerem compreensivo desinteresse pelo estudo do elevado acervo que o Espiritismo traduz.

Fundamentada no Pentateuco Kardequiano e acrescida, no século XX, das obras psicografadas por Chico Xavier, Divaldo Franco e Yvonne A. Pereira, a Codificação, traduzindo *expressivo patrimônio*, além de compreensiva parcela de maturidade espiritual e discernimento, *também exige dos titulares seguidos e ininterruptos anos de acurado estudo*, por lhes assegurar compreensiva cultura doutrinária, facultando à divulgação a transparência observada no Cristianismo inicial.

Conquanto a intolerância das autoridades religiosas na defesa dos preceitos dogmáticos que vieram a configurar o Cristianismo, movimentos sérios e destemidos se destacaram, no curso dos séculos, como os dos cátaros ou albigenses, habitantes de Albi, região no sul da França dos séculos XII e XIII, que recordavam o Cristianismo de origem, por isso admitidos por hereges e dizimados pela intransigência e pelo arbítrio da fé religiosa oficial.

Por recordar curso de "pós-graduação", compreende-se o destino da Codificação fundamentado no estudo e na conscientização de seus dirigentes e divulgadores, sendo compreensível que os postos representativos sejam preservados a adeptos de comprovada conscientização espírita, convindo esclarecer que a não exigência de diplomas, na Codificação, não justifica a presença, em cargos de direção ou exposição, de seres com manifesta ausência de cultura doutrinária, além dos estreitos laços de simpatia que, por vezes, não ocultam a pretérita fé religiosa.

Na seara do Mestre, o legítimo obreiro, sem discriminar ou recusar o trabalho por sua natureza, nunca disputa títulos, por respaldar-se nas palavras de Jesus à esposa de Zebedeu, quando lhe pede os primeiros assentos à sua direita e à sua esquerda para os filhos Tiago e João.

Importa ainda reconhecer que os rituais e os dogmas pertencem à Igreja universal, por compreenderem criação própria, enquanto as imagens, traduzindo milenar condicionamento, estão condenadas desde o decálogo mosaico, instituído há cerca de 32 séculos.

Implantados pela falsa cultura farisaica, os simbólicos véus dos templos são, pela primeira vez, destruídos pelo Cristo, permitindo que o sol do Evangelho ilumine, por três séculos, os caminhos da evolução espiritual e moral do homem e, pela segunda vez, mediante a conscientização facultada pelo Evangelho à luz da Codificação.

Inicialmente sustentada por Jesus e Apóstolos, a pureza da Codificação compreende-se preservada na proporção da conscientização própria de seus divulgadores e titulares, convidados, por essa razão, *a não se afastarem do estudo diuturno*, recordando que os *títulos representativos, no Espiritismo, traduzem defesa de seus princípios.*

Se Jesus fez alusão à eterna presença do "Consolador" — a Boa-Nova, à luz da Codificação (João, 14:16) —, foi por respaldar-se no esperado processo de aferição de valores — a grande transição —, considerando que o Evangelho, traduzindo a palavra do Senhor, em sua transparência de origem, somente desperta o interesse de gerações que revelam compreensiva disposição espiritual.

Fundamentada na Ciência e na Filosofia, a Religião do Cristo é compreendida e interpretada na proporção do próprio quadro de maturidade espiritual e de sabedoria — os olhos da alma — considerando a iluminação que faculta ao mundo íntimo de cada ser.

Manter as fantasias distantes da Doutrina Espírita, imunizando-se, pelo estudo, do milenar condicionamento a que esteve submisso, além de compreender exclusão definitiva dos simbólicos véus, também traduz sublimada arte, destacada igualmente nas diversas atividades que se desenvolvem na seara do Mestre, *quando estruturadas nos alicerces de profunda conscientização.*

1
Saga religiosa

Sai da tua parentela e da casa de teu pai, e vai para a terra que te mostrar.

(GÊNESIS, 12.)

Entre as diversas aquisições do Espírito imortal, Emmanuel atribui maior importância aos valores religiosos à luz da Codificação Espírita, por despojados de mistérios e respectivos véus.

Por se referir à saga cristã, o mentor espiritual destaca a inestimável assistência com que Jesus acompanha as criaturas terrenas, em todos os tempos, citando sua presença indireta na história religiosa da China, da Pérsia, da Índia, do Egito, além dos árabes, dos celtas e dos gregos, cujos emissários contaram sempre com sua periódica inspiração.[2]

Forçoso, no entanto, reconhecer Israel como único povo cujo roteiro espiritual pretérito é delineado mediunicamente, a partir de Abraão, seguido de Moisés e dos profetas, por se respaldar no grau de inteligência adquirido noutra casa planetária, com que se distinguia de outros povos terrenos, conquanto a ausência de espiritualidade e os compromissos cármicos, revelados na profecia que o patriarca recebe de seu mentor espiritual: "Certamente que tua posteridade será peregrina em país

---
2   XAVIER, Francisco Cândido. *A caminho da luz*, cap. 9, it. 3.

alheio, reduzida à escravidão e afligida por quatrocentos anos" (GÊNESIS, 15:13).

A casa dos pais, a que alude o versículo sob estudo, recorda a ascendência cultural e religiosa de que a descendência de Abraão deveria se afastar, enquanto a nova terra que lhe seria mostrada compreende a orientação que lhe seria proposta, no campo religioso, considerando tratar-se de tronco de família espiritual, dotada de compreensiva maturidade.

Cumpridos os quatro séculos de submissão, e com a dívida espiritual resgatada, os filhos de Israel são conduzidos à Terra Prometida, no encalço de nova orientação religiosa, denunciada nas tábuas da Lei que, mediunicamente, Moisés lhes haveria de propor.

Acomodada, no entanto, às conveniências humanas, a doutrina mosaica também permanece nas fronteiras do sacerdócio organizado, nos paramentos, nas cerimônias, no culto dos dias e dos lugares, além das oferendas, com esquecimento do Decálogo e de outros parágrafos de caráter filantrópico que Moisés promulga em benefício do órfão, da viúva e do estrangeiro.

Com respaldo na promessa que faz aos Espíritos migrados da constelação do Cocheiro, Jesus comparece à Terra, depois dos profetas, seus precursores, entre as simbólicas ovelhas desgarradas — o povo judeu —, a quem consagra significativas lições vivas, entre as quais a manjedoura e o calvário, não olvidando a imortalidade do Espírito, por apresentar-se, mediunicamente, aos Apóstolos, após a crucificação.

O Cristianismo, sustentado no sangue dos mártires por três séculos, preserva o conteúdo moral do Evangelho. No entanto, o que as trevas não conseguem agressivamente, alcançam mediante simulada aliança proposta por Constantino, no ano de 313.

Divorciada do Cristo, de quem conserva apenas o nome, a religião universal, apoiando-se no cajado das liturgias e das cerimônias, eleita herdeira do patrimônio espiritual do Senhor, larga à deriva o barco dos valores morais, por velejar ao sabor dos ventos dos interesses terrenos, no encalço do cetro de César.

Jesus conhece, antecipadamente, o diferente roteiro que os seres humanos haveriam de sugerir ao Cristianismo, depois de três séculos, e a forma pela qual seria restabelecido no século XIX, ao dizer a Pedro: "Sobre essa pedra [mediunidade] edificarei [reerguerei] a minha Igreja [doutrina]" (MATEUS, 16:18).

Sobre o alicerce da faculdade mediúnica, fonte das mensagens então recicladas por Kardec, no século XIX, Jesus "edificou sua doutrina", "enviou o Consolador" e "restabeleceu todas as coisas".

Pronunciado por Jesus, *depois da morte de João Batista*, outro oráculo faz alusão a futuras missões do profeta: "Elias de fato, deve voltar e restabelecer todas as coisas" (MATEUS, 17:11).

Na existência de João Batista, Elias desempenha a missão de precursor, preparando os terrenos áridos dos corações humanos à sementeira do Cristianismo, enquanto na ação de "restabelecer", o profeta acorda a alma do Evangelho, adormecida por quinze séculos.

Com base no quadro das vantagens imediatas atribuídas ao reinado de César, a partir de Constantino, cerram-se as janelas do Céu — atribuídas à mediunidade e à compreensão da vida eterna — por se viver, com exclusividade, a vida orgânica.

E enquanto a presença do Cristo compreende particular orientação às ovelhas desgarradas, a Codificação, traduzindo convocação feita nas encruzilhadas do mundo (MATEUS, 22:9), compreende convite à família terrena, por assinalar a maioridade espiritual de seus habitantes, recordando, com antecedência de dois séculos, o Juízo Final.

Na saga da Codificação Espírita, as obras do médium Francisco Xavier, ratificando Kardec e o Cristo, consagram cultura suficiente para convencer o simbólico Tomé, propondo conscientização adequada à reforma íntima do homem, que deverá comparecer ao portal da nova era trajando a túnica nupcial.

2
Revelação mediúnica

> *E vós, perguntou Jesus aos Apóstolos, quem dizeis que eu sou? Simão Pedro respondeu: Tu és o Cristo, o Filho de Deus vivo. Jesus então lhe disse: Bem-aventurado és, Simão, porque não foi a carne nem o sangue que te revelaram isto, mas meu Pai que está nos Céus. Tu és Pedro e sobre essa pedra edificarei a minha igreja e as portas do desconhecido não prevalecerão contra ela. Dar-te-ei as chaves do reino dos Céus, e tudo o que ligares ou desligares na Terra será ligado ou desligado nos Céus. Desde então começou a dizer aos discípulos que seria morto e ressuscitaria no terceiro dia, o que levou Pedro a reprová-lo: Mas Jesus, voltando-se, disse-lhe: afasta-te de mim, Satanás, tu és para mim pedra de tropeço.*
>
> (MATEUS, 16:13 a 23.)

Distintas definições são atribuídas por Jesus às respostas mediúnicas de Pedro, até agora examinadas sob o domínio da cultura tradicional. Admitida por autêntica, a primeira resposta do Apóstolo é qualificada, pelo Cristo, de "pedra angular" ou "alicerce" sobre o qual edificaria sua igreja. A segunda, no entanto, entendida por apócrifa, o Senhor lhe empresta o adjetivo de "pedra de tropeço".

Não foi, pois, ao corpo de Simão nem ao seu Espírito a que o Mestre fez alusão, conferindo o mérito da revelação, nem admitindo-o por pedra de tropeço, tanto assim que afirmou não ter sido a carne nem o sangue que o revelaram.

Jesus fazia referência à faculdade mediúnica de Pedro, pela qual o Pai celestial, por intermédio de Espíritos superiores, manifesta-se aos seres do mundo físico.

Buscando maior transparência para o texto, propõe-se a substituição do termo "igreja" por "doutrina", emprestando ao vocábulo pedra o significado de "alicerce" ou "base", com o que a oração terá a seguinte construção: "Sobre essa base edificarei a minha doutrina". A base do fenômeno que dera origem à resposta que Jesus abençoou fora, pois, a mediunidade.

Jesus não se referia tampouco à construção de templos físicos, porquanto as edificações com que ainda se preocupa são as do reino dos Céus, nos corações humanos.

Forçoso é convir que, sendo fator de comunicação, se a mediunidade enseja revelações de Espíritos moralmente superiores, igualmente transmite os pensamentos de Espíritos das diversas escalas evolutivas, para o que Jesus recomenda a vigilância que só o conhecimento espírita assegura. Esse o motivo que o levou a rejeitar a mensagem do Apóstolo, que encerra a parábola, quando diz: "Afasta-te de mim, Satanás, para mim és pedra de tropeço". Nesse caso, a mensagem, também de origem mediúnica, procede de Espírito inferior, que só ele denuncia valores para identificar.

O texto ainda assegura que as portas do desconhecido não prevaleceriam contra a mediunidade à luz da Codificação.

Convém esclarecer que, se portas simbólicas se fecham com a morte, traduzindo o desconhecido, janelas se abrem com a mediunidade, facultando a comunicação com os seres do Além.

Foi, pois, sobre o alicerce da mediunidade sublimada, fonte das mensagens diversas recicladas por Kardec, que, no século XIX, Jesus "edificou sua doutrina" (MATEUS, 16:18), "enviou o Consolador Prometido" (JOÃO, 14:16) e "restabeleceu todas as coisas" (MATEUS, 17:11).

O EVANGELHO SEM MISTÉRIOS NEM VÉUS

Assim como o telescópio comprova a existência dos mundos físicos dispersos na imensidão do universo, a mediunidade sublimada revela, igualmente, a existência de mundos espirituais ou extrafísicos e consequente imortalidade do Espírito. Enquadrar os fenômenos como paranormais não foi, todavia, o grande mérito do codificador, considerando que, sob diversas denominações, a mediunidade sempre esteve presente entre os seres terrenos.

Os oráculos ou profetas do pretérito, contudo, nunca informaram ao homem a existência de uma sociedade organizada no Além.

Com Kardec, a mediunidade revela a imortalidade do Espírito, o processo de evolução, incluindo a reencarnação, a lei de causa e efeito, ou Justiça divina, além de traçar diretrizes seguras para o bom exercício da faculdade mediúnica.

Que não se olvidem o reconhecimento e o respeito ao ínclito codificador, responsável pela estrutura do grande edifício da Doutrina Espírita, porquanto mensagens espíritas ou meros fenômenos mediúnicos sempre existiram na Terra, desde as eras mais remotas da humanidade.

Todavia, foi no século XX, e sob a mesma base, mercê das raras e sublimadas faculdades do médium de Pedro Leopoldo, que se implantou em definitivo, no mundo das consciências, imagem mais transparente da vida espiritual.

Assim como a Ciência procurou fugir ao domínio das influências atmosféricas, colocando em órbita aparelhagem de última geração, com a qual se obtêm imagens mais limpas do universo, igualmente, médiuns de reconhecida idoneidade moral e possuidores de elevada conscientização espírita definem, atualmente, novo conceito sobre a comunicação espiritual. Sem a interferência da atmosfera de antigas culturas dominadoras e das imperfeições morais do homem comum, suas faculdades permitem atravessar fronteiras dimensionais, alcançando outros planos tão conhecidos seus, com os quais estabelecem comunicação permanente.

As portas da morte não mais prevalecerão contra a Doutrina edificada em sólidas bases da mediunidade sublimada, por comprovar a vida prosseguindo noutra dimensão.

Finalmente, o Mestre termina dizendo que daria a Pedro as chaves do reino dos Céus, sobre o que Allan Kardec informa: "O Espiritismo é a chave, com o auxílio da qual tudo se explica de modo fácil".[3] É oportuno lembrar que o entendimento acerca da vida espiritual e a vivência do "amai-vos e instruí-vos" do Espírito de Verdade abrem, no mundo íntimo, lugar à legítima felicidade, além de descerrarem as portas dos mundos felizes — símbolo do Reino divino —, porque o comportamento e as ações de cada ser na Terra determinam, na escala da evolução, seu estado nos planos do Além, outro motivo pelo qual as portas do Inferno não prevalecerão.

Por isso, o Mestre ainda afirma que tudo o que se ligar ou desligar na Terra, por significar ações ou sementeiras diversas, representa, igualmente, colheita invariável de alegria ou de sofrimento no porvir.

---

[3] KARDEC, Allan. *O evangelho segundo o espiritismo*, cap. I, it. 5.

3
Mediunidade

De repente veio do céu um som, como de um vento impetuoso, e encheu toda a casa onde os discípulos estavam assentados. E apareceram, distribuídas entre eles línguas como de fogo, pousando sobre cada um deles. Todos ficaram cheios do Espírito Santo, e passaram a falar em outras línguas, segundo o Espírito lhes concedia que falassem.

(ATOS, 2:2 a 4.)

Definida por "percepção", "sexto sentido" ou "paranormalidade",[4] e como futuro patrimônio de todos os seres, a mediunidade é faculdade que se manifesta pela menor resistência orgânica anotada pelo Espírito comunicante, desenvolvendo-se através das etapas sucessivas de experiências, na Terra ou na Espiritualidade, considerando que o medianeiro sério prossegue as atividades mediúnicas na condição de Espírito liberto.

---

4   N.E.: Deve ser observado que, a rigor, "paranormal" é o termo usado por parapsicólogos para definir indivíduos dotados de sensibilidade psíquica, em fenômenos de clarividência, premonição e visão a distância. Trata-se de uma faculdade *anímica*, mas não propriamente *mediunidade*, embora o paranormal possa funcionar como médium em algumas circunstâncias (a premonição, por exemplo, pode ser um fenômeno mediúnico quando ocorre por influência espiritual e não como percepção individual). Isso, portanto, difere da realidade do *médium*, que, como sabemos, tem sensibilidade à influência dos espíritos, com a capacidade de produzir fenômenos de efeitos físicos ou intelectuais, constituindo instrumentos dos espíritos.

Qualifica-se de "sublimada" nos seres mais evoluídos, quando a serviço do bem; considera-se "vulgar" nas criaturas de pouca maturidade espiritual, quase sempre a soldo dos interesses imediatos da vida transitória, classificando-se de "torturada" quando se manifesta sob a forma de obsessão, desde a mais simples à de solução mais complexa.

A faculdade compreende-se "produtiva", quando programada e estruturada no plano dos Espíritos, segundo as atividades a serem realizadas na Terra, onde continua sob o apoio superior, na proporção de sua seriedade, ou "improdutiva", quando não existe qualquer programa de utilização ou porque são apenas manifestações de "forças mediúnicas em elaboração".

Além do *índice de percepção*, a faculdade se estabelece em nível de relações fluídicas a serem definidas, moralmente, entre Espírito e médium, o que vale dizer que não basta desenvolvê-la para se identificar com Espíritos superiores, o que exige significativos valores morais.

O codificador qualifica de "bom" o médium que, no exercício da faculdade, vem a ser "menos enganado". Informa, ainda, que a impaciência ou o desejo imoderado de desenvolver a mediunidade não devem levar a criatura a aceitar o concurso de Espírito moralmente inferior, com o intuito de libertar-se dele ao alcançar o objetivo, porque sua influência pode constituir-se, depois, em processo obsessivo de difícil solução. A mediunidade, lembra ele, deve ter seu desenvolvimento espontâneo, depois da conscientização doutrinária proposta pela Codificação, por assegurar, com os valores morais adquiridos, a preservação da saúde espiritual.

Constitui grave equívoco o desenvolvimento da mediunidade, recomendado à guisa de tratamento, às pessoas espiritualmente enfermas.

Embora inconscientemente, todos os médiuns participam, em maior ou menor escala, das atividades mediúnicas, porque a faculdade tem por base a mente, por onde fluem os pensamentos próprios e os dos Espíritos que se comunicam.

A mediunidade vem a ser o "dom" a que fez referência o profeta Joel ao dizer: "No fim dos tempos, derramarei de meu Espírito sobre todo ser vivo" (JOEL, 2:28; ATOS, 2:17), ou o "Espírito Santo" a que se refere Paulo, quando pergunta aos efésios: "Recebestes o Espírito Santo quando fostes batizados?" (ATOS, 19:2).

O profeta Jeremias e o apóstolo João recomendam que não se deve crer em toda revelação mediúnica, sendo necessário verificar se ela procede de Deus (JEREMIAS, 23:16). Por isso, o grande mérito atribuído a Kardec consiste em identificar a procedência do fenômeno, atento à orientação do Cristo, segundo a qual "pelo fruto se reconhece a árvore".

Creso, rei dos medos, facilmente comprova as qualidades paranormais da pitonisa de Delfos, na Grécia, por ser o único oráculo a revelar que "preparava uma tartaruga, numa panela de bronze". No entanto, destrói, ingenuamente, o próprio reinado, numa guerra contra Ciro, rei da Babilônia, por não interpretar o sentido oculto de outra mensagem, da mesma pitonisa, ao dizer: "Destruirás uma grande nação".[5]

Abraão, o patriarca, não obstante as qualidades morais e o elevado índice de percepção mediúnica que possui, prepara-se para oferecer, em holocausto, o filho Isaque, porque, descuidadamente, deixa de examinar o conteúdo da mensagem auditiva que recebe, ainda hoje, equivocadamente, atribuída a Deus, sendo necessária a manifestação divina, que lhe exclama: "Abraão, não estendas a mão contra o menino" (GÊNESIS, 22:2 a 12).

De acordo, pois, com a Codificação, é pelo conteúdo que se reconhecem a qualidade e a procedência da mensagem mediúnica, e não pelo nome do Espírito ao qual se atribui a mensagem.

O exame do conteúdo, no entanto, corresponde invariavelmente à cultura e à maturidade espiritual de quem o analisa. Essas as qualidades de Allan Kardec reciclando o volumoso material que lhe chegou às mãos, no trabalho da Codificação,

---

5 HERÓDOTO. *Histórias*, Livro I, Clio, LIII.

em igualdade com o que ensinou o Cristo ao identificar as duas revelações procedentes da mediunidade do apóstolo Pedro.

A existência de falsos médiuns ou a mediunidade a serviço de interesses subalternos não constituem motivo para condená-la, como não se condenam os modernos meios de comunicação, porque também mal-utilizados.

Todos os profetas ou oráculos da Antiguidade são considerados paranormais, maiores ou menores, segundo a classificação da Igreja. Moisés, relacionado entre os maiores, embora a censura que impõe à magia, faz referências honrosas à mediunidade, quando se refere a Eldade e a Medade, que profetizavam no campo, esclarecendo: "Quem me dera que todos profetizassem" (NÚMEROS, 11:26 a 29). O rei Saul, embora ciente das instruções impostas por Moisés, dirige-se disfarçado à pitonisa de Endor, procurando orientação do Espírito Samuel, o juiz que, na vida física, lhe havia concedido a unção de rei (I SAMUEL, 28:8).

Foi o Cristo, porém, quem enalteceu a mediunidade com a manifestação no Tabor, onde, à vista de Apóstolos, dialogou com os Espíritos Moisés e Elias (MATEUS, 17:3).

Não obstante extraordinárias demonstrações, os médiuns, qualificados de bruxos pela Igreja, foram perseguidos e condenados a diversas torturas e à morte pelo tribunal do Santo Ofício, considerando que a mediunidade, denunciando a existência do Espírito e de consequente vida espiritual, destrói os alicerces do materialismo em que se apoia.

Como fator de comunicação espiritual, constitui-se a mediunidade, quando vulgarizada, em pedra de tropeço — condenada por Moisés e Jesus —, mas, quando sublimada, em pedra angular ou em sólido alicerce na restauração do Cristianismo, por comprovar a continuidade da vida organizada além das portas que o túmulo cerra à vida terrena.

4
Bom samaritano

> *Jesus então contou: Um homem, que descia de Jerusalém a Jericó, caiu nas mãos de ladrões, que o despojaram; e, depois de o terem maltratado com muitos ferimentos, retiraram-se, deixando-o meio morto. Por acaso desceu pelo mesmo caminho um sacerdote; viu-o e passou adiante. Igualmente um levita, chegando àquele lugar, viu-o e passou também adiante. Mas um samaritano, chegando àquele lugar, viu-o e moveu-se de compaixão. Aproximou-se, atou-lhe as feridas, deitando nelas azeite e vinho; a seguir, colocou-o sobre sua montaria e levou-o a uma hospedaria. No dia seguinte deu dois denários ao hospedeiro, dizendo: trata bem deste homem e, quanto gastares a mais, na volta to pagarei.*
>
> (LUCAS, 10:30 a 35.)

Na esfera da evolução, percorre o homem séculos e milênios, reinos e povos, nascendo e morrendo, até que o barco da evolução alcance o porto seguro da sublimação espiritual. Enquanto isso, a criatura não se isenta das ásperas e incômodas viagens de reconstruções e acertos pelos mares revoltosos das reencarnações.

Por vezes, extasia-se com a beleza das esferas superiores da Jerusalém espiritual, onde estagia, visando sedimentar instruções para o porvir, delas se ausentando por empreender a descida à Jericó da existência carnal, atenta aos reclamos da consciência culpada, porque, contra o anseio das claridades de cima, existem os milênios de crimes sombreando os passos do presente.

Na ausência da segurança imposta pela virtude, fica o aprendiz exposto ao assalto das paixões e dos vícios, que são os parceiros dos milênios e pelos quais se encanta, à semelhança de troianos desprevenidos, abrindo ao inimigo os portões do coração, num convite à própria destruição. Os salteadores, depois de roubarem e ferirem as últimas reservas das resistências espirituais, o abandonam à condição de semimorto espiritual.

Por vezes, o indivíduo se acredita preparado a vencer as sugestões da animalidade, da avareza, do orgulho e da maledicência, para sucumbir, sem resistência, ao seu imperativo.

Jesus, todavia, acompanha sempre a criatura para o auxílio decisivo e oportuno. E, se o socorro falha, conforme previsto pelo plano maior, nas mãos dos sacerdotes e dos levitas que se diplomaram para isso, a assistência surge, inquestionavelmente, nas mãos dos bons samaritanos, que não encontraram na Terra os pergaminhos que autorizam a realização do serviço. Tampouco são conhecidos do mundo, ao qual, por vezes, não pertencem, no dizer de Jesus. Mas, tal como Ananias que atende a Saulo depois da exortação do Cristo, surge para todos o auxílio dos samaritanos depois das sendas de Damasco.

Os hospedeiros são almas que já se afeiçoaram à arte de conjugar os verbos amar e servir, pelo que recebem o soldo que a traça não rói e a ferrugem não consome, auxiliando, na viagem de retorno à casa paterna, os filhos pródigos que se feriram nos acidentes a que foram conduzidos pela própria incúria, indiferentemente da religião a que se afeiçoaram.

Se o próximo é o que usa de misericórdia para com os caídos do caminho, Jesus é quem está mais perto de todos, pelo amor e pelo sentimento, acompanhado de Espíritos de escol, como Bezerra, Barsanulfo e outros.

Apesar de a vaidade humana guardar a pretensão de manter o Cristo nos círculos acanhados do sectarismo religioso, Jesus prossegue trabalhando e amando indistintamente, ratificando o seguinte preceito: "Se vos amardes uns aos outros como eu vos amei, sereis reconhecidos como meus discípulos".

5
Magos

Tendo Jesus nascido em Belém da Judeia, em dias do rei Herodes, eis que vieram uns magos do Oriente a Jerusalém e perguntavam: Onde está o recém-nascido Rei dos Judeus? Porque vimos a sua estrela no Oriente e viemos para adorá-lo. Tendo ouvido isso, alarmou-se o rei e, com ele, toda Jerusalém. E disse-lhes Herodes: ide informar-vos a respeito do menino e, quando o tiverdes encontrado, avisai-me para eu ir também adorá-lo. Depois de ouvirem o rei, partiram, e eis que a estrela os precedia, até que parou sobre onde estava o menino. E vendo eles a estrela, alegraram-se e, prostrando-se, adoraram a criança e entregaram-lhe suas ofertas em ouro, incenso e mirra. Sendo prevenidos em sonho para não voltarem a Herodes, regressaram por outro caminho.

(MATEUS, 2:1 a 12.)

Do texto evangélico, destacam-se alguns itens que merecem maior reflexão:

a) A ausência, no Evangelho, da expressão "três reis";

b) O caráter mediúnico da visão dos magos;

c) O sinal, para os magos e todos os seres: "onde encontrar o Cristo";

d) Orientação espiritual para os que já encontraram o Cristo, a fim de não retornarem aos caminhos de Herodes.

Apontamentos do apóstolo Mateus dizem que vieram "uns magos" do Oriente a Jerusalém, enquanto Lucas informa haver na região "pastores" que viviam nos campos, onde guardavam seu rebanho. Os únicos evangelistas que relatam o assunto não se referem a "três reis", de acordo com o que propõe a cultura religiosa tradicional.

A Doutrina Espírita dispensa os números cabalísticos e as fantasias que tanto agradam aos seres espiritualmente mais jovens, por considerar que, na trajetória do progresso, a dor e a razão os desfazem como nevoeiros aos primeiros raios do sol nascente.

Não foram reis, nem três, os seres que registraram, em audição e visão, a mensagem excelsa que anunciava a presença na Terra do grande Salvador, de conformidade com o que rezavam as Escrituras.

Se "mago" é sinônimo de "médium", conclui-se ter sido mediúnica a visão que eles e os pastores tiveram. Admitida a estrela por cometa ou corpo físico, todo o povo de Jerusalém teria participado da visão, deixando de ser exclusiva dos pastores ou dos magos. Convém esclarecer, ainda, que um corpo físico ou cometa não poderia afastar-se de sua órbita, "parando sobre onde estava o Senhor".

Todavia, não basta ser médium ou mago para obter mensagens ou visões de seres espiritualmente superiores. Outros magos existiam à época, inclusive no palácio de Herodes, como existem na atualidade tantos médiuns que não conseguem o exercício regular da mediunidade com entidades de moral superior.

Não importa que o sensitivo seja portador de elevado índice de percepção, uma vez que Espíritos superiores somente estreitam vínculos mediúnicos normais com médiuns de elevada condição moral.

Lucas narra que os pastores, guiados pela estrela, dirigem-se ao local indicado, onde identificam o Cristo. Mateus afirma, porém, que os magos se dirigem a Herodes em Jerusalém, pedindo notícias do menino.

Idêntico tem sido o comportamento das criaturas em sua trajetória terrena. Dotadas do livre-arbítrio, nem sempre demandam os caminhos que conduzem diretamente a Jesus, atentos como os pastores à orientação da estrela. A maioria prefere ainda excursionar pelas veredas dos reinados materiais, à semelhança dos magos, até que amargos desenganos ensinem que os Herodes não possuem notícias do Cristo.

Não é, pois, por ausência de orientação ou clareza da mensagem espiritual, mas por falta de visão, entendimento, interesse ou maturidade espiritual que se retarda o encontro com o Cristo, considerando que ele se encontra sempre com os que sofrem.

O sonho dos magos para não retornarem a Herodes ensina aos seres que já localizaram o Cristo para não retornarem aos caminhos da retaguarda evolutiva.

Na escola planetária, todos são contemplados pelas messes conferidas aos pastores e aos magos, sem faltar o hino de glória a Deus e os votos de paz aos homens de boa vontade.

6

Batismo

No dia seguinte, João viu a Jesus que vinha para ele, e disse: Eis o Cordeiro de Deus, que tira o pecado do mundo! [...] eu mesmo não o conhecia mas, a fim de que ele fosse manifestado a Israel, vim, por isso, batizando com água. E João testemunhou dizendo: Vi o Espírito descer do céu e pousar sobre ele. [...] Por isso tenho testificado que ele é o Filho de Deus.

(João, 1:29, 31, 32 e 34.)

A aquisição dos valores religiosos à luz da Codificação constitui o feito mais importante do homem, considerando o compreensivo quadro de virtudes e de sabedoria iluminando o infinito caminho para Deus.

No entanto, o apego à vida física, o ilimitado condicionamento imposto por doutrinas tradicionais, aliados à vaidade, acabaram por instituir diretrizes estranhas à religião de origem, de cujos fundamentos excluíram também a imortalidade do Espírito, a moral e a humildade, substituídas que foram por salvação simbólica, com base em atos litúrgicos de rígida observação, nos quais os seres ainda se acomodam, até que estranhos recursos, inclusive o sofrimento de significativa magnitude, venham reconduzi-los à senda da evolução.

Neste capítulo, vale fazer alusão ao batismo, adotado por símbolo de purificação. Se o asseio se relaciona ao corpo físico, a água é o principal componente, além de contribuir para a saúde e o bem-estar. Na purificação do Espírito, porém, o processo consiste na reforma íntima, tendo por base, a conscientização evangélica, razão por que Jesus diz aos Apóstolos: "Quem já se banhou não necessita de lavar senão os pés" (João, 13:10). Há que se considerar ainda, além de porfiados esforços, o tempo envolvendo inúmeras existências, diversos lares, escolas e experiências diversas. Não é, pois, com ligeira cerimônia que se purifica o Espírito milenar, modificando-lhe a personalidade.

Ainda neste campo, referências devem ser feitas à circuncisão, dogma originado de um pacto que Abraão, o velho patriarca, teria feito com Deus (Gênesis, 17:10), ao qual Moisés adicionou dois outros: O primeiro refere-se à consagração do primogênito (Êxodo, 13:1), enquanto o segundo consiste na purificação da mulher após o parto (Levítico, 12).

Na lei mosaica, não era a criança que trazia o estigma do pecado, conforme a cultura hodierna da Igreja. À mãe era atribuída a falsa impureza discriminativa, prescrita para um período de 40 ou de 80 dias, conforme o sexo masculino ou feminino da criança.

A reparação do mal, envolvendo existências de sofrimento, compreende o batismo de fogo, a que João se refere nessa passagem, considerando que, com a presença do Senhor, inicia-se uma era de maior responsabilidade, não só pela maturidade espiritual, como também pela conscientização facultada pelo Evangelho.

Acabam-se, para muitos, as liturgias e as purezas simbólicas que, pelo menor esforço, tanto agradam ao homem despreocupado de sua evolução.

Jesus faz referência ao batismo por que teria de passar (Lucas, 12:50), alusão ao sacrifício anotado à pauta de sua vida. Esse batismo não seria um ato litúrgico, em que o sangue derramado, milagrosamente, afasta o sentimento de culpa, mas exemplo vivo das leis que presidem os destinos das criaturas.

Se Mateus faz alusão ao batismo que, segundo "tradução de conveniência", Jesus teria recomendado (MATEUS, 28:19), Paulo esclarece que o Cristo não o mandou a batizar, mas a evangelizar (I CORÍNTIOS, 1:17), o que faz entender que o batismo, como símbolo de purificação do Espírito, é processo de educação moral que somente se efetua com o esforço da evangelização.

Se houvesse de haver preocupação com o pecado de origem, que fosse atribuído à origem do Espírito, e não à do corpo físico.

Instituído em 553 d.C., por Justiniano, *o batismo constitui dogma de compreensivo interesse da Igreja, considerando o domínio a que, pelo condicionamento de berço, o ser fica submisso por toda a existência*, a despeito da cultura que adquira depois de adulto, com base no princípio segundo o qual o que o berço dá, nem o tumulo retira.

Por isso, ainda que o homem, no curso da vida, venha a migrar para outra religião, o adepto sempre denuncia ligeiros remendos ou sinais que recordam a religião de berço, o que é frequente entre os trabalhadores da Seara Espírita.

Pode-se admitir, finalmente, que a criatura de sentimentos deseducados, no uso de suas energias sexuais, no campo da irresponsabilidade, adquira compromissos que, na senda da evolução, a água da lágrima lavará e o fogo do sofrimento haverá de purificar, mas que nada tenha a ver com o sexo que, numa de suas elevadas funções, permite o prosseguimento à vida celular, ainda indispensável ao processo de evolução do Espírito imortal.

Concluindo, vale lembrar que todas as culturas que não contribuem para a evolução do Espírito ou que não o libertam em definitivo da dor são vãs e inúteis, podendo-se, pois, dizer com Jesus: "Arrancada será toda planta que meu Pai celestial não plantou".

7
Culpa original

> *Eva, vendo que o fruto era bom e apropriado para abrir a inteligência, comeu dele e deu-o a Adão. Então seus olhos abriram-se e, vendo que estavam nus, tomaram folhas e teceram roupas. Eis que, aproximando-se o Senhor, esconderam-se dele. Mas Deus chamando Adão, pergunta-lhe onde estava. E ele respondeu: ouvindo o barulho de teus passos, tive medo e ocultei-me, porque estou nu. Quem te revelou que estavas nu, perguntou-lhe o Senhor? Comeste o fruto da árvore que te havia proibido? Por isso, disse-lhe o Senhor: de hoje em diante, comerás o pão com o suor de teu rosto, até que voltes à terra de onde foste tirado.*
>
> (Gênesis, 3.)

Emmanuel refere-se a Adão e Eva como símbolo dos Espíritos pertinazes no erro, que migraram de um planeta no sistema do Cocheiro, de onde foram expulsos, porque comprometiam, sobremodo, a consolidação das conquistas de paz e de felicidade, a que faziam jus os habitantes daquele planeta.[6]

Recebidos espiritualmente por Jesus, o Patrono espiritual da Terra lhes assegura assistência permanente nos caminhos de suas futuras encarnações de redenção e aprendizado

---
6   XAVIER, Francisco Cândido. *A caminho da luz.*

moral. Admitidas como berço das civilizações perdidas do pretérito, as primeiras encarnações desses Espíritos, neste plano, processaram-se entre seres inferiores, o *primata hominis*.

Tristes e errantes, tais Espíritos guardaram sempre a tênue recordação de uma vida anterior, além do degredo a que foram submetidos na Terra, dando motivo à tradição do "paraíso perdido", incluída nas páginas sagradas, em forma de símbolos, que o tempo e as sucessivas culturas acabariam soterrando no terreno de fantasiosas interpretações.

Por muitos milênios, essas criaturas não veriam a luz suave da Capela, morada saudosa, perdida na poeira cósmica, para onde somente retornariam depois da redenção alcançada na forja das inúmeras existências de luta e dor, no encalço dos valores morais de que sempre foram carentes.

Os métodos primitivos e sacrificiais que encontram na Terra para a obtenção do alimento, comparados aos do plano de onde procedem, e a esperança de um futuro retorno, tornam fácil a interpretação do texto: "De hoje em diante comerás o pão com o suor de teu rosto, até que retornes à terra de onde vieste". Convém esclarecer que o último período não faz referência à volta do corpo ao túmulo, mas do Espírito ao plano de origem.

Somente depois de libertos dos compromissos morais que determinaram o degredo neste orbe, e na condição de Espíritos, alguns seres puderam retornar à terra de onde vieram, onde seus habitantes, considerados de maior evolução, já dispensam o suor do rosto na obtenção do alimento.

Convém esclarecer que o Espírito, o ser inteligente, não pode ser confundido com o corpo que temporariamente utiliza nas experiências do campo físico, de acordo com a cultura religiosa convencional, que considera, por isso, o túmulo como destino dos seres, no exame apressado do texto: "Tu és pó e em pó te hás de tornar". "Pó" é termo utilizado por tradutores de cultura católica, que deve ser atribuído apenas ao corpo, cujos elementos, após a morte, retornam à natureza, sua fonte de origem.

O homem, o ser imortal, a quem pertencem os atributos da inteligência e das qualidades morais, no corpo ou fora dele, é sempre o Espírito, na viagem permanente e infinita da evolução.

A figura bíblica acerca do fruto proibido, que dá origem à "culpa original", não se refere ao sexo, mas à responsabilidade de cada ser, no domínio das próprias ações e atos, que, de acordo com a Justiça divina, se mede na razão da evolução e dos conhecimentos adquiridos.

Enquanto o Espírito permanece no estado de ingenuidade, ou antes de acordar o seu raciocínio, sua consciência não registra qualquer sentimento de culpa, denunciando "nudez" de virtudes e de sabedoria.

À medida, porém, que se processa a evolução, ou que experimenta o fruto do saber, seus olhos se abrem, dilata-se o raciocínio, iniciando o processo de responsabilidade e consequente culpa pelo mal que faz e até pelo bem que deixa de fazer, ainda que aconselhado pela malícia — símbolo da serpente que existe em termos de imperfeições próprias.

O mal é sempre fruto dos impulsos da primitividade e se manifesta na condição de crueldade, despotismo, egoísmo, avareza e ambição, dando origem à manifestação da consciência — a voz de Deus — que orienta as ações de cada ser, segundo o grau de conscientização refletido no espelho da razão. Nesse caso, a voz divina se faz ouvir na condição de vergonha e remorso, que levam os seres a se ocultarem nos vários corpos que utilizam na Terra, emblema dos trajes que Adão e Eva tecem com folhas, depois de abertos os olhos do entendimento.

Na descendência de Adão e Eva deve-se considerar que, se Caim pode compreender alusão aos seres belicosos que ainda se vangloriam das agressões aos povos fracos por eles escravizados política e economicamente, Abel deve lembrar as criaturas que já escolheram o caminho da brandura, por vencerem inimigos íntimos, preparando-se para a nova era de paz, já referida por Jesus sob forma de parábolas.

8
Prato de lentilhas

Buscai, pois, em primeiro lugar, o reino dos Céus e a sua justiça, e todas as coisas vos serão acrescentadas.
(MATEUS, 6:33.)

Isaque, filho de Abraão, teve dois filhos, Esaú e Jacó (GÊNESIS, 25:30). Apesar de gêmeos, Esaú nascera primeiro, assegurando o direito de primogenitura que lhe outorgava a condição de sucessor do pai, na direção de todos os bens.

Embora destro caçador, certo dia de mais sorte da caça, Esaú retornou ao lar cansado e com fome, dando motivo a que permutasse com seu irmão o direito de primogenitura por um prato de cozido de lentilhas.

A saga do prato de lentilhas compreende o conceito terreno sobre os valores, nos dois planos de vida — o físico e o espiritual.

O prato de lentilhas recorda o imediatismo inconsciente, sugerindo oportunidades coloridas de sonhos e de felicidade transitória, cuja escolha compromete a vida futura. O direito de primogenitura lembra o título de "completista", alcançado pelo discernimento, na escolha dos valores reais da vida, que liberta o homem do círculo vicioso das inúmeras encarnações de feição provacional ou expiatória.

O apego exagerado e doentio aos interesses imediatos do mundo econômico ou às situações meramente simbólicas gerado pelo egoísmo, o cultivo sistemático de mazelas milenares ou contemporâneas que a ausência de conscientização espiritual ainda veste de elegância e o indiferentismo acerca da renovação íntima são situações que definem a escolha de cada um, no quadro dos valores que caracterizam a própria evolução.

Não que o indivíduo devesse negligenciar os compromissos devidos à família, à comunidade ou para consigo, na pauta da vida terrena, à feição de talentos de que terá de prestar contas, e que a ociosidade e a indiferença, mescladas de virtude, pudessem justificar.

As situações difíceis, consideradas infelizes, ou as mais lisonjeiras, admitidas por felizes, são oportunidades adrede programadas na vida maior, com vistas à necessidade de reabilitação própria, ou à expiação de faltas que a consciência culpada sugere à guisa de terapêutica espiritual no encalço da própria redenção.

Poucas, porém, são as criaturas, independentemente da feição filosófico-religiosa, que colocam os interesses do Espírito, ou da vida futura, acima dos da vida terrena.

A preferência pelo prato dos interesses pessoais da vida presente, ainda que com prejuízo ao semelhante, tem por base o egoísmo travestido de previdência, e a ignorância acerca da vida futura, além dos dogmas religiosos que, abonando o crime, prometem um céu de fantasias, olvidando as lições contidas no Evangelho, inclusive a que determina: "Fazei ao próximo o que desejais que ele vos faça".

9
Dez noivas

O reino dos Céus será semelhante a dez virgens que, tomando suas lâmpadas, saíram a encontrar-se com o noivo. Cinco dentre elas eram néscias, e cinco prudentes. As néscias não levaram azeite consigo. No entanto, as prudentes, além das lâmpadas, levaram azeite. E, tardando o noivo, adormeceram. Mas, à meia-noite, ouviu-se um grito: Eis o noivo! Levantaram-se as virgens e prepararam suas lâmpadas. E as néscias disseram às prudentes: Dai-nos do vosso azeite porque nossas lâmpadas estão se apagando, ao que as prudentes responderam: Não! Para que não nos falte a nós, nem a vós. Ide adquiri-lo junto aos que o vendem. As que estavam apercebidas entraram com o noivo para as bodas, e fechou-se a porta. Mais tarde, chegaram as néscias, clamando: Senhor, abre-nos a porta! Mas ele respondeu: Não vos conheço. Vigiai, pois não sabeis o dia nem a hora.

(MATEUS, 25:1 a 13.)

Alguns símbolos desta parábola são definidos, de início, por assegurar melhor entendimento ao estudo do texto:

a) Noivo – Jesus;

b) Dez virgens – humanidade em sua condição primitiva;

c) Casamento – comunhão espiritual das criaturas com o Cristo;

d) Azeite – símbolo do combustível que alimenta a luz da virtude;

e) Vinte e quatro horas – período simbólico alusivo a um ciclo evolutivo;

f) Meia-noite – término do período.

Além do tempo determinado pelos movimentos de rotação e translação, que determinam dia e ano na Terra, nosso sistema deve manter, com base nas leis de atração, sintonia com os outros corpos de sua galáxia e do universo, determinando, em sua órbita maior, parcelas de tempo ainda não catalogadas na Terra e que, à falta de termo próprio, figuram por "dia".

Para traçar os programas de evolução, destinados aos seres desta e de outras casas planetárias, incluindo os processos de migração entre os vários planos habitados, os Espíritos superiores, governantes do Cosmo, tomam por base esse tempo, a que Jesus fez alusão.

Nas parábolas do Juízo Final, do Festim das Bodas, da Porta Estreita, dos Trabalhadores da Última Hora e nas expressões "meia-noite" e "chegada do noivo", Jesus faz referência aos tempos que estarão assinalando o final desse período evolutivo. Revestidas, contudo, de linguagem simbólica, acabaram abandonadas ao terreno árido da incompreensão e do abandono.

O retardamento do noivo — alusão à volta do Cristo — que deu motivo a que as noivas — símbolo da humanidade — se entregassem ao domínio do sono, é figura que prova a evidente incredulidade das criaturas terrenas e o seu manifesto desinteresse pela evolução própria e pelos acontecimentos que irão determinar o processo seletivo terreno, que será conhecido pelo afastamento dos Espíritos comprometidos com o mal ou divorciados do Cristo que, nessa ocasião, estarão se matriculando em plano inferior à Terra, já conhecido por Jesus, desde que deixou o roteiro de seu Evangelho, nos caminhos saudosos da Palestina.

A luz que o combustível das virtudes alimenta se faz necessária, ainda porque a escolha do noivo guarda relação invariável ao progresso espiritual daquele que escolhe, admitindo-se que, até agora, as criaturas preferem uniões com descendências de sofrimento e remorso, à semelhança da multidão dos beneficiados do Cristo que, emprestando preferência a Barrabás — emblema dos males deste mundo — deixa que Jesus seja conduzido ao julgamento e à crucificação entre criminosos vulgares.

As cinco noivas prudentes traduzem a porcentagem das criaturas sensatas que, de posse dos valores morais, já romperam os liames com o reinado das fantasias e das falsas aventuras da Terra, estando agora interessadas na união com Jesus, enquanto as virgens néscias simbolizam a porcentagem dos seres algemados aos interesses transitórios do reinado terreno e das paixões, com os quais estão ainda em perfeito consórcio.

Não basta para tanto uma luz simbólica, ou de pavio seco, tão do agrado das criaturas terrenas, acomodadas ao berço do menor esforço. A união com o Cristo é a dos valores morais adquiridos na universidade das inúmeras experiências. Aqueles que não alcançaram, até agora, a riqueza moral, aqui simbolizada na luz, serão obrigados a ouvir e a cumprir a sentença: "Afastai-vos de mim, vós que praticais a iniquidade".

10
Trabalhadores da última hora

O reino dos Céus é semelhante a um pai de família que saiu de madrugada a fim de assalariar trabalhadores para sua vinha. E tendo ajustado com eles a um denário por dia, mandou-os para a vinha. Saiu, novamente, à terceira hora, à hora sexta e à undécima hora e encontrou outros que, na praça, estavam desocupados e procedeu da mesma forma. Ao cair da tarde, disse o senhor da vinha ao seu administrador: chama os trabalhadores e paga-lhes o salário. Vindo os da undécima hora, recebeu, cada um deles, um denário. Ao chegarem os da primeira hora pensaram que receberiam mais; porém receberam um denário cada um. Por isso murmuravam contra o senhor da vinha. Mas este respondeu a um deles: amigo, não te faço injustiça; não combinastes comigo um denário? Toma o que é teu e vai-te. Não me é lícito fazer o que quero do que é meu? Tens mau olho porque sou bom? Assim os últimos serão os primeiros e os primeiros os últimos.

(Mateus, 20:1 a 16.)

O exame do texto sugere definições iniciais sobre termos e expressões a seguir alinhados, a fim de se obter melhor entendimento:

a) Reino dos Céus – governo espiritual de Jesus, considerado também pai de família;

b) Madrugada – início de uma existência ou de um período evolutivo;

c) Assalariar – processo de convidar, por vias de educação moral;

d) Vinha – campo do mundo, onde se adquirem os valores morais;

e) Horas – existências ou frações de ciclos evolutivos;

f) Operários parados – os que já romperam compromissos com as lavouras do mal;

g) Cair da tarde – final de período evolutivo.

Jesus compara o reino dos Céus a um pai que, preocupado com o bem-estar dos filhos, e por entender que a felicidade sem mescla e duradoura repousa no patrimônio moral, procurou-os, de formas variadas e por intermédio de mensageiros, a fim de convidá-los ao trabalho de evolução espiritual, simbolizado em sua vinha.

O denário, que promete pelo dia de trabalho, segundo a economia divina, compreende o teto de todas as necessidades materiais efetivas da criatura, excluído o supérfluo, por prejudicar o soldo de outros operários.

À vista das diretrizes que presidem a economia terrena e conforme a presente interpretação, a parábola pode ser levada à conta de utopia. No entanto, segundo o que informa o Espírito André Luiz, é programa já implantado em regiões superiores da Espiritualidade, a ser estabelecido na Terra pelo afastamento dos seres egoístas e avaros e pela implantação do Evangelho no processo de educação do homem que comporá o sistema social deste milênio.

Foi sob o imperativo do sentimento de paternidade que o dono da vinha determinou que, em sua seara, todos os filhos recebessem a quantia inicialmente combinada com os que trabalharam desde o alvorecer do dia, não só por considerar as necessidades basilares comuns a todos os filhos, como também por reconhecer que, além do tempo, outros fatores determinam as medidas de qualidade e de quantidade.

Segundo a economia terrena, o servidor da última hora, trabalhando uma hora, deveria receber apenas um doze avos da moeda; entretanto, porque recebera a mesma quantia, em obediência à vontade do amo, os trabalhadores da primeira hora, em condições proporcionais, e não obstante o adrede combinado, calculavam receber doze vezes mais.

Convém lembrar que um doze avos do denário não atenderia às exigências orgânicas do trabalhador da última hora, nem os empregados na primeira hora precisavam de doze denários. O código que regulamenta a contabilidade terrena, responsável pelos atuais desacertos socioeconômicos, permite o prejuízo às próprias criaturas quando constroem suas economias sob o alicerce da ambição e da avareza, porque ficam debitadas, em suas jornadas futuras, pelo que acumulam com alheio prejuízo.

Por isso, afirma-se que na Terra o problema da fome e da miséria não consiste na falta de cereais, mas na má distribuição das rendas, que se processa sob o domínio do olho do egoísmo e da ambição dos "príncipes das nações que ainda as dominam e as tratam com império".

O denário compreende apenas a moeda mantenedora da vida orgânica, de que o Espírito se utiliza, transitoriamente, como um dos fatores da evolução.

A riqueza espiritual, objetivo das inúmeras existências e único tesouro que o Mestre recomenda acumular, por representar aquisição própria, não pode ser analisada sob o mesmo critério.

Receber apenas o denário necessário à vida orgânica não significa prejuízo à criatura que se dedicou por maior número de horas às lides da vinha, porque é sempre creditada por suas aquisições morais, além dos *bônus-horas*, a moeda universal e intransferível que a ferrugem não consome e o ladrão não rouba.

11
Jejum

Então os discípulos de João perguntaram a Jesus: por que jejuamos nós e os fariseus, e os teus discípulos não? Jesus respondeu: podem os convidados jejuar enquanto o noivo está presente? Dias virão em que o noivo lhes será tirado e então jejuarão.

(MATEUS, 9:14 a 15.)

Com base nos fundamentos da Codificação Espírita, a criatura na Terra apresenta-se sob tríplice aspecto: corpo, perispírito e alma.

Por atender ao imperativo de renovação das células que o compõem, o corpo físico não dispensa o combustível diário do alimento sólido, do que, em mundos regenerados, os corpos mais rarefeitos já se afastaram, por se alimentarem pela exclusiva respiração, extraindo o nitrogênio necessário à vida, atualmente recolhido, em parte, do alimento sólido. Parodiando expressão contida no livro *Gênesis*, pode-se dizer: "De hoje em diante comerás o pão *sem* o suor de teu rosto" (GÊNESIS, 3:19).

O perispírito, que se denomina também de "corpo fluídico", igualmente necessita de alimento, obviamente compatível com a sua natureza e a evolução do Espírito. Esse conhecimento esclarece o motivo das cerimônias de oferendas ou sacrifício de animais, nos segmentos religiosos mais antigos, ou os "despachos", que compreendem permuta de favores, ainda em uso, porque determinados Espíritos, por ausência de vontade ou de compreensão, ainda se demoram sob o domínio de dependências, alusivas às sensações da fome física ou às paixões de que, em processos de vampirismo, ainda se nutrem dos encarnados.

O jejum físico fazia parte da tradição dos judeus, em que algumas religiões se respaldaram na criação de suas culturas. A bem da verdade, essa prática nenhum proveito acarreta ao Espírito. Considere-se ainda o preceito do Cristo que assegura não ser o que entra pela boca aquilo que macula o homem.

Agora o jejum do Espírito, também examinado sob três aspectos:

a) O primeiro refere-se ao alimento espiritual, de que Jesus é o despenseiro, na condição de "noivo", enquanto os Apóstolos figuram como convidados. Nenhuma criatura, em juízo perfeito, irá escolher o momento da festa — período que assinala a presença do Cristo na Terra — para praticar seu jejum. O Evangelho, significando a alma de sua doutrina, constitui o alimento do Espírito ou a "palavra que sai da boca de Deus", do que, na ausência do Cristo, os Apóstolos haveriam de jejuar.

b) O segundo aspecto, ainda sobre o jejum do Espírito, relaciona-se ao processo de pureza de pensamentos, a que a criatura conscientizada se impõe, não só por imperativo da evolução espiritual como igualmente por ser um dos recursos mais eficazes nos processos de desobsessão própria ou de terceiros. É ainda a profilaxia da mente que recolhe, no oceano dos pensamentos humanos, apenas o oxigênio puro, necessário à própria vida. Na economia dos valores espirituais, convém guardar, no alforje do coração, o alimento que se puder colher na seara do Evangelho e, se algum jejum deve ser observado, que seja o da abstenção de pensamentos inferiores.

c) Finalmente, a terceira versão refere-se ao alimento que cada criatura recolhe entre os seres que respiram na mesma frequência moral e evolutiva, onde situa a fonte de sua alegria e acalenta os melhores anseios.

12
Páscoa

Então o Senhor disse a Moisés e a Aarão: Este mês será tido como o primeiro do ano. Cada um tome um cordeiro por família ou por casa. Aguardareis até o décimo quarto dia, quando toda a assembleia de Israel o imolará ao crepúsculo. Colocarão o seu sangue sobre as ombreiras e vergas das portas das casas em que estiverem. Naquela noite comerão a carne assada no fogo, com os pães sem fermento e ervas amargas. [...] É a páscoa do Senhor. Naquela noite passarei através do Egito e ferirei de morte os seus primogênitos. O sangue sobre as casas vos servirá de sinal (de proteção).

(ÊXODO, 12:1 a 13.)

Seja pela descendência de Ismael, filho de Agar, escrava egípcia, seja pela de Isaac, filho de Sara, mulher de Abraão, a saga religiosa, em grande parte, tem suas origens no patriarca que viveu em torno de dezenove séculos antes do Cristo.

Dotado de singular faculdade mediúnica, periodicamente anotava a presença de Espíritos superiores que o visitavam, de quem recebia oráculos diversos, entre os quais o que se refere ao nascimento de seu filho Isaque e o que alude à destruição das cidades de Sodoma e Gomorra.

Deles recebeu Abraão ainda a seguinte profecia: "Certamente que tua posteridade será peregrina em terra alheia, onde será reduzida à escravidão e afligida por quatrocentos anos" (GÊNESIS, 15:13).

Nos sete anos de seca e fome previstos nos sonhos de Faraó, José convida Jacó seu pai, irmãos e respectivas famílias, que migram para o Egito, onde são recebidos festivamente. No entanto, após a morte do Faraó e de José, os hebreus vieram a conhecer o domínio da escravidão que, durante quatro séculos, lhes impõe farta colheita de amarguras e aflições.

O cativeiro imposto a Israel, profetizado com antecedência de alguns séculos, fora permitido pelo Patrono espiritual do planeta, porque conhecia o extenso carma[7] e as mazelas morais de que aqueles Espíritos se tornaram escravos.

Mais tarde, Moisés assegura ao povo hebreu o retorno à terra que o Senhor houvera prometido a Abraão e à sua descendência, lembrando revelações do profeta Oseias, equivocadamente atribuídas a Jesus: "E do Egito chamei o meu filho (Israel); mas quanto mais o chamava, tanto mais se distanciava de minha presença, sacrificando às imagens de escultura." (OSEIAS, 11:1).

Enquanto o povo empresta confiança aos rituais da Páscoa, a independência de Israel deve ser admitida por determinações espirituais, depois do resgate alcançado pelo extenso quadro de opressão.

Quatro séculos de submissão facultam o crédito que sanciona a alforria daquelas almas que reencarnaram no Egito, na condição de convidados de Faraó, porém súditos de compromissos espirituais.

Todavia, os rituais ganham foros de religião e são tidos como único e decisivo fator no processo de libertação.

---

7   N.E.: "Carma" é termo próprio de religiões como o Hinduísmo e o Budismo, constituindo lei que afirma a sujeição humana à causalidade moral, de tal forma que toda ação (boa ou má) gera uma reação que retorna com a mesma qualidade e intensidade a quem a realizou, nesta ou em encarnação futura. No caso do Hinduísmo, a encarnação pode se dar até de forma regressiva (levando o indivíduo a renascer como animal, vegetal ou mineral), o que não encontra nenhum amparo na Codificação Kardequiana. Tal palavra e seu adjetivo derivado "cármico" não fazem parte do vocabulário da Doutrina Espírita.

A liturgia instituída para a Páscoa determinava que, no décimo dia do primeiro mês, os hebreus tomassem um cordeiro por família ou grupo de pessoas, para ser imolado na véspera da fuga. O sangue do animal deveria assinalar as vergas e ombreiras das portas, e suas carnes, depois de assadas, consumidas com os pães sem fermento. Na noite de 14 para 15, do primeiro mês, dar-se-ia a Páscoa ou passagem do anjo ferindo de morte todo primogênito do Egito, cujas casas não estivessem marcadas pelo sangue do cordeiro.

Doze séculos decorreram entre Moisés e Jesus, mostrando vitórias e derrotas, liberdades e opressões, lembrando não só a extensão de suas faltas e o quadro das imperfeições humanas, como também a transitoriedade de todas as glórias terrenas e a impossibilidade de se definir, na Terra, uma felicidade plena e eterna, na ausência das aquisições morais.

Cumprindo-se o oráculo de Isaías, sobre a vinda do Senhor, o Espírito Elias comparece à Terra, no corpo de João Batista, na condição de precursor, a voz do que clama no deserto, onde identifica a presença do Cordeiro divino que tira o pecado do mundo (JOÃO, 1:29).

O grande Esperado viria retirar o pecado da Terra, não por um batismo simbólico, mas pela iluminação que o Evangelho faculta ao mundo íntimo de cada ser, facultando entendimento sobre a imortalidade do Espírito, sobre a reencarnação e sobre a Justiça divina.

Na ausência de semelhante cultura, divulgada hoje pela Codificação, vários povos ainda se consideram escolhidos de Deus e admitem-se isentos de pecado, mas não explicam o imperativo do sofrimento e da dor, atribuídos por eles à vontade de Deus, ou ao acaso, por olvidarem que, se a purificação é simbólica, o perdão, a felicidade e o Céu igualmente se fazem simbólicos.

A Páscoa, como símbolo da passagem do espírito que fere de morte os primogênitos do Egito, continua sendo comemorada por Israel, que, no curso dos milênios, conhece desagradáveis acontecimentos, naturalmente por guardar os ensinamentos das tábuas da lei, somente na arca da aliança, além de emprestar desprezo ao grande Esperado que, ansiosamente, ainda espera no curso dos milênios.

Vale, por isso, relembrar o último oráculo que, com lágrimas, o Mestre profere sobre Jerusalém, considerando o manifesto desapreço que o povo atribui a ele e à Doutrina que veio revelar: "Ah! se conheceras, ainda hoje, o que é necessário à paz! Mas isso está agora oculto aos teus olhos" (Lucas, 19:41 a 44).

Possuindo raízes profundas no solo da cultura religiosa, a Páscoa ultrapassou as fronteiras do Judaísmo e alcançou o território da Igreja Romana, que a instituiu como símbolo da ressurreição do Cristo.

O Espiritismo, na condição do Cristianismo restaurado, tendo por fundamento a reforma íntima, pela conscientização que o Evangelho proporciona, não possui compromisso com as tradições da Páscoa ou da ressurreição, nem com quaisquer dogmas ou sacramentos — fundamentos do Catolicismo — por mais belos pareçam aos olhos das pessoas, porque possui uma definição mais elevada dos valores imortais e porque semelhantes conceitos, apesar de milenares, nunca definiram felicidade e paz às criaturas terrenas.

Com base no princípio de que Jesus é o cordeiro que tira o pecado do mundo, as escolas religiosas tradicionais asseguram que seu sangue lava, antecipadamente, as imperfeições e os erros do homem, dispensando, pois, a renovação íntima e a prática do bem, ensinadas e vivenciadas pelo Senhor, por confiarem tão somente no imperativo do verbo "crer".

O sangue do Senhor estaria lavando os erros do criminoso, do déspota e do belicoso, justificando o comportamento do avarento, do usurpador e do egoísta que, por isso, anotam imunidade para disseminarem o mal, com prejuízo a todos os que se constituem vítimas de suas agressões.

São doutrinas sedimentadas em tradições, ou herdadas de outros segmentos, cuja finalidade consiste em anular as leis de

Deus. Por, isso, já afirmava Jesus: "Hipócritas! Com as vossas tradições, *invalidais* o mandamento divino" (MATEUS, 15:6).

Admita-se, pois, não ser o sangue físico do Cristo que vem tirar o pecado do mundo, considerando que o pecado, sob vários matizes, está presente no âmago da criatura humana, recordando o primitivo estado. Compreenda-se seu sangue por alusão à alma ou à essência do Evangelho, que, bem conhecido e vivenciado, conduz o homem às veredas do bem, única senda que assegura felicidade a todos os seres.

O Cristianismo, em sua origem, recorda o pensamento augusto de Jesus, no pão do espírito, exonerado do fermento de doutrinas que nasceram à sombra de convenções, na expectativa de justificarem imperfeições humanas. O Evangelho não escapou às transformações oriundas das tradições que, no curso dos séculos, vieram levedar o pão espiritual da humanidade, transformando o Cristianismo num corolário de dogmas, sacramentos e tradições de humana procedência, por ocultar a luz definida na essência do Evangelho.

Na doutrina de Moisés, o pão sem fermento recorda a pressa com que é preparado, nos momentos que antecedem à fuga do Egito. No Cristianismo, o pão que o Mestre oferece aos Apóstolos como seu corpo — símbolo de sua Doutrina — fala da pureza inicial em que deveria permanecer, não admitindo uniões ou vínculos com seitas anteriores.

O sangue do Cordeiro, que na doutrina de Moisés é espargido sobre as vergas das portas, identificando os filhos de Israel, à passagem do anjo da morte, no Cristianismo — símbolo da bebida a que o Senhor alude em sua ceia — significa a essência moral e espiritual do Evangelho, como restaurado por Kardec.

A Páscoa, que no mosaísmo lembra a passagem do anjo que fere de morte os primogênitos do Egito, no Cristianismo sugere a passagem de Jesus pelas terras do coração, ferindo de morte, pela conscientização evangélica, os filhos mais velhos de suas criações íntimas, categorizados no egoísmo e no orgulho, na avareza e na ambição, que têm sido o móvel de todos os capítulos de sofrimento que visitam o homem em sua marcha evolutiva.

E, enquanto Moisés segue pelos caminhos áridos do deserto, a conduzir o rebanho humano confiado ao seu cajado, em direção à terra de Canaã dos interesses terrenos, o Cristo prossegue pelos caminhos de Emaús e vai adiante de todos, à Galileia espiritual, como afirmou a Madalena ao visitar-lhe o túmulo, pela manhã do primeiro dia da semana (MATEUS, 28:10).

13
Tentação

> *Em seguida, Jesus foi conduzido pelo Espírito ao deserto, para ser tentado pelo demônio. E depois de jejuar 40 dias e 40 noites, teve fome. O tentador então aproximou-se dele e lhe disse: Se és o Filho de Deus, ordena que estas pedras se tornem pães. Jesus lhe respondeu: nem só de pão vive o homem, mas de toda a palavra que procede da boca de Deus. O demônio ainda o transportou a um monte muito alto e lhe mostrou todos os reinos do mundo e disse-lhe: dar-te-ei tudo isso se, prostrado, me adorares. Respondeu-lhe Jesus. Adorarás o Senhor teu Deus e só a ele servirás.*
> (MATEUS, 4:1 a 11.)

O venerando Espírito Emmanuel, examinando o texto sobre a tentação, diz: "Origem da tentação, a concupiscência constitui o fundo viciado e perverso da natureza humana primitivista. Ser tentado é ouvir a malícia própria ou abrigar os inferiores alvitres de si mesmo".[8]

Esclarece o apóstolo Tiago que "cada ser é tentado, quando atraído e engodado pela própria concupiscência".

Na condição de criador e diretor do Sistema Solar, *seria ironia o Senhor ser tentado a possuir uma fração mínima e transitória, do que, em verdade, lhe pertence por toda eternidade.*

---

8 XAVIER, Francisco Cândido. *Caminho, verdade e vida*, cap. 129.

Emblema de deserto deve ser compreendido o espírito humano, por revelar, depois de vinte séculos, total ausência de valores morais, razão da fome de compreensão que o Senhor experimenta.

Noutra versão, o deserto também traduz vida espiritual, para cujos habitantes, por princípio de coerência, o Cristo também consagrou sua orientação, admitindo-se viver, simultaneamente, as duas dimensões, o que era natural para o médium Chico Xavier.

Símbolo do tempo que assinala sua presença neste plano, os 40 dias e 40 noites traduzem o período em que, paralelamente, o Cristo vive as duas dimensões da vida, compreendidas no mundo físico e no extrafísico, o que revela por conversar com o "tentador desencarnado", que lhe propõe a multiplicação de pães, que sabia constar da pauta de sua breve visita a este orbe.

A narrativa não faz referência a montanhas físicas, de onde se localizam os reinados terrenos e suas respectivas glórias, mas à imaginação das criaturas, no domínio das fantasias e da própria ambição.

Os anseios e as criações mentais, nos seres encarnados, por meio de linhas ocultas, elegem os parceiros espirituais que sustentam os sonhos e as fantasias, permitindo que se viaje, nas asas da imaginação, aos pontos mais altos, onde se gostaria de instalar, em definitivo, os tronos da ilusão.

Consideradas as ondas de idêntica frequência em que se envolvem, os "tentados" registram as sugestões que lhes exploram os campos vulneráveis da própria ambição, acenando-lhes com possibilidades de enriquecimento fácil ou de acesso aos mais significativos degraus do poder, ou sugerindo, no terreno das emoções, as fantasias que irão alimentar as telas da própria imaginação, com o que sustentam vínculos no capítulo do vampirismo.

Convém, pois, examinar a natureza dos desejos ou da "fome" que se experimenta. Se estiver relacionada exclusivamente à posse dos bens transitórios, às aventuras no campo dos sentidos ou à alimentação das dependências, é possível que se encontre ainda no "deserto", sob o império dos tentadores. Esses seres podem ser os adversários espirituais do pretérito, que elaboram ocultamente planos de desforra — precedidos de aparentes sucessos — como podem ser igualmente os Espíritos infelizes que respiram no mesmo campo das ambições e dos desejos ou no domínio das paixões e dependências em que a criatura se situa.

Os desejos de cada ser revelam a própria evolução espiritual e a natureza dos Espíritos com os quais caminha. Ninguém está só. Cada indivíduo é tentado em sua própria concupiscência, afirmava o apóstolo Tiago, e o Cristo nada tinha em que ser tentado.

O mundo íntimo pode traduzir, pois, o "deserto", dando origem à "fome" que corresponde, invariavelmente, às maiores aspirações do homem. Para atendê-las, não raro, compromete o futuro espiritual não só pelos escusos meios que elege para satisfazê-las, como também pelos consórcios que estabelece com os "tentadores" inescrupulosos, encarnados e desencarnados, num símbolo de venda da alma ao "diabo", por se esquecer de que "nem só de pão vive o homem".

14
Multiplicação de pães

> *Caía a tarde. Agrupados em volta de Jesus, os discípulos disseram-lhe: Este lugar é deserto e a hora é avançada. Despede esta gente para que vá comprar víveres na aldeia. Jesus, porém, respondeu: Dai-lhes vós mesmos de comer. Eles, porém, disseram: Não temos aqui senão cinco pães e dois peixes. Trazei--mos, disse-lhes. Tomando os pães e os peixes e, elevando os olhos ao Céu, o Senhor abençoou-os, partindo-os em seguida e entregando-os aos discípulos que os distribuíram ao povo. Todos comeram e ficaram fartos e sobejaram doze cestos cheios, que Jesus mandou recolher para que nada se perdesse. Os convivas foram cerca de cinco mil homens, sem contar as mulheres e as crianças.*
>
> (MATEUS, 14:15 a 21.)

    Admitido na condição de Espírito puro e dirigente de todos os fenômenos do Sistema Solar,[9] o Cristo assegura suficiente compreensão à formação do alimento físico, móvel das maiores preocupações dos seres terrenos.

    Convém reconhecer, contudo, que o alimento do espírito constitui a maior preocupação do Mestre, o que prova a seguinte afirmativa: "Vós me procurais, não porque vistes os

---
9   XAVIER, Francisco Cândido. *A caminho da luz*.

sinais, mas porque comestes dos pães e vos fartastes. Trabalhai, não pela comida que perece, mas pela que subsiste para a vida eterna" (João, 6:26 a 27).

Os Apóstolos, no entanto, demonstrando manifesta preocupação com a multidão carente, rogam a Jesus para que a despeça, a fim de que encontre alimento nas aldeias vizinhas, ao que o Senhor responde: "Dai-lhes vós mesmos de comer".

Com breve resposta, Jesus ensina que, nas tarefas do bem, ninguém deve ser encaminhado à porta alheia ou despedido sem atendimento, esclarecendo que a ausência de recursos materiais não deve constituir obstáculo às atividades de sua seara. Importa dizer, ainda, que o mínimo, colocado nas mãos de Jesus, será multiplicado em benefício de todos, pelo domínio que possui sobre as leis que presidem o mundo orgânico, além de conhecer igualmente o mérito de cada criatura, na escala dos valores morais.

Se, no âmbito da economia terrena, o homem aprendeu o processo da multiplicação do alimento, a divisão, todavia, ainda é lição ignorada, considerando-se submisso, ainda, à ambição e ao egoísmo.

O gesto simples de partir o pão e dividi-lo, fraternalmente, com as criaturas constitui lição imorredoura com que o Cristo se identifica em Emaús, após a crucificação, e pela qual se reconhecem ainda seus verdadeiros discípulos.

A par da multiplicação e da divisão, Jesus ainda ensina que nada se perca, recomendando aos Apóstolos que, depois que o povo estivesse farto, a sobra fosse recolhida, admitindo por falta grave o que se perde por negligência.

No que concerne ao alimento espiritual, a divulgação da Doutrina de Jesus, à luz da Codificação, representa não só o celeiro farto nos dias presentes como a preservação das sementes que constituirão as lavouras do porvir. Que nada se perca também nesse terreno.

Simbolizados nos doze cestos que sobejaram, Jesus confiou aos Apóstolos não só a tarefa da distribuição dos pães por ele multiplicados, como também a responsabilidade por sua preservação.

Os Apóstolos são, por isso, considerados por Jesus o sal da terra, porque, além de o sal conferir melhor sabor ao alimento, possui igualmente a propriedade de preservar-lhe os valores.

15
Cego de Siloé

> *Caminhando, Jesus viu um homem cego de nascença. E os seus discípulos perguntaram: Mestre, quem pecou, ele ou seus pais, para que nascesse cego? Respondeu Jesus: Nem ele pecou, nem seus pais; mas foi para que se manifestem nele as obras de Deus. Dito isso, cuspiu na terra e, tendo feito lodo com a saliva, aplicou-o aos olhos do cego, dizendo-lhe: vai lavar-te no tanque de Siloé. ele foi, lavou-se e voltou vendo.*
>
> (João, 9:1 a 7.)

O sofrimento, segundo as doutrinas tradicionais, traduz sempre fruto do acaso ou, no máximo, recorda pecados dos ascendentes. Sem olvidar, contudo, a escala do codificador, o autor lhe sugere a seguinte classificação: *Evolução, prova, expiação* e *sublimação*.

A despeito, porém, do quadro que se lhe atribui, todo sofrimento compreende fator evolutivo, quer nas espécies irracionais, nas quais se manifesta exclusivamente na dor física, quer nas criaturas humanas em regime de provas e expiações, ou ainda nos seres mais evoluídos, isentos de compromissos no tribunal da consciência.

Importante recordar o final do primeiro mandamento do decálogo mosaico (ÊXODO, 20:5 a 6): "Porque eu sou Deus zeloso, que visito a iniquidade dos pais nos filhos até a terceira e quarta geração daqueles que me aborrecem".

A equivocada tradução "até a", imposta por doutrinas convencionais, determinando aos descendentes a reparação das faltas dos ancestrais, compreenderia medida injusta de Deus, por transferir ao filho e ao neto a responsabilidade assumida pelos ancestrais.

Substituindo-se, porém, a preposição e o artigo anteriores pela construção "na", a reparação, exigida do próprio autor do erro, tem início na terceira ou na quarta geração, por ser o tempo necessário de seu retorno ao cenário terreno, normalmente no meio da família em que faliu e com quem guarda compromisso. O filho não paga, pois, pelo pecado do pai nem o bisneto pelo pecado do bisavô, segundo as convenientes interpretações que deram motivo às retificações de Moisés (DEUTERONÔMIO, 24:16), confirmadas, mais tarde, por Ezequiel (EZEQUIEL, 18:1 a 4), deixando transparente o pensamento expresso no decálogo, de que cada criatura responde pelas próprias imperfeições.

Na cura do paralítico de Betesda, por isso, Jesus orienta: "Não peques mais, para que não te aconteça coisa pior" (JOÃO, 5:14). Ao paralítico de Cafarnaum, no entanto, informa: "Tem bom ânimo, os teus pecados são perdoados" (MATEUS, 9:2), o que se traduz por "quitados" ou "terminados".

Nos dois casos, porém, fica evidente que a enfermidade tivera origem em faltas pretéritas, que o segundo já havia reparado e para as quais o primeiro ainda guardava manifestas inclinações, dando motivo à observação de Jesus, porque sempre conhece o ponto frágil ou a face obscura da personalidade humana.

Por força da lei que dá origem ao sofrimento, a cura somente é concedida aos que alcançam o mérito necessário, pelas vias da reparação e da reforma íntima, porque se liberam das sentenças inscritas nas páginas da própria consciência.

Há que reconhecer, contudo, a presença na Terra de seres nobres, isentos de culpa, à semelhança dos Apóstolos, que anotam experiências amargas, com o objetivo de auxiliar o processo de evolução coletiva ou de entes que permanecem à retaguarda na senda evolutiva. Na condição, pois, de missionários, o sofrimento deve ser entendido por *sublimação*.

Nesse campo, diversos Espíritos podem ser encontrados à semelhança do cego de Siloé, a quem Jesus devolve a vista física, depois de obtida visão espiritual. Isento, pois, da culpa, que dá origem à reparação, e porque não se admite que ninguém responda por pecado alheio, o sofrimento do cego de Siloé deve ser traduzido por "sublimação" porque, além de facultar a aquisição de novos valores, como paciência e resignação, denuncia condições adequadas para o Cristo manifestar as obras de Deus.

A parábola ainda diz que Jesus, para tanto, fez lodo com saliva, colocou-o nos olhos do cego, determinando que se lavasse no tanque de Siloé.

Se, no processo de criação do homem (GÊNESIS, 2:7), simbolicamente Deus teria criado Adão com o lodo da terra, na presente parábola, o lodo faz alusão ao corpo físico, enquanto o tanque compreende a existência terrena, na qual o Espírito, ainda cego da visão espiritual, por inúmeras vezes desce para lavar-se da cegueira da ignorância, na qual recupera a vista, mercê da simbólica saliva, traduzida por sabedoria, sob a orientação do Evangelho.

Emblema da lição, as frequentes descidas aos poços de Siloé da encarnação, sob a orientação do Evangelho, devem constituir o processo mais adequado à cura da cegueira espiritual dos seres terrenos.

16
Alforje e espada

> *Depois ajuntou: quando vos mandei sem calçado, sem cajado ou sem alforje, faltou-vos porventura alguma coisa? Eles responderam: Nada, Senhor. Mas agora, disse-lhes Jesus, aquele que tem alforje, tome-o, e aquele que não tiver uma espada, disponha de sua capa e adquira uma.*
>
> (LUCAS, 22:35 a 36.)

    Assegurava Jesus aos Apóstolos que o pão e a veste, o alforje e o cajado, o ouro ou a prata não deveriam constituir motivo de maior preocupação, nas tarefas que lhes confiava, esclarecendo ser o trabalhador digno de seu salário.

    Obedientes às orientações do Senhor, a escassez das provisões ou a falta do abrigo aos corpos cansados não constituíram obstáculo às atividades messiânicas. Deixando cidades ou aldeias, jamais pensaram em sacudir a poeira dos pés, porque, além dos corações amigos que lhes emprestavam o teto, mantinham-se imunizados, pelo perdão incondicional, contra o vírus da incompreensão dos que se opunham à doutrina do Cristo.

    No entanto, momentos antes da prisão, o Mestre recomenda aos Apóstolos a importância de se munirem de alforje e de espada, com o que se libertariam da capa. Demonstrando não haverem entendido a simbólica lição, os discípulos lhe entregaram duas espadas, pelo que lhes disse: "Basta".

Outras vias facultariam, sem demora, a compreensão desejada.

Com a voz de prisão, uma das espadas vem a ser utilizada por Pedro, dando motivo à inolvidável lição: "Embainha tua espada; pois todos que lançam mão da espada à espada perecerão" (MATEUS, 26:52).

Enquanto a espada, na Terra, representa a defesa da criatura contra o adversário externo, a *conscientização* do Evangelho vem a ser a arma na defesa contra as imperfeições próprias, únicos inimigos que conduzem o Espírito, pelas vias do erro, às geenas do remorso e aos desagradáveis capítulos da reparação.

Igualmente, o alforje a que, simbolicamente, Jesus se refere, não compreende a mochila que transporta o alimento físico, mas o bornal do coração onde se recolhem as provisões do Espírito.

Resumindo, pode-se dizer que a conscientização evangélica e a aquisição dos valores morais constituem, respectivamente, a espada e o alforje, com os quais o Espírito se liberta facilmente da capa das aparências, de que os Apóstolos já se haviam afastado.

17
Passe

E Jesus, estendendo a mão, tocou-lhe, dizendo "fica limpo".

(Mateus, 8:3.)

Exercido por Jesus e largamente usado no plano espiritual, o passe constitui terapêutica para o Espírito, perispírito e corpo.

Convém lembrar as curas efetuadas pelo Cristo, às vezes com a simples imposição das mãos e, noutras ocasiões, sentindo "sair de si uma virtude", como no caso da mulher hemorroíssa.

Instruindo os Apóstolos a que fossem curar os enfermos, expulsar os demônios e ressuscitar os mortos, dando de graça o que de graça recebessem, o passe institui-se por doutrina de amor legada por Jesus à humanidade.

Não foi, todavia, sem experiências ou aprendizado evangélico que os Apóstolos alcançaram êxito nos trabalhos. "Por que não pudemos expulsar esse demônio?" é a pergunta por eles endereçada ao Mestre, na cura do moço lunático, quando foram esclarecidos que, além da fé conscientizada, alguns processos de desobsessão só se alcançam mediante a oração sincera e o jejum espiritual, que consiste no cultivo de pensamentos elevados.

Se Jesus apenas promete alívio aos aflitos e sobrecarregados que convida para segui-lo, forçoso entender que a cura de cada enfermidade guarda relação com a redução do débito espiritual, a ser obtida no terreno áspero da dor ou na lavoura suave do bem, além da reforma íntima que consegue mediante a conscientização doutrinária, porque todo processo de dor guarda raízes nas faltas cometidas ou nas próprias imperfeições.

Acreditar que atos litúrgicos ou encenações convencionais ganhem foros de terapêutica é desconhecer a Justiça divina, que preside o destino de todos os seres. Para se erradicar a dor, importa não olvidar o resgate imposto pela consciência, além da orientação facultada pelo Evangelho.

Por não se constituir de atividade profissional, o passe, na orientação espírita, dispensa todas as manifestações que recordam técnicas acadêmicas, ainda que a pretexto de se alcançarem os chamados centros de força ou plexos, recordando tão somente os valores morais que o passista deve cultivar e o elevado propósito de servir, que deve constituir-se de bússola no trabalho, lembrando com o apóstolo Tiago que "muito vale a oração do justo".

Há que se combater, mediante acurado estudo dos postulados kardequianos, o atavismo trasladado de outras seitas, evitando que a Codificação venha a se constituir em mero seguimento ecumênico, ou em colcha de retalhos de pretéritas culturas. Embasado em compreensiva conscientização, e afastado de encenações, o passe deve ser cultivado com a simplicidade ensinada por Jesus, por se considerar que as benesses obtidas, sem desprezar os valores morais do passista, correspondem ao *mérito espiritual do paciente*, razão por que os Apóstolos não puderam curar o moço epiléptico.

Finalmente, entenda-se o passe na sua manifestação mais simples e mais autêntica, atentos ao preceito de Jesus de que tudo o que o homem pedir, pela oração sincera, ele obterá.

18
Fé

Em verdade vos digo, se tiverdes fé como um grão de mostarda, direis a esta montanha: transporta-te daqui para ali, e nada vos será impossível.
(MATEUS, 17:20.)

Por consistir em patrimônio moral, a fé não se define por mera manifestação pública de religiosidade, nem se mede pela quantidade de rezas que, ao contrário, *denunciam ausência de fé*, conquanto orar sempre compreenda atestado de confiança.

A fé vem a ser, pois, o resultado dos méritos alcançados no campo da reparação e do resgate, bem como das qualidades morais que o sofrimento faculta ou que se adquirem sob a orientação da bússola evangélica. Resumindo, a fé define-se por créditos espirituais.

Se o sofrimento possui raízes no erro, por força da lei que lhe deu origem, a saúde e a paz decorrem da reparação, em cujo processo se incluem os méritos alcançados na lavoura do bem, constituindo, ambos, a fonte da fé de que a criatura necessita, para vencer as dificuldades e os compromissos constantes das páginas da existência.

O Cristo a ninguém promete a cura, mas somente o alívio aos que o buscam, porque, enquanto perduram o débito e as imperfeições morais, não existe na criatura a fonte da fé, em benefício da saúde própria. Eis por que Jesus atribuía a cura que realizava à fé do paciente ou ao mérito espiritual por ele alcançado.

No processo de desobsessão, para o que não se pode olvidar o tempo e a perseverança, por não se conhecerem o montante da dívida e o equilíbrio moral alcançado pelos protagonistas — paciente e obsessor — além de outros recursos, Jesus recomenda a oração sincera, além do jejum espiritual, que consiste na educação dos pensamentos.

Com esses recursos, aliados à disciplina imposta pela dor, as algemas do ódio se desatam lentamente, ensejando a libertação de ambos para empreenderem novos rumos à senda do progresso.

No restabelecimento à saúde do moço lunático, a falta de fé citada por Jesus significa ausência de mérito espiritual do paciente, no quadro da dívida assumida. Nesse caso, somente autoridade maior pode decidir sobre o simples alívio ou a cura total, contabilizada em forma de adiantamento, do que a criatura deverá prestar contas, como de todos os patrimônios que, adiantadamente, recebe no caminho da evolução.

Cada drama ou cada processo de dor guarda uma lauda de débitos, resgates e reajustes morais que, após examinada pelos mentores, decide quanto à cura ou somente ao alívio do sofrimento, ou ainda facultando experiências mais dilatadas, dando origem à fé, *sinônimo de crédito espiritual legitimamente obtido*, que se define como certeza na obtenção de determinada coisa, porque procede de uma situação moral íntima da criatura diante dos códigos divinos, também gravados nas páginas da consciência.

19
Oração

Tudo o que pedirdes pela prece crede que obtereis.
(MARCOS, 11:24.)

Inúmeras criaturas abandonam os sublimes benefícios da oração, alegando desilusões quanto à sua eficácia, pela ausência de resposta satisfatória aos pedidos que fazem.

Admitida a prece por diálogo ou comunhão íntima da criatura com os seres do Além, entre os quais, mentores e Espíritos familiares, além da comunicação que enseja, a oração constitui forma de alimento espiritual, não significando apenas fator de pedido espiritual.

Contudo, se a prece tem por finalidade um pedido, compreende-se examinado, espiritualmente, sob três aspectos: quanto ao modo, por pensamentos, palavras e ações; quanto ao tempo, os pedidos do pretérito — existências anteriores — e os pedidos atuais; e quanto ao atendimento, a curto, médio ou longo prazo, considerando a necessidade e os méritos reais de cada ser, no quadro dos valores espirituais.

Se a pauta da vida atual se respalda nas ações do pretérito, entende-se porque os pedidos de hoje, sem o crédito das boas ações, não podem modificar, aleatoriamente, as diretrizes adrede estudadas no Plano maior, que determinam a terapêutica tantas vezes amarga dos dias presentes.

Os bons pensamentos e as boas ações, no entanto, amenizando o existente carma, também facultam as respostas agradáveis, porque o amor, edificado no alicerce da caridade, da renúncia e do sacrifício, constitui crédito que cobre a multidão dos pecados.

Unicamente a reencarnação e a lei de causa e efeito esclarecem as questões do destino e da dor, bem como as respostas do Alto que, tantas vezes, parecem divergir do que se pede nas orações. Os espinhos que despontam no lugar das flores com que se sonha; a dor que surge, à feição de medicina celestial; e o elixir amargo dos problemas diversos, que aparecem à guisa de lição santificante, ensejam a crença no provérbio segundo o qual quanto mais se reza, mais assombração aparece.

De outras vezes, são a saúde e a paz que retardam à messe de hoje, pela preferência que se empresta, intimamente, à lavoura do joio, cultivando sentimentos inferiores ao lado das inúmeras orações que profere.

Cada ser encontra a resposta certa ao que efetivamente pede às leis divinas, principalmente em forma de ações e pensamentos. O pai não dá pedra ao filho que lhe pede pão. Mas como encontrar pão farto quem apenas distribui pedras?

É da lei que toda ação produz reação igual e em sentido contrário. Por isso, convém analisar a natureza do que hoje se pede por ações e pensamentos, o que forçosamente estará determinando os sonhos ou os pesadelos às noites do porvir.

"A cada um, segundo suas obras", afirma o Evangelho do Mestre.

A prece não tem por finalidade modificar o roteiro já descrito pela Espiritualidade, com base na sementeira pretérita e com vistas à redenção futura. No entanto, é a oração simples e sincera, sem retórica ou atavios, ensinada e exemplificada por Jesus, que sugere disposição, coragem e bom ânimo, diante do calvário a subir e da cruz da vida terrena a ser transportada.

20

Bodas de Caná

E foram também convidados Jesus e seus discípulos para as bodas. E, faltando o vinho, sua mãe lhe disse: Não tem vinho; e aos serventes: Fazei tudo quanto ele vos disser. Disse-lhes Jesus: Enchei d'água essas talhas. E encheram-nas. E disse-lhes: Tirai agora, e levai ao mestre-sala.

(JOÃO, 2:2 a 10.)

    O uso de bebidas alcoólicas, cuja origem perde-se nos dias mais recuados, não encontra endosso no Cristo, por ter transformado água em bebida saudável, nas bodas de Caná.
    Ainda que a água houvesse adquirido o colorido e o sabor próprios do vinho, a essência e o efeito naturalmente devem ter sido diferentes, considerando a missão do Mestre, sempre relacionada aos valores do Espírito.
    O texto, todavia, sugere a autoridade do Cristo que, manipulando o fluido universal, pôde conferir colorido e gosto à água, assegurando aos convidados saúde e bem-estar.
    Em verdade, as exigências da vida orgânica compreendem o "resto" que o Senhor promete aos que, em primeiro lugar, emprestam preferência ao reino dos Céus.
    Sua missão, no entanto, constitui-se da educação que sugere aos hábitos dos seres terrenos, por compreenderem que o

melhor alimento consiste em fazer a vontade do Pai celestial (João, 4:34).

Por isso, assegura aos Apóstolos que o pão, a água e a veste não deviam sugerir-lhes preocupação, considerando ser o trabalhador digno de seu salário.

Procurando reforçar a confiança dos Apóstolos, por duas vezes multiplica pães e peixes, saciando a fome de milhares de pessoas.

Não se olvide, contudo, que o profeta Elias também multiplicou farinha e azeite para a viúva de Serepta, enquanto Eliseu multiplicou azeite para libertar alguns órfãos da escravidão, além de alimentar, com sobra, cem pessoas com vinte pães.

No presente ágape, devem ser ressaltadas as palavras endereçadas aos serventes: "Fazei tudo o que ele vos disser".

Considerada também mediúnica, a orientação não se refere apenas às talhas a serem cheias de água, mas ao apreço que os seres terrenos deveriam sugerir à palavra do Senhor. Se os homens fizessem tudo o que o Evangelho recomenda — compreendendo a mensagem de Maria — para a felicidade de todos os seres, o reinado de Jesus já estaria implantado na Terra.

Por se considerar ainda a radical transformação imposta ao Cristianismo, então reduzido a sacramentos, é compreensível sugerir à saga das bodas sua legítima versão espiritual:

a) Água: símbolo do Cristianismo de origem;

b) Talhas: os Apóstolos;

c) Festim: a presença do Cristo;

d) Sabor: compreensão espiritual consagrada pelo Cristo ou pelos Apóstolos.

21
Mercadores expulsos

> *Entrando no templo, expulsou os que ali vendiam e compravam, derrubando as mesas dos cambistas e dos que vendiam pombas.*
>
> (Mateus, 21:12.)

No domínio das letras ou das imagens, os seres terrenos apresentam Jesus na mesma escala evolutiva a que se situam, ou seja, denunciando desequilíbrios emocionais, empunhando azorrague ou derrubando mesas dos cambistas.

Semelhante compreensão, no entanto, denuncia apenas o gráfico dos valores morais íntimos de seus autores, de cujo quadro recolhem apenas o que convém aos particulares interesses, sugerindo interpretação própria ou convencional ao que veem e ao que ouvem.

Importa admitir que, sendo Jesus a fonte inesgotável da bondade e do amor universal, dele não se devem admitir gestos que denunciem violência, ou que de sua boca proceda palavra torpe, ou ainda que seja visto evocando piedade diante da cruz.

Admitida por metáfora, é possível emprestar melhor compreensão à frase, por modificar o significado atribuído aos verbos "expulsar" e "derrubar", e entender por que Jesus diz ter vencido o mundo, se foi crucificado (João, 16:33).

A profecia de Isaías também se refere, simbolicamente, aos caminhos que o precursor deveria preparar para o Senhor, traduzidos, espiritualmente, por compreensão evangélica a ser facultada aos pacientes, *ironicamente, ainda, interpretados por estradas de terra.*

Procurando ocultar a verdade, o homem confere ilações invertidas às lições do Evangelho, propondo o campo da simbologia para a moral e para as boas ações, e atribuindo objetividade ao que deve figurar no campo da simbologia.

Somados, o esclarecimento e a moral constituem *a autoridade com que Jesus derruba as mesas dos cambistas,* ferindo de morte o comércio realizado no templo.

Enquanto Ananias, com a oração, retira as escamas fluídicas dos olhos de Saulo, somente o Juízo Final irá afastar as escamas do orgulho e dos interesses próprios que cobrem a visão espiritual do ser terreno.

A luz própria, por exemplo, que se alimenta do combustível da virtude foi substituída por luzes artificiais de candelabros ou de velas. O alimento espiritual, mencionado pelo Cristo, foi convertido em hóstia, enquanto a pureza de coração vem a ser obtida pela simbólica unção. Igualmente, o perdão, por se olvidar os direitos alheios, vem de ser obtido mediante o dízimo ou pela confissão, em desacordo com os parágrafos de justiça espiritual ou terrena.

Traduzidos por raízes destinadas à coivara, ou por remendos de pano velho, os emblemas das seitas convencionais permanecem de mãos dadas com o homem, ainda que migrando para campo religioso deferente.

Por sugerir versões diferentes da imortalidade do Espírito e da Justiça divina, e por condenar a mediunidade, simbolicamente, o império terreno fere de morte o Cristianismo, depois da crucificação imposta a Jesus.

Transformar os valores morais e a iluminação íntima em simbologia é admitir igualmente um Céu simbólico, conquanto repleto de pesadelos, denunciando reparação e calvário, a única terapêutica que apaga as cenas do mal arquivadas na consciência.

Admitidos simbolicamente por obstinados mercadores do templo terreno, os homens que, por vários meios, permanecem explorando o semelhante, no esperado período de saneamento e na condição de Espíritos, serão encaminhados a planeta de evolução coerente aos inferiores interesses.

22
Sodoma

> *Disse então o Senhor a Abraão: O clamor de Sodoma e Gomorra tem-se multiplicado, em consequência de seu pecado.*
>
> (GÊNESIS, 18:20.)

Quando os anjos profetizaram a Abraão o nascimento de seu filho Isaque, informaram também que estavam se dirigindo a Sodoma e a Gomorra, que seriam destruídas em virtude das imperfeições morais de seus habitantes.

Preocupado com a informação dos anjos, o patriarca pergunta se fariam o justo perecer com o ímpio, porque talvez houvesse na cidade cinquenta justos. Perdoaremos a cidade, responderam os anjos, em atenção aos justos. O patriarca ainda ponderou que poderia haver menor número de seres retos, levando-o a perguntar o que aconteceria se fossem encontrados, na cidade, apenas dez, ao que os anjos responderam que perdoariam a cidade por amor aos dez justos que ali vivessem.

Em Sodoma, todavia, não existiam dez pessoas nessa condição. Justo, somente Ló. Por isso, os anjos dirigiram-se a ele e o convidaram a deixar a cidade, a fim de não ser alcançado pelo fogo.

Deixou Ló a cidade, acompanhado de duas filhas e de sua mulher que, duvidando do que os anjos disseram, olhou para trás, ficando convertida, segundo a descrição bíblica, numa estátua de sal.

Olhar à retaguarda é manter vínculos de qualquer natureza com o passado, sendo, por isso, emblema dos seres que estão ligados aos interesses transitórios do pretérito ou algemados ao campo das paixões e das dependências de que se tornaram escravos, ou ainda porque mantêm compromissos que dependem de resgate.

Desinteressados, não raro, do progresso e do futuro, no qual não estão dispostos a acreditar, porque igualmente seriam constrangidos a uma mudança de conduta que ainda não lhes interessa, conservam-se indiferentes quanto à caminhada evolutiva.

Ló teve, pois, de caminhar com as filhas, deixando atrás a esposa, que se convertera no símbolo da incredulidade. Igualmente, na senda da evolução, Espíritos superiores são forçados a deixar, à retaguarda do progresso, parentes e amigos escravizados ainda aos interesses transitórios ou às paixões que livremente escolhem.

Sodoma e Gomorra foram destruídas possivelmente pela erupção de algum vulcão, onde os corpos de seus habitantes se converteram em cinzas. Da mesma forma, Herculanum e Pompeia, no ano 79 d.C., foram destruídas pelo Vesúvio, que deixou, sob as lavas, os corpos petrificados dos que ali habitavam.

Os anjos não podem impedir a erupção de um vulcão, mas sabem, com antecedência, quando o fenômeno ocorrerá. Deixam, no entanto, que as criaturas, guiadas pela lei de resgate, dirijam-se para locais estratégicos, inclusive no processo reencarnatório, onde são surpreendidas pelos fenômenos da natureza que as auxiliam no processo de evolução espiritual.

Não é, pois, o Cristo quem castiga a criatura, mas a própria consciência que, lavrando a sentença, aguarda as condições adequadas à reparação.

Convém lembrar, ainda, que as leis divinas, inscritas nas laudas da consciência de cada ser, não permitiriam o sofrimento à criatura do pretérito por uma falta de que outra pessoa, portadora hoje de maior discernimento, estaria isenta, em desacordo com os princípios de responsabilidade, segundo os quais muito se pedirá ao que muito recebeu.

Impossível admitir, pois, que a moral preceituada no Evangelho, com base na cultura instituída na atualidade, mude sua definição em conformidade com o tempo, nem que o Cristo venha a regular o conceito das Leis divinas ao imperativo dos interesses mesquinhos das criaturas desta geração, porque elas passarão, como o Céu e a Terra, no dizer do Mestre, mas suas palavras, como ele, permanecerão.

Se, à época de Sodoma e Pompeia, milhares de corpos ficaram sob as cinzas, a fim de que a dor coletiva facultasse o processo de evolução moral, do mesmo modo, os clamores que hoje alcançam os Céus estarão determinando os processos de sofrimento, individual ou coletivo, que diariamente alcançam o homem, a fim de conduzi-lo à senda da perfeição.

23
Torre de Babel

Façamos para nós uma cidade e uma torre, cujo cimo atinja os Céus, [...] para que não sejamos dispersos pela face da terra. Mas o Senhor confundiu a linguagem, de sorte que já não se compreendiam [...] e assim os dispersou por toda a terra [...] e cessaram de construir a torre [...] que recebeu o nome de Babel.

(GÊNESIS, 11:4 a 9.)

Referência a um tratado de paz que possa reunir todas as nações e povos, a torre constituiu-se de proposta de elevada significação que, surgindo entre as civilizações mais antigas, como anseio do homem, não conseguiu ainda se concretizar na Terra, em face dos diversos idiomas da imperfeição humana, denominados egoísmo, ambição, despotismo e crueldade. Essas mazelas morais constituem ainda o grande obstáculo à instalação definitiva do reinado de paz e de união entre os povos, cuja torre simbólica teve sua construção interrompida, por ausência do alicerce dos valores morais do homem, célula viva do organismo social.

Apesar dos diversos tratados de paz e da constituição de organismos internacionais, a guerra, a fome e a insatisfação, como se naturais, continuam permanentes em quase todas as regiões do planeta, porque alimentadas pela prepotência que domina e escraviza os povos mais fracos. O cenário terreno sofreu, segundo Emmanuel, modificações físicas, mas os Espíritos, como atores, permanecem os mesmos.

Com recursos habilmente usurpados de povos, economicamente, mais fracos, constrói-se poderoso arsenal bélico, com que os intimidam e, como legítimos anticristos, os ditadores e opressores de todos os tempos prosseguem seus reinados de hipocrisia, de apropriação indébita e de prepotência, a que, desde remotos milênios, estão condicionados.

As indústrias bélicas das nações mais ricas atingem, atualmente, culminância imprevista e, apesar dos justos anseios de liberdade e de paz, a Terra continua a ser palco de opressão dos magnatas da economia e do poder, em nome de uma falsa democracia, que estabelece direitos para ricos inescrupulosos, instituindo pesados tributos às classes mais desfavorecidas, fartas de promessas de seus representantes, os políticos ou fariseus de todos os tempos.

Como alusão a um organismo social que venha a sustentar a paz de todos os povos, com base em seus direitos e nas Leis divinas, é proposta que, embora iniciada com a Codificação Espírita, só poderá ser concluída após a seleção dos Espíritos aqui matriculados, já programada para o presente século, porque terá, como alicerce, a conscientização de todos no Evangelho de Jesus e com observação rigorosa dos parágrafos de respeito e fraternidade.

Nessa época não distante, ainda que a cultura religiosa de cada ser não enseje, de início, idênticas interpretações, os povos terrenos, reconhecendo no orgulho, no egoísmo e na prepotência, a origem das separações e das discriminações econômicas e religiosas, estarão constituindo um só rebanho e uma só família, por se respaldarem no respeito e no amor ao próximo.

As edificações que têm por base os idiomas da ambição e da prepotência, à semelhança da Torre de Babel, nunca alcançarão o Céu, porque pertencem ao reinado terreno.

Somente com a linguagem universal do respeito e da fraternidade, que desde já deve ser exercitada, será possível a edificação tão sonhada em todos os tempos, unindo todos os povos terrenos aos que já residem nos planos superiores, ligando, pois, a Terra ao luminoso reino do Céu.

24
Lençol

Coberto, unicamente, com um lençol, um jovem segue Jesus, mas, porque lhe lançaram mão, largou o lençol, fugindo desnudo.

(MARCOS, 14:51.)

Diversas categorias de operários, adeptos e afeiçoados destacam-se na seara do Cristo.

Definindo a primeira classe, figuram os Apóstolos e os discípulos dos três primeiros séculos, que são identificados não só pelos valores morais com que curam enfermidades e expulsam Espíritos enfermos, como igualmente pela resistência que denunciam às perseguições a que o título de Apóstolo os expõem.

Outro grupo se reconhece pelas perseguições que movem aos que não compartilham de suas ideias, ou ainda pelo interesse nas promoções inerentes ao reinado terreno. Importa recordar, como exemplo, a proposta do escriba: Mestre, seguir-te-ei para onde quer que fores, ao que, por reconhecer-lhe as mais ocultas ambições, responde o Mestre: As raposas têm seus covis e as aves os seus ninhos; mas o Filho não tem onde reclinar a cabeça (MATEUS, 8:19 e 20).

Conquanto a notória boa vontade que demonstra possuir, o terceiro bloco compõe-se de seres que revelam ausência de preparo espiritual, a exemplo do geraseno que, depois de curado, roga a Jesus que o deixe acompanhar, ao que o Senhor lhe responde: "Vai para tua casa, para os teus e anuncia-lhes tudo o que o Senhor te fez e como teve compaixão de ti" (MARCOS, 5:18; LUCAS, 8:38 a 39).

Considerado acidental, o moço do lençol, simbolicamente, constitui o bloco dos que, por curiosidade, se aproximam do Mestre, sem qualquer compromisso com a Doutrina, e sem propósito de figurar do quadro de seguidores, até porque o prepotente reinado terreno não desculpa qualquer sinal que recorde o Senhor, duvidando até dos que se ocultam em véus ou lençóis simbólicos. A própria estátua do Cristo crucificado constitui-se em advertência àqueles que duvidam de seu poder.

Confundido talvez com algum seguidor do Cristo, no momento da prisão, o moço vem a ser seguro por mãos estranhas, das quais se liberta, imediatamente, deixando o lençol e fugindo desnudo.

Por comparecer ao lado do celeste Enviado, ainda que por equívoco ou curiosidade, o homem do lençol denuncia os elevados tributos exigidos pelo reinado terreno, admitindo, igualmente, não possuir vocação para mártir.

Noutra versão, o lençol simboliza o véu das aparências, máscaras que se afixam no rosto, ou roupagem cujo talhe primoroso dissimula as deformidades interiores, aparentando virtudes que não possui, disfarce que, eventualmente, pode ser retirado, dando motivo à advertência de Jesus, para que os Apóstolos se libertem de capas que recordem máscaras ou lençóis (LUCAS, 22:36).

Enquanto Herodes manda vestir o Senhor, de aparatos a roupa que recorda o manto de sua própria alma, as religiões convencionais, no extenso lençol composto pelos sacramentos, liturgias e dogmas, por seguidos séculos se vestem, por ocultar a nudez das verdades espirituais.

25
Véu do templo

> *E eis que o véu do templo se rasgou em duas partes, de alto a baixo, o sol se escureceu, a terra tremeu, fenderam-se as rochas. Os sepulcros se abriram e os corpos de muitos justos ressuscitaram e, saindo de suas sepulturas, entraram na cidade santa, depois da ressurreição de Jesus e apareceram a muitas pessoas.*
>
> (MATEUS, 27:51 a 53.)

Os fenômenos descritos por dois evangelistas, posteriores à crucificação do Cristo, denunciando manifestações sísmicas ou admitidos apenas por efeitos físicos, revelaram-se entre a hora sexta e a hora nona, no dia da crucificação.

O fato, porém, de um túmulo abrir-se, por qualquer motivo, não sugere o retorno à vida física do ser, cujo corpo se encontra em decomposição. Assim, pois, pelo menos uma parte da narrativa deve ser examinada, em sentido figurado.

A crucificação assinala o término das atividades do Cristo na Terra. Admitindo-se por "dia" sua presença neste plano, deve-se traduzir por "noite" sua ausência ou seu retorno às ditosas moradas, considerando ser o grande astro que ilumina os caminhos evolutivos da humanidade. Por isso, aconselhava aos Apóstolos: "Andai enquanto é dia". Dia foi, nesse caso, o período que assinalou sua presença no mundo, enquanto a crucificação, recordando ausência do sol, devolveria a Terra à escuridão.

As rochas que se fendem compreendem as falsas bases que sustentam o edifício das convenções religiosas do Judaísmo ou similares. Os túmulos, que na Terra assinalam o término da vida, com a mediunidade enaltecida por Jesus, simbolicamente, se abrem, revelando a imortalidade. No entanto, é o Espírito que retorna e não o corpo físico. Por isso, as visões do Cristo, após a crucificação, devem ser admitidas por fenômenos mediúnicos e não por ressurreição.

As cortinas alegóricas, ou o véu do templo que separam as duas faces da vida, ocultando a imortalidade do Espírito e a vida organizada noutra dimensão, sob o imperativo dos ventos da conscientização cristã, rasgam-se de alto a baixo, denunciando, com a mediunidade sublimada, as infinitas moradas que compreendem a casa do Pai celestial. Resumindo, se o termo "templo" é sinônimo de religião, as versões equívocas e convencionais sugeridas aos sagrados textos traduzem o simbólico véu, cuja função consiste em ocultar o legítimo pensamento do Cristo.

Importa, pois, recordar um parágrafo do segundo capítulo: "Se portas simbólicas se fecham com a morte, traduzindo o desconhecido, janelas se abrem com a mediunidade, restabelecendo a comunicação com os seres do Além e anunciando a abertura dos túmulos". O túmulo apenas assinala o término de um dia maior, no relógio da eternidade.

26
Jesus sofre as imperfeições humanas

> *Ele mesmo tomou as nossas enfermidades e carregou com as nossas doenças.*
> (Mateus, 8:17.)

> *[...] foi traspassado pelas nossas transgressões, moído pelas nossas iniquidades, enquanto sarados que fomos por suas pisaduras.*
> (Isaías, 53:4.)

Respaldado em interpretações místicas, o religioso tradicional se julga exonerado de qualquer esforço de renovação íntima, admitindo-se, igualmente, isento de qualquer culpa, com base no sofrimento do Cristo, olvidando que o calvário, para os seres terrenos, *simboliza o quadro imposto pela consciência culpada, visando libertar o homem do remorso que, na Espiritualidade, constitui o maior sofrimento que se pode experimentar.*

Por sugerir, no sangue do Cristo, o resgate antecipado, as religiões oficiais indiretamente abonam o crime, por consequência já institucionalizado no mundo, olvidando, por vezes, o direito da vítima ou do ofendido, o mesmo comportamento dos sacerdotes que recolhem a virtude (Cristo) à cruz, enquanto emprestam liberdade a Barrabás ou ao mal que, abonado também por dogmas, aguarda o Juízo Final para ser, com o homem inferior, erradicado da Terra.

Escondendo-se nos remendos das velhas tradições humanas, e alimentando imperfeições atribuídas ao demônio, o homem sugere inconvenientes interpretações a determinados trechos evangélicos, nos quais se acomoda, desobrigando-se da íntima reforma e do processo de evolução, a que será empurrado pelo próprio sofrimento.

Estratégia de inteligente organização moralmente inferior, de onde procede o conhecido império da Terra, representada inicialmente por Herodes, prossegue sua marcha na crucificação do Cristo e no sangue dos mártires, institucionalizando-se definitivamente no reinado de Constantino, considerando alimentar-se da ignorância, das imperfeições e dos inferiores interesses do próprio homem.

Se o crime fosse resgatado antes de cometido, não se justificaria a sentença pronunciada por Jesus, quando Pedro fere a orelha do soldado Malco, ao dizer: "Embainha a espada, pois todos que lançam mão da espada, por ela perecerão" (MATEUS, 26:52).

Igualmente, não se justificariam as lágrimas que Jesus derrama à entrada de Jerusalém, por antever o quadro de amargas experiências que, com o próprio comportamento, o povo anotava para futuro resgate, quando diz: "Jerusalém, Jerusalém, quantas vezes quis eu reunir os teus filhos... e não o quiseste; declaro-vos desde já que ficarás desolada" (MATEUS, 23:37 a 38).

Nem tampouco se justificariam as palavras endereçadas ao paralítico de Betesda, depois de curado: "Olhe que já estás curado; não tornes a pecar, a fim de que não te suceda coisa pior".

Por ratificarem a filosofia niilista, as doutrinas convencionais, sugerindo homenagens à morte, admitem vida exclusiva ao corpo físico, negando igualmente a mediunidade, porque estaria comprovando a imortalidade da alma.

Importa esclarecer que o preceito de vida única invalida a moral imposta pelo Cristianismo e, consequentemente, a lei do respeito ao próximo, desconsiderando também a sentença prescrita para o Juízo Final, que diz: "A cada um será dado segundo suas obras".

Admitir o Senhor por Cordeiro que tira o pecado do mundo significa aceitar, por simbólico, o sangue que, nesse caso, traduz a alma ou a essência do Evangelho.

Se o terapeuta, simbolicamente, carrega a doença, e se o lente resgata da ignorância o aluno, o Cristo, na condição de Mestre e Médico, pelo raciocínio e conscientização espiritual que proporciona, afasta do homem a ignorância e, consequentemente, os quadros de sofrimento.

27
Arrebatamento de Elias

> *Tendo atravessado o rio, Elias disse a Eliseu: Pede-me algo, antes que eu seja arrebatado de ti. Disse-lhe Eliseu: Seja-me concedida uma porção dobrada de teu Espírito [...] Respondeu Elias: Se me vires, quando eu for arrebatado de ti, isto te será dado [...] Eis que, de repente um carro de fogo com cavalos de fogo os separou um do outro e Elias subiu ao Céu num turbilhão.*
> (II Reis, 2,8 a 11.)

    A reencarnação, constituindo base do Cristianismo de origem, por Justiniano foi substituída pelos dogmas do batismo e do sono eterno, fazendo calar as vozes da imortalidade, da evolução do Espírito e consequente Justiça divina.

    Sob o domínio de seculares ordenações que determinaram a forma de se pensar, depois de proibido o livre raciocínio, acomodou-se o homem aos interesses inerentes à vida física, dobrando-se ao imperativo de um reinado transitório e prepotente, mas que não lhe cobra esforço sobre a íntima reforma.

    Conquanto a impossibilidade de sobrevivência física no espaço cósmico, afastado, porém, do bom senso, o fiel ainda admite o arrebatamento de Elias no corpo físico, até porque desconhece a vida organizada noutra dimensão.

    A ausência de recordação do pretérito, denunciando terapêutica, não deve constituir motivo para negar a imortalidade, considerando que a faculdade mediúnica, também abafada na idade do obscurantismo, sempre esteve presente, comprovando a imortalidade do Espírito.

O arrebatamento de Elias, exonerado da morte física, tem por base o imperialismo religioso que não admite a reencarnação nem a vida além da morte física, por manter a base niilista em que se sustenta, explicando, por isso, que o Batista não fora a reencarnação de Elias, mas apenas seu substituto.

No entanto, não se pode olvidar o imperativo da lei de causa e efeito, alcançando o antigo profeta no corpo do Batista, visando resgatá-lo do remorso que anota desde a morte dos profetas de Baal. Não se pode esquecer, também, a mensagem do anjo a Zacarias que, à guisa de oráculo, anuncia que seu futuro filho, no ventre de Izabel, trazia o espírito Elias.

Mais consentânea com a razão, a cultura espírita define o fenômeno do arrebatamento de Elias por visão mediúnica, que veio assinalar o seu desenlace, naturalmente desconhecido de Eliseu, e ensejar o seu pedido para que lhe fosse concedida "porção dobrada do Espírito Elias", ou seja, de sua faculdade mediúnica, o que em verdade Eliseu, naquele momento, já possuía, conforme comprova sua visão.

Fora, pois, mediúnica a viagem de Eliseu, na companhia de Elias desencarnado, até à margem de grande rio que, em sua interpretação, seria o Jordão, cujas águas cristalinas fere com seu manto, por empreenderem a travessia, na condição de Espíritos.

Acompanhara espiritualmente seu mestre e amigo até determinada região da Espiritualidade que assinala dois espaços evolutivos, descritos pelo Espírito Jacob.[10]

Tão nítida fora a visão extrassensorial que, na ausência de uma cultura sobre a vida espiritual, embasada hoje na Codificação, o profeta teve a impressão de que, no próprio corpo físico, Elias fora arrebatado.

---

10   XAVIER, Francisco Cândido. *Voltei*.

Há que se considerar ainda não só a ausência de vocabulário para definir fenômenos paranormais, como o colorido facultado pela velha cultura religiosa.

No Espiritismo, são igualmente catalogados por fenômenos mediúnicos a ascensão de Jesus, na visão dos Apóstolos, os acontecimentos do Pentecostes com a eclosão da mediunidade dos discípulos, no símbolo das línguas de fogo e a visão da convertida de Magdala, no domingo de Páscoa.

Depois das veredas do Calvário, os encontros de Jesus com os discípulos sempre foram fenômenos paranormais, seja na viagem a Emaús, seja no cenáculo a portas fechadas, ensinando aos incrédulos, de que Tomé vem a ser símbolo, para crerem sob o imperativo da razão.

Recorde-se ainda a pesca milagrosa, determinando aos discípulos que estendessem suas redes à direita, com o que os orienta na jornada messiânica de conquista aos corações mais nobres.

Foi mediúnico ainda o encontro que tivera com Pedro, ratificando o convite para apascentar suas ovelhas, não porque o Apóstolo estivesse desatento à sua anterior recomendação, mas com o propósito de estender a orientação ao colegiado, para o indispensável apoio que deveria emprestar ao companheiro de jornada, no capítulo da unificação de sua Doutrina.

Jesus se refere à mediunidade de Natanael, quando lhe diz que veria o Céu se abrir e os anjos subindo e descendo sobre o Filho (JOÃO, 1:51), como mediúnicos têm sido todos os processos de comunicação entre encarnados e desencarnados, que se processam de conformidade com a escala dos valores morais de que as criaturas sejam portadoras.

O termo "arrebatamento" deve ser interpretado por visão mediúnica sobre o regresso de alguns Espíritos missionários às esferas superiores — símbolos de Céu — onde habitam e de onde procederam para a missão que Jesus lhes confiou neste plano. Comprovando o atendimento espiritual ao pedido que faz, Eliseu, mediunicamente, acompanha o Espírito Elias, não só na espiritualidade adjacente à Terra, como também até certo ponto da viagem de regresso ao plano espiritual de maior evolução onde reside.

Confiadas por Jesus a Espíritos de planos mais evoluídos, missões na Terra existem de variadas extensões, não só na vida física, como também na vida espiritual, onde alguns permanecem por dilatados séculos, a exemplo de Eurípedes e de Bezerra de Menezes, enquanto o mandato de outros, definido apenas de uma vida física, faculta-lhes o imediato retorno ao planeta de origem, o Céu onde estão matriculados.

28
Desobsessão

> *Ouvistes o que foi dito: olho por olho, dente por dente. eu porém vos digo: não resistais ao perverso; e ao que quer demandar contigo em busca da túnica, deixa-lhe também o manto. Se alguém te obrigar a andar uma milha, vai com ele mais duas. Dá a quem te pede e não voltes as costas ao que deseja que lhe emprestes.*
>
> (MATEUS, 5:38 a 42.)

Na ausência do leme da conscientização evangélica sobre as leis de causa e efeito, que determinam o destino de cada ser, pelo bom ou mau uso da liberdade, a obsessão, em seus mais variados aspectos, e desde as eras mais remotas, tem constituído escolho ao barco frágil dos destinos humanos, ainda construído dos retalhos pobres de suas culturas religiosas.

Davi assegurava a Saul, o primeiro rei de Israel, por meio da música, a terapia para afastá-lo de suas crises habituais. Ao rei Nabucodonosor, da Babilônia, foi revelado, em sonho, que, durante sete anos, buscaria a erva do campo, processo largamente usado no plano inferior da espiritualidade e denominado no Espiritismo de licantropia ou zoantropia. Vale lembrar ainda o atendimento de Jesus ao endemoninhado gadareno, que buscava refúgio nos túmulos, e ao moço lunático, que os Apóstolos não puderam curar.

André Luiz descreve imensa variedade de manifestações obsessivas, suas origens e os respectivos processos de tratamento,[11] enquanto Bezerra de Menezes narra acontecimentos que se desenrolam no século XV, dando origem a longo ciclo de sofrimento que, para alguns Espíritos, termina no início do século XX.[12]

Os sanatórios espíritas asseguram aos pacientes, por meio de intensivo tratamento de emergência, o pronto alívio, à semelhança do que prometia Jesus aos aflitos e sobrecarregados, mas é o núcleo espírita de boa orientação que confere o tratamento definitivo, depois de o enfermo sedimentar a própria libertação.

Atrás de cada drama obsessivo, existe uma lauda de compromissos assumidos, no campo do livre-arbítrio; algumas no início, outras no final da reparação. Pacientes e algozes mais dóceis que aceitam o auxílio para a própria renovação e outros, impermeáveis aos conselhos e orientações, cujas algemas do ódio a que ainda se vinculam, somente o concurso do tempo e a terapia de dores mais intensas conseguirão desatar.

A recuperação definitiva de cada paciente guarda relação, pois, ao montante do débito por ele assumido no pretérito e à reforma íntima que venha a se impor pela conscientização, sem desconsiderar a natureza do credor invisível, não obstante a contribuição dos mentores espirituais e dos colaboradores encarnados, no capítulo da assistência espiritual.

Não existem fórmulas milagrosas, tão a gosto das criaturas inexperientes, como o chamado desenvolvimento mediúnico do enfermo com o próprio obsessor, gesto inconsequente que só agrava os desequilíbrios psíquicos, conforme ensina o Espírito Bezerra de Menezes.[13] Convém se faça referência aos trabalhos de desobsessão em massa, que não passam de meras fantasias, ironizadas pelos próprios obsessores.

---

11   XAVIER, Francisco Cândido. *Nos Domínios da Mediunidade*.
12   PEREIRA, Yvonne A. *Dramas da Obsessão*.
13   Id. *Recordações da mediunidade*.

Importa, por isso, propor aos adeptos e defensores dessas teorias que as comprovem nos sanatórios, onde os resultados compreenderão melhores testemunhas. Que prevaleça, pois, o bom senso e a razão entre os obreiros sérios da Doutrina, lembrando ainda que toda árvore que o Pai celestial não plantou será, simbolicamente, arrancada e queimada pelo processo de conscientização.

Jesus ensina que as doutrinas que prometem a solução de problemas semelhantes, mediante fórmulas exteriores e menor esforço, tornam inútil o mandamento divino consignado em seu Evangelho.

Segundo as manifestações, o codificador classifica as obsessões por *simples, fascinação* e *subjugação*.

Convém, por isso, recordar a legítima terapêutica, proposta pela Doutrina Espírita, que consiste nos seguintes recursos:

a) Oração sincera – como fonte de forças espirituais;

b) Passe – à guisa de transfusão de energias psicofísicas;

c) Estudo do Espiritismo – que enseja recursos para vencer as próprias imperfeições;

d) Trabalho assistencial – do qual resultam três fatores: a terapia ocupacional, a companhia de Espíritos superiores e o crédito pelo que se faz em favor de terceiros;

e) Vínculo permanente ao núcleo espírita de boa orientação;

f) Trabalho mediúnico de desobsessão, como paciente.

Esses fatores, exercitados ao longo do tempo, irão sedimentar a reforma íntima e o crescimento moral do enfermo encarnado, modificando-lhe a frequência vibratória, com o que interromperá a sintonia mental que estabelecia com o desencarnado que, como alternativa, só disporá de meios indiretos para alcançar seus infelizes objetivos. No entanto, por vezes, vale-se dos citados recursos para renovar-se, igualmente, abandonando o campo da retaliação.

Não se devem subestimar os vínculos que estreitam as criaturas através de longas experiências, que guardam relação com a natureza dos débitos assumidos em pretéritas existências, para se compreender as dificuldades que constam da pauta das encarnações de quem desprezou as diretrizes do respeito ao próximo, no uso de temporários talentos da riqueza, da autoridade ou de falsos direitos que as convenções terrenas lhe conferem.

Jesus lembra, por isso, o imperativo da reconciliação com o adversário, enquanto estiver com ele no caminho da existência terrena, a fim de não ser alcançado pela Justiça inscrita no livro da consciência.

Procurando recursos para amenizar tais processos de dor, a Espiritualidade vale-se, ainda, do instituto do lar, onde os protagonistas se reúnem, pelos vínculos consanguíneos, com a finalidade de desatarem os laços do ódio, em que se envolvem por longos períodos de sofrimento.

Devem ser compreendidas, pois, as frustrações a que, por desconhecimento, estão sujeitos os membros da família, na senda do reajuste comum. Quanta antipatia cultivada no recinto doméstico, dando origens a agressões ou adiamentos de compromissos, mediante separações injustificáveis!

Diante, pois, dos débitos já existentes, no quadro da consciência, recomenda Jesus àquele que, na senda do resgate, for solicitada a túnica tecida pelos fios da consanguinidade, que ofereça também o manto do amor, porque não bastam os vínculos da família, na solução dos problemas de reconciliação. E ratifica, dizendo: "Se alguém te obrigar a caminhar mil passos [emblema da existência terrena] acrescentem-se mais dois mil passos de novas experiências, com o que, além de eliminar as algemas do ódio, podem-se tecer os laços do amor, garantia plena da felicidade permanente". Jesus ainda ensina ser necessário que, depois de quitados os compromissos, e a título de investimento, ajude-se o companheiro retardatário em seu processo de evolução.

São inúmeras as experiências, no campo da carne ou fora do corpo físico, para se alcançar a quitação de velhos compromissos e assegurar algum patrimônio espiritual que constitui a riqueza do porvir. A profilaxia, porém, consignada no Evangelho consiste sempre na prática do bem e no respeito ao próximo.

Genericamente, porém, pode-se afirmar que a escola espírita auxilia o progresso espiritual coletivo, recordando, no entanto, ser individual a evolução íntima.

29
Estratégia de Satanás

> *Quando o Espírito imundo sai do homem, anda por lugares áridos, procurando repouso; porém não encontra. Por isso diz: Voltarei à casa donde saí. E, tendo voltado, a encontra vazia, varrida e ornamentada. Então, vai e leva consigo outros sete Espíritos piores do que ele e, entrando, habitam ali; e o último estado daquele homem torna-se pior do que o primeiro. Assim também acontecerá a esta geração perversa.*
> (MATEUS, 12:43 a 45.)

O exame dos complexos obsessivos sugere dois distintos quadros. Sinaliza-se o primeiro por manifesto propósito de vingança, em que desconhecidas vítimas do pretérito se convertem em réus ocultos do presente, alimentando-se de ódio insaciável, suscetível de atingir adiamento ilimitado, no curso de inúmeras existências. Por emprestarem singular apreço às recordações de pretéritas cenas, sempre renovadas na presença do adversário, nada cedem no terreno das orientações e conselhos que recebem de Espíritos superiores.

No segundo quadro, as manifestações obsessivas têm por base as dependências e as paixões cultivadas no domínio da insensatez, que conferem aos desencarnados que por afinidade os localizam, hospedagem e alimento gratuitos, constituindo o quadro de vampirismo, comum entre os que desprezam a bússola da disciplina na viagem da encarnação. Como no primeiro caso, a maior dificuldade à recuperação do enfermo constitui-se da frágil determinação, preferindo acomodar-se às imperfeições morais que alimenta.

Sendo a afinidade moral — além dos compromissos espiritualmente assumidos — que determina e alimenta a sintonia entre os seres, somente o crescimento espiritual de um deles modifica a frequência das vibrações, desligando vigorosas conexões espirituais sustentadas no campo íntimo de cada ser.

É compreensível, pois, admitir por terapia, comum a qualquer quadro obsessivo, a conscientização profunda a que a Doutrina Espírita conduz, seguida de expressivos esforços, no encalço da própria renovação moral.

Podem ser lembrados outros recursos de que a solidariedade espírita se vale, no domínio da terapia espiritual, recordando a oração sincera, a terapia do passe intensivo e o esclarecimento ao Espírito, mediante atividades mediúnicas conhecidas por desobsessão, das quais devem participar somente médiuns experientes e equilibrados.

Do quadro de tratamento, deve ser excluído o "desenvolvimento mediúnico" do paciente, principalmente com o próprio Espírito obsessor, prática equivocadamente indicada por dirigentes de trabalhos mediúnicos, que só contribui para agravar os desequilíbrios psíquicos do enfermo.

Convém reconhecer, ainda, a significativa ação dos mentores espirituais, facultando, à guisa de terapêutica, o afastamento temporário do Espírito, assinalado pelo paciente por sensação estranha de vazio, de saudade ou até por depressão, por faltar-lhe as vibrações em que, anteriormente, se sustentava no domínio da sintonia com o obsessor, o qual, por sua vez, anota idêntica condição.

O mesmo estado experimenta o dependente, quando auxiliado espiritualmente no tratamento, por registrar o afastamento temporário dos Espíritos que se sustentam às suas expensas, devendo, pois, se o desejar, mobilizar compreensivos esforços, escapando do consórcio espiritual que dificulta o processo terapêutico.

Com apoio na oração, no estudo da Doutrina Espírita e sustentado em vigorosa determinação, o paciente deve vencer o estado mórbido, emprestando à trégua expressiva importância, cultivando pensamentos, propósitos, anseios e ambições espirituais nobres, mobilizando, na esfera das atividades voluntárias, atos de benemerência que sinalizam o esforço evolutivo, que alguns obsessores tomam por base a novas diretrizes de comportamento.

Com pensamentos, emoções e sentimentos, cada ser edifica o ambiente da casa mental em que se compraz, na qual acolhe, como hospedeiros, Espíritos que se lhe identificam pela afinidade de vibrações. Por isso, a maledicência e o clima de inveja, de ciúme e de propósitos vingativos constituem singulares óbices ao tratamento. As criações mentais de luxúria, alimentadas pela literatura ou cenas licenciosas, além de fortalecerem os liames espirituais, significam os ornamentos da casa vazia de virtudes a que alude a parábola de Jesus.

Os lugares que o Espírito inferior toma por áridos para repouso, por estranhos à sua condição, podem ser traduzidos por ambientes saudáveis, construídos por mentes vigilantes, educadas no Evangelho e ocupadas pelo trabalho ou pelo estudo, excluindo qualquer espaço para hospedagem ociosa. O ócio é, por conseguinte, forte aliado dos seres imperfeitos.

Se, em sua peregrinação, o Espírito não encontra hospedagem ideal e acolhedora, por consentânea ao seu estado moral, compreende-se a decisão de retornar à casa de onde se ausentou e, assinalando sintonia espiritual desejável, rende-se aos simpáticos liames do consórcio fluídico, naturalmente depois de convidar os "amigos" que identificou no caminho, sendo compreensível que o último estado do paciente venha a ser pior do que o primeiro, como esclarece o Mestre.

Se a terapia individual exige singulares esforços de conscientização evangélica e de reforma íntima, selecionando pensamentos, propósitos e hábitos, é evidente que a redenção espiritual coletiva ou de uma nação venha a obedecer aos mesmos imperativos.

Conhecendo o Mestre as imperfeições que sinalizavam o quadro de evolução espiritual do povo eleito, que não escondia o desapreço à mensagem de que fora portador, assinalando, diante de Pilatos, manifesta preferência por Barrabás e, como se virtude fora, disputando louvores por sua crucificação (JOÃO, 16:2), invocando o sangue do Cristo sobre si e seus filhos (MATEUS, 27:25), não foi difícil ao Senhor prever o extenso quadro de sofrimento coletivo que o povo encontraria no curso do tempo, quando diz: "Assim acontecerá a esta geração perversa".

A estratégia de Satanás, ou do império terreno, consiste, pois, em incentivar as imperfeições morais do paciente, admitidas por fonte de alimento, além de constituírem o maior obstáculo à recuperação da própria saúde, física ou espiritual.

30
Os discípulos são o sal da terra

> *Vós sois o sal da terra. Ora, se o sal vier a se tornar insípido, como lhe restaurar o sabor? Para nada mais se presta, senão para lançado fora e ser pisado pelos homens.*
> (Mateus, 5:13.)

A propriedade do sal consiste no tempero que faculta ao alimento orgânico, pela impressão que as substâncias sápidas produzem na língua e no palato, realçando-lhe o sabor.

Conquanto substituída pelos atuais aparelhos de refrigeração, importa lembrar que uma das principais funções do sal consiste na preservação do alimento.

No sentido espiritual, a autoridade moral do Apóstolo, demonstrada na cura de enfermos, compreende, igualmente, o tempero do verbo nas tarefas da evangelização.

Além da autoridade moral, o sal traduz a legítima "versão" a ser atribuída aos textos ou às parábolas do Senhor.

Adornados da indumentária sugerida por liturgias e dogmas, as parábolas e os textos evangélicos se convertem, simbolicamente, em sal insípido.

Pisado nos diversas emblemas que lhe ocultam a verdadeira face, o Evangelho, afastado de sua autêntica versão, traduz o sal condenado à inutilidade.

Sob estranho tempero sugerido por doutrinas convencionais, o pão espiritual que desce do Céu se transforma em hóstia, revelando o sal que perde a essência.

Distintas lições de Jesus, explicadas atualmente à luz da Codificação Espírita, recuperam sua versão original, consagrando ao homem compreensão verdadeira sobre o próprio destino depois da morte física, sobre a vida organizada na Espiritualidade e sobre a Justiça divina, como se o sal possuísse também a propriedade de restaurar o alimento.

Revelando propriedades autênticas do sal, a Codificação destaca-se por fonte de sublimadas emoções, por explicar o legítimo sentido da vida.

À semelhança do quadro de provisões físicas, de significativa extensão, assim também as sugestões propostas no terreno da compreensão espiritual, denunciando o paladar, a preferência e a consequente evolução espiritual de cada ser.

A compreensão legítima da imortalidade, da vida organizada noutras moradas e da Justiça divina, iluminando o escuro caminho da ignorância, sugere igualmente o divino sal, por descobrir, nas próprias situações adversas, o legítimo sentido da existência.

Por três séculos, com o próprio sangue, autenticando a propriedade do sal, na pureza do Cristianismo, os Apóstolos preservam na Terra o pão do Céu, por assegurar versão legítima aos sagrados textos, como ensinados por Jesus.

As tradições, os sacramentos e os dogmas, como estranhas versões sugeridas à doutrina do Mestre, por modificarem a autêntica imagem do Evangelho, também sugerem o cloreto de sódio condenado à inutilidade.

Nutrindo-se, por séculos, do pão temperado de dogmas e fantasias, ainda que compreendendo exceções, seres agora dotados de nobre paladar, reclamam, por alimento, o Evangelho temperado com o sal proposto pela Doutrina Espírita.

Importa, pois, que o divulgador do Espiritismo, obreiro de velhas lavouras, por preservar a pureza do sal da Codificação, dispa-se dos retalhos que recordam a seara convencional, manifestos nos hinos, nas imagens, nas longas orações e, finalmente, por tudo o que configura a pretérita lavra.

Convidada pelo Mestre para secundá-lo na lavoura do esclarecimento religioso, a Codificação Espírita, recordando a legítima função do sal, devolve o celeste tempero ao pão espiritual, enriquecendo o alimento da alma, na viagem infinita de sua evolução.

31
Remendos

Ninguém põe remendo de pano novo em vestido velho.
(Mateus, 9:16.)

Enquanto o pano novo sugere a roupa tecida inteiramente com um só fio, o *remendo* compreende parte da indumentária, quando constituída por diversos pedaços.

Importa sejam relacionadas algumas tradições ou partes de que o vestido velho das doutrinas convencionais se compõe, iniciando-se pelas implantadas por Abraão, seguindo-se com as de Moisés, considerado primeira revelação no Ocidente.

A circuncisão instituída pelo patriarca assinalava o pacto que estabelecera com os Espíritos, sinal que identificava os membros da família ou da corporação. O Apóstolo dos Gentios, mais tarde, à guisa de sinais, menciona suas cicatrizes, considerando assinalarem os açoites que autenticavam a condição de Apóstolo de Jesus.

Seguem-se os holocaustos dos animais, instituídos por Moisés, com o propósito de eliminar inaceitáveis sacrifícios humanos, por isso criticados pelo profeta Isaías, nos seguintes textos: "Estou farto dos holocaustos de carneiros e da gordura de animais cevados e não me agrado do sangue de novilhos, nem de bodes ou cordeiros" (Isaías, 1:11). "Imolar um boi é como cometer um homicídio. Sacrificar um cordeiro é como quebrar o pescoço a um cão. Oferecer uma oblação é como oferecer sangue de um porco; e queimar incenso, como bendizer a um ídolo" (Isaías, 66:3).

O jejum do alimento físico, o incenso, as festas consagradas à lua nova, os dias santificados e as diversas solenidades religiosas compreendem, igualmente, remendos herdados de outras searas religiosas, a que Isaías também faz alusão, dizendo:

> Não continueis a trazer ofertas vãs, que já me são pesadas; o incenso é para mim abominação, como as festas da lua nova e as solenidades aos sábados; não suporto iniquidade associada a ajuntamentos solenes (Isaías, 1:12 a 14).

O batismo denuncia diferentes motivos. O instituído por Moisés refere-se à impureza atribuída à mãe, durante 40 ou 80 dias, com base no sexo masculino ou feminino da criança. O instituído pelo Batista, recomendado por seu mentor espiritual, tinha por finalidade preparar o ser humano à compreensão do Cristianismo nascente, identificando, também, a presença do grande Esperado. Finalmente, o batismo implantado por Justiniano, traduzindo purificação simbólica, propondo correção às leis de Deus, sob o pretexto de eliminar o falso pecado de origem do corpo.

Não se deve olvidar a consagração do primogênito, na doutrina mosaica, com significativa discriminação ao Espírito feminino, ainda que normal àquela época.

O pão sem fermento — ázimo — instituído ao povo judeu, na fuga do Egito, compreende o alimento espiritual, simbolizado no Evangelho ou no corpo de Jesus, que aparece na hóstia, depois de transplantado para outra lavoura, considerando suas palavras: "Eu sou o pão que desceu do céu; se alguém dele comer, viverá eternamente" (João, 6:51).

A unção, que surge em atos solenes conferidos aos príncipes e reis, à época de Moisés, reaparece noutro terreno religioso, inclusive por derradeira lembrança aos que se despedem da existência.

Os ídolos, desafiando os milênios, constituem forte cultura atual, apesar de condenados por Moisés (LEVÍTICO, 26), no primeiro mandamento do decálogo, e por inúmeros profetas, entre os quais Isaías (44:15 a 20) e Jeremias (10:3).

As tradições ou os dogmas recordam, pois, os diversos remendos de pano velho que constituem a indumentária, a flâmula das doutrinas convencionais, que conservam do Cristo apenas a escultura, que o recorda vencido e submisso ao império da Terra.

O Cristianismo não se constitui de tradições ou de remendos. O Evangelho de Jesus, recorda sua indumentária inteira, o manto que, numa referência ao seu reinado espiritual, fora tecido sem costura de alto a baixo, dando motivo a não ser dividido pelos soldados.

32
Seres que creem em Jesus

> *Tende cuidado em não desprezar a um destes pequeninos que creem em mim; porque eu vos afirmo que os seus anjos nos Céus veem incessantemente a face do meu Pai celestial, porque o Filho veio salvar o que estava perdido.*
>
> (MATEUS, 18:10.)

Referência aos Apóstolos ou a Espíritos de significativa evolução espiritual, os pequenos que creem no Cristo, escondidos por vezes na veste de pescadores, por sinais revelados nas próprias obras, acabam por se denunciarem aos seres terrenos, dando motivo às perseguições que experimentam.

De posse do reino dos Céus edificado intimamente, na condição de fiéis mordomos do Cristo, olvidando necessidades materiais próprias, sugerem preferência à inata vocação de "divulgador do bem", compreendendo o verbo que mais aprenderam a conjugar.

Procedendo de celestes moradas, onde possuem seus nomes anotados, à semelhança dos profetas, permanecem diretamente ligados ao Mestre, o anjo que, incessantemente, vê a face do Pai celestial.

Semelhante ao quadro da mitologia, que atribui maior autoridade às Parcas,[14] então seguidas de Apolo e dos deuses, com base no princípio de que o mentor espiritual possui sempre igual ou superior evolução à do assistido, os seres credores do adjetivo "humildade", por isso, desprezados neste plano, possuem por mentores os anjos do Céu.

Devolver ou restituir a versão adequada aos adjetivos "pequeno" e "humilde", compreende a missão do *Filho que veio salvar o que estava perdido, ou seja, resgatar o intrínseco conceito de humildade*, oculto sob o escuro manto da "ignorância" e da "pobreza".

Traduzida também por pureza de coração, a humildade sugere divinas visões, assegurando, por isso, a seus portadores, o título de bem-aventurados.

Crer em Jesus é denunciar a posse, ainda que em escala inferior, dos valores morais, onde repousa a autoridade para curar enfermidades, sem anotar o veneno dos escorpiões, profeticamente sugerido nas imperfeições do homem.

Desprezar um dos pequenos seres, portadores da pureza de coração e de humildade, que recordam o Cristo, é denunciar ausência das virtudes e dos valores morais que aproximam o homem da "face de Deus".

Importa esclarecer que o homem não pode ser medido pelas posses materiais que detenha, não obstante depender ainda do pão de cada dia.

De significativa valia anotar o seguinte provérbio: "O que escarnece do humilde e do pobre insulta ao que os criou" (PROVÉRBIOS, 17:5).

---

14   Nota do autor: Cada uma das três deusas (Cloto, Láquesis e Átropos) que, consoante a mitologia, fiavam, enrolavam e cortavam o fio da vida (*Dicionário Aurélio*).

33
Sinal do grande julgamento

> *E será pregado este Evangelho do reino por todo o mundo, para testemunho a todas as nações. Então virá o fim.*
> (Mateus, 24:14.)

Por mais de três séculos, no trabalho de divulgação evangélica, os Apóstolos não olvidaram as admoestações de Jesus:

> Eis que vos envio como ovelhas no meio de lobos. Sede, pois, prudentes como as serpentes, mas simples como as pombas. Cuidai-vos dos homens. Eles vos levarão aos seus tribunais e açoitar-vos-ão com varas nas sinagogas. Por minha causa, sereis levados diante de governadores e de reis. Sereis odiados por todos por causa do meu nome (Mateus, 10:16 a 22).

Quando o Cristianismo se libertou do ódio e das perseguições que lhe moveram autoridades religiosas e políticas, da Palestina e de Roma, já se identificava pelo consórcio que o Estado lhe impusera, admitindo o quadro hierárquico do sacerdócio organizado.

A poderosa organização espiritual, conhecida por "Anticristo", da qual procedem os simbólicos reinados de César ou os governos tiranos do mundo, havia mudado de estratégia, considerando que as perseguições impostas aos legítimos missionários apenas garantiam maior pureza à Doutrina de Jesus.

A ofensiva contra o Cristianismo é substituída por simulada aliança assegurada por Constantino, que define a continuidade do reinado de obscuridade e de prepotência.

Sob o nome de Cristianismo, os povos vieram a conhecer uma religião de origem humana, constituída por quadro de dogmas e de sacramentos, alguns buscados no Judaísmo, demonstrando força política, riqueza, nobres edificações, belas esculturas, além do quadro da hierarquia sacerdotal, porém vazia dos legítimos princípios cristãos.

De perseguida pelo Judaísmo, a nova doutrina, no curso dos séculos, passou à condição de perseguidora, impondo a maneira de se pensar, a que os fiéis obedeciam, a fim de não conhecerem os rigores de suas ordenações.

Grandes vultos espirituais enviados à Terra, por tentarem direcionar o barco da religião ao porto de origem, pagaram com a vida depois de conhecerem torturas e prisões infectas.

Respaldado na inferioridade moral dos seres terrenos e na sua imaturidade espiritual, com significativa antecedência, o obscuro quadro de quase vinte séculos, indiretamente, é destacado pelo Cristo, por fazer menção ao Consolador que enviaria ao mundo, informando ainda que a João Batista, o maior dos nascidos de mulher, confiaria a significativa tarefa de "restabelecer todas as coisas" (MATEUS, 17:11).

Em sua pureza de origem, a partir de 18 de abril de 1857, o Evangelho do reino volta a ser anunciado em todo o planeta, não imposto por tratados ou armas, mas com as obras com que Jesus se identificou.

Importa esclarecer que toda orientação religiosa, da primeira à terceira Revelação, lembra, em seu início, o pensamento do Senhor, naturalmente sugerido de acordo com o patamar evolutivo dos seres de cada época.

Só agora a minúscula semente da divina Oliveira começa a alcançar glebas de terreno fértil, em países estranhos à Palestina, com o que se inicia a construção do alicerce da conscientização espiritual, única base que sustentará paz e felicidade às gerações bem-aventuradas que, após a grande transição, haverão de herdar a Terra.

Fim de um período evolutivo, o grande juízo, sinalizando aferição de valores, destaca-se pela transferência do Espírito retardatário a diferente casa planetária, onde, sob a direção de novo patrono espiritual, prosseguirá o processo da própria evolução.

34
Oração e recolhimento

> *Quando orares, entra no teu quarto e, fechada a porta, em secreto ora ao Pai que está no Céu, que te atenderá, por conhecer tuas necessidades, antes de mencionadas na oração.*
>
> (MATEUS, 6:6.)

Distintas formas de recolhimento mencionadas por Jesus são assinaladas por dois evangelistas. Enquanto Mateus transcreve o texto acima citado, o Evangelista Lucas informa: "Jesus retirou-se para o monte, a fim de orar ao Pai celestial" (LUCAS, 6:12).

Por traduzir solidão, a montanha faculta melhor identificação com o plano invisível, considerando que, quanto mais afastado do mundo exterior, mais abertas as íntimas janelas para a comunhão espiritual.

Simbólicas portas e aposentos denunciam-se, pois, na lição do Senhor: o aposento natural, por facultar o ingresso à câmara íntima, e a porta física que, quando fechada, descerra a janela da mente, permitindo melhor sintonia espiritual.

Conquanto o significativo valor da oração coletiva, o Cristo não olvida o apreço que sugere à oração individual, por assegurar melhor recolhimento e consequente identificação com o Pai celestial, o que se observa no monte ou no horto, aonde ainda vai adiante dos Apóstolos para orar.

Sem esquecer, também, a função do templo, nas atividades inerentes à instrução e iluminação do Espírito, convém lembrar o esclarecimento consagrado por Jesus à mulher de Samaria, ao dizer-lhe que "adorado o Pai celestial, em espírito e em verdade, o templo e o monte não constituem exigência, no processo da oração" (João, 4:24).

Convém lembrar, também, que a companhia dos bons Espíritos, compreendendo a presença do Cristo, não se respalda no número de pessoas presentes ao ato da oração, nem determina luzes simbólicas, exigindo somente pureza de sentimentos, ainda que fora dos templos, e nos lugares mais longínquos da Terra.

Importa recordar o que o Senhor diz sobre a oração: "Quando orardes, não vos assemelheis aos hipócritas, que gostam de orar de pé nas sinagogas, nos logradouros e nas praças, para serem vistos pelos homens" (Mateus, 6:5).

Não se olvide, igualmente, o que Elias diz aos profetas de Baal que, sem anotarem resposta, oram toda manhã: "Orai mais alto, porque vosso Deus poderá estar dormindo" (I Reis, 18:27).

Reunir-se em nome de Jesus, não significa, exclusivamente agrupamento de pessoas, para o culto religioso, mesmo que dentro do templo e sob o seu venerável Nome.

A despeito, pois, das orações coletivas, habitualmente processadas nos templos, convém recordar o Cristo refugiando-se, por vezes, para orar sozinho, no horto, no deserto ou na montanha.

35
Sentença

Apartai-vos de mim vós que praticais a iniquidade.
(Lucas, 13:27; Salmos, 6:8.)

Enquanto uma parcela do rebanho simbólico do Cristo se constitui de Espíritos primitivos de origem terrena, outra parte é constituída pela raça adâmica, migrada do sistema do Cocheiro, há seguidos milênios, compreendendo ambas a grande família de Espíritos matriculados na Terra que, embora contemplada pela direção amorosa de Jesus, é composta de uma porcentagem que não definiu, até agora, os caminhos da evolução moral.

Em que pese a orientação instituída pelo Evangelho — código universal de todos os seres — e as elevadas lições consignadas nos exemplos do Senhor, o legítimo Cristianismo, ao adquirir foros de Estado, acabou imobilizado na estátua que o recorda submisso ao império deste mundo.

Sufocada pela vegetação de interesses terrenos, a religião do Cristo veio a se confundir com o império de César.

Condicionados à vida orgânica, a que emprestam exclusiva credibilidade, os astrônomos continuam procurando sinais de vida na imensidão cósmica, ignorando lições de imortalidade, e consequente vida, consignadas a Nicodemos, na lição do renascer de novo, na referência de Jesus sobre o retorno de Elias ou ainda na visão mediúnica dos Apóstolos, depois de crucificado.

O imperativo do verbo "apartar" tem por base o estado em que os seres se comprazem, divorciados da orientação imposta pelo Evangelho, por consorciados com os interesses imediatos da vida física.

O desinteresse pela evolução moral do Espírito, cuja imortalidade os seres se recusam a aceitar, compreende fator de desequilíbrio no quadro econômico-social terreno, sendo justo que, depois de inúmeros séculos de obstinação, sejam afastados do planeta, num processo de saneamento ou de seleção de valores, à semelhança do que se verificou no planeta Capela, afastando de seu seio os Espíritos retardatários.[15]

As criaturas que praticam a iniquidade, olvidando superiores orientações do Cristo, esquecendo o respeito ao próximo e os respectivos direitos, ainda que alegando a condição de fiéis, deverão ouvir na consciência a voz da Justiça divina — "afastai-vos de mim" — curvando-se ao imperativo da grande viagem a plano ainda desconhecido, no encalço da redenção aqui negligenciada.

---

15   XAVIER, Francisco Cândido. *A Caminho da Luz*.

36
Escândalos inevitáveis

> *É inevitável que venham escândalos, mais ai do homem pelo qual venham escândalos; e, se a tua mão ou o teu pé te fazem tropeçar, corta-os; melhor entrares na vida aleijado do que, tendo os dois pés ou as duas mãos, seres lançado no inferno. Onde não lhes morre o verme, nem o fogo se apaga.*
>
> (MATEUS, 18:7 a 9; MARCOS, 9:43 a 48.)

Pés e mãos, na presente lição, traduzem metáfora das "condições" ou dos "meios" que, por facilitarem manifestações do mal, devem ser cortados ou excluídos da pauta da existência, quando se reconhece a escassez da resistência moral.

Construído por conceituados tradutores, com a locução verbal "ser inevitável", o texto evangélico, além da lógica que destaca, define também sua legítima exegese, além de sugerir compreensão superior à conhecida tradução de Sacy,[16] que diz "ser necessário o escândalo".

Importa, contudo, seja mantida, no texto, a mesma justificativa constante do capítulo 8, item 13, de *O evangelho segundo o espiritismo*, por esclarecer "que o mal é consequência da imperfeição do homem e não que haja, para este, a obrigação

---

16 N.E.: Louis-Isaac Lemaistre de Sacy (1613–1684) foi um teólogo francês, responsável pela edição da *Bíblia de Port-Royal*.

de praticá-lo", até porque infinitos meios existem para que o homem resgate as próprias faltas.

Classificados por escândalos, os males conhecidos na Terra são definidos pela Codificação por resultado efetivo do mal moral, ou por toda reação má de um indivíduo para outro, com ou sem repercussão, ou ainda por tudo o que resulta dos vícios e das imperfeições humanas.[17]

Diante do imperativo de as faltas serem resgatadas, permite o Senhor existências nas mais variadas condições de adversidade, obviamente coerentes às necessidades de correção e de educação do Espírito, no encalço de sua ascensão espiritual, motivo de ensinar a Nicodemos que ninguém pode ver o reino de Deus se não nascer de novo.

Amparados por preceitos religiosos que, a despeito das imperfeições, lhes acenam com a promessa de salvação, os seres deste plano se deixam conduzir ao sabor das inclinações que há milênios cultivam, no campo do orgulho, da ambição, do sensualismo e da prepotência, em busca de ouro e de prazeres imediatos, sem respeito ao semelhante, de quem furtam o direito à própria vida.

Na Espiritualidade, destino de todos os seres, depois de examinado o filme da vida, também gravado intimamente, por reconhecerem as faltas de que se tornaram escravos, consideram o imperativo do resgate imposto pela própria consciência, reclamando, por terapêutica, o esquecimento a que a reencarnação conduz.

Segundo a versão convencional, duas alternativas existiriam para quem tropeça ou para quem comete erros, se não contemplado pela confissão ou pelo sangue derramado do Cristo: ingressar no Inferno como eterno condenado, ou comparecer, com a ressurreição e por decisão do Juízo Final, à infinita vida, na condição de eterno deficiente físico, se essa fosse a vida a que o Senhor faz alusão.

---

17 Nota do autor: Ver o cap. VIII, it. 12 de *O evangelho segundo o espiritismo*.

A expressão "entrar na vida", no entanto, traduz nova reencarnação, por vezes entre os seres prejudicados, proposta por autoridades espirituais e exigida por consciências culpadas que, mais do que na Terra, recordam os delitos a que suas imperfeições morais os conduziram.

Por precaução, pois, no retorno à vida física, o Espírito deve afastar da pauta previamente elaborada na Espiritualidade — compreendida por destino — as condições ou os meios que possam induzi-lo à repetição dos desacertos do pretérito, traduzidos por escândalos, sempre que se reconhecer ausência de resistência moral, o que, figuradamente, traduz a decisão de entrar na vida com um só pé e uma só mão.

Sugerido pela consciência culpada, o remorso, como sentinela do progresso, constitui-se do mais expressivo quadro de sofrimento que o Espírito liberto experimenta, sendo comum, por isto, anotar, ainda na Espiritualidade, futuros estados patológicos, incluindo os que arquiva pelo suicídio que, por meio do perispírito, irão refletir na gestação do futuro corpo.

Com o propósito, pois, de escapar da consciência de culpa, o Espírito programa os mais expressivos quadros de reparação e de reajuste, que simbolizam a cruz a ser carregada no curso da existência terrena, em direção ao calvário, que traduz o coroamento ou o capítulo final da jornada corretiva ou da sentença lavrada pela própria consciência.

Deve-se, por isso, considerar o que consta da parábola sob estudo: "Onde o verme [das mazelas morais] não morre, nem o fogo [do sofrimento] se apaga".

Às mesmas experiências podem ser conduzidos os seres que, sustentando neste plano as mais variadas dependências, por vezes, com elas permanecem na Espiritualidade, explorando, pelo processo de vampirização, seres encarnados também viciados, tornando-se candidatos a futuros quadros de limitações físicas, por se considerarem os efeitos nocivos que as dependências exercem sobre o perispírito.

37
Ditosas moradas

Quem subirá ao monte do Senhor e quem há de ali permanecer?
(MATEUS, 5:8; SALMOS 24:3 a 4.)

    Além de destacar a evolução moral que se adquire na infinita escala do progresso, subir ao monte identifica, igualmente, o ingresso no quadro dos bem-aventurados, a que se refere o Sermão da Montanha, enquanto o imperativo de "ali permanecer" distingue a condição de residente, entre outros seres admitidos por simples visitantes. Convém esclarecer, pois, que as elevações ou os montes do Senhor compreendem as superiores moradas que traduzem o reino de Deus.

    O capítulo das bem-aventuranças com que o Cristo assinala o início de suas atividades messiânicas indica os seres que, por suas aquisições morais, constituem o quadro de habitantes das moradas superiores e os respectivos meios para alcançá-las:

a) os que choram, porque serão consolados;

b) os perseguidos por causa da justiça, porque é deles o reino dos Céus;

c) os humildes de espírito, porque o reino dos Céus lhes pertence;

d) os pacificadores, porque serão chamados filhos de Deus;

e) os mansos, porque herdarão a Terra;
f) os que têm fome de justiça, porque serão fartos;
g) os misericordiosos, porque obterão misericórdia; e
h) os puros de coração, porque verão a Deus.

Por serem diversos os fatores que dão motivo à lágrima, entende-se por que os homens que choram — classificados no primeiro item — figuram em distintos quadros: de missionários ou dos seres em regime de provas e expiações.

Jesus chorou diante do túmulo que acolhia o corpo de Lázaro, e à entrada de Jerusalém, por identificar o futuro quadro de sofrimento que esperava por seus habitantes.

Os humildes, os pacificadores, os mansos, os que têm fome de justiça, os misericordiosos e os de puro coração, pelas virtudes que demonstram possuir, recordam a classe dos missionários que, na Terra, conhecem o determinismo de serem excluídos dos favores de César, recolhendo, por companhia diuturna, incompreensão e desprezo, conformando-se com as migalhas que caem de mesas lautas e bebendo do cálice experimentado por Jesus.

As bem-aventuranças reservadas aos que herdarão a Terra — o quinto item — somente serão alcançadas depois do processo seletivo a ser instituído aos seres terrenos, por decidir a permanência dos futuros habitantes do planeta.

Quanto aos puros de coração, deve a pureza ser tomada em sentido relativo, porquanto, no sentido absoluto, somente o Cristo, o modelo máximo de evolução, pode ver o Pai celestial.

Por condições idênticas, vale recordar a comunidade de Espíritos puros, a que Emmanuel se refere, "em cujas mãos se conserva a direção da vida de todas as coletividades planetárias", traduzindo o mais destacado estado de evolução de que se tem notícia sobre o Espírito.

Se humildade, mansuetude e misericórdia são virtudes raras com que os missionários são reconhecidos, somente a pureza de coração permite ao Espírito ver a face do Pai celestial, até agora, atributo exclusivo de Jesus (LUCAS, 10:22).

38
Herdeiros da Terra

Os mansos herdarão a Terra e nela habitarão para sempre.
(Mateus, 5:5; Salmos 37:11 a 29.)

Por conjugar o verbo no futuro, assegura Jesus, no Sermão da Montanha, que os mansos herdarão a Terra, considerando que, até agora, os déspotas, os violentos e os belicosos, como transitórios donos, alargam seus domínios sobre o mundo, apropriando-se de suas riquezas e modificando-lhe os limites geográficos.

Importa dizer que são os vultos destacados nas vanguardas financeiras ou políticas que figuram no quadro das prerrogativas e das homenagens, embora desconsiderando, com frequência, os meios utilizados na aquisição da riqueza que avidamente armazenam, com sacrifício e prejuízo à coletividade.

Salvo honrosas exceções, é nessa condição que o homem alarga a margem de suas imperfeições morais. Importa recordar os seres que se embriagam no transitório pedestal do poder, dilatando os limites do orgulho, da vaidade, da prepotência, do ócio e da mentira, além do sensualismo e dependências diversas, que acabam por amolecer-lhes o caráter, com difícil acesso à reabilitação futura, sem mencionar os compromissos cármicos que adquirem.

Diante do imperativo da lei de evolução, o Espírito imperfeito, cuja consciência ainda anota o pesado aguilhão do remorso, é forçado a retornar ao palco das lides físicas, recapitulando, nas páginas de amargas experiências, capítulos de reparação, acompanhados das cinzas de complexos vários, como a revolta, a indolência, a queixa contumaz, a agressividade, além de possíveis manifestações obsessivas.

Habitar a Terra para sempre não significa, pois, viver eternamente no mesmo corpo físico, isento do processo de desencarnação, porque o Espírito que já venceu o quadro de animalidade, ou que já alcançou o reino do Céu, em outra dimensão, prossegue o processo de aprendizado e de evolução espiritual.

Pode-se, pois, concluir que herdar a Terra e nela habitar para sempre, nas duas dimensões, somente será possível aos seres que, pelas aquisições morais alcançadas, nela permanecerão como Espíritos, após o processo seletivo a ser imposto pela lei de evolução, também conhecido por grande julgamento ou Juízo Final.

39
Homens e deuses

Eu disse: Sois deuses; sois todos filhos do Altíssimo.
(João, 10:34; Salmos, 82:6.)

    É razoável entender todos os seres por filhos de Deus, ou ainda considerá-los deuses, segundo definição do evangelista João e do salmista Asaf, considerando a partícula da divindade que guarda na condição de descendentes. No entanto, não se pode olvidar a infinita escala de evolução, no exame dos valores de cada criatura. Enquanto há Espíritos estagiando experiências de primata, outros já alcançaram mundos celestes ou divinos, segundo a escala apresentada pelo codificador.
    Os judeus sabiam que as referências "Filho de Deus", "Filho unigênito" ou "Ungido de Deus" pertenciam ao grande Esperado, ao Cristo, a que os profetas e os salmos faziam alusão. Exaltavam-se, pois, considerando blasfêmia, quando Jesus se declara "Filho de Deus". Diante disso, o Cristo pergunta-lhes: "Não está escrito na vossa lei: eu disse, sois deuses? Se chamou de deuses àqueles a quem foi dirigida a palavra de Deus, por que considerais blasfêmia, quando me declaro Filho de Deus?".
    Importante anotar o pensamento de Emmanuel, alusivo ao presente salmo: "Em todo homem repousa a partícula da divindade do Cristo, com a qual pode a criatura terrestre participar dos poderes sagrados da criação. O Espírito encarnado ainda não ponderou devidamente o conjunto de possibilidades

divinas guardadas em suas mãos, dons sagrados tantas vezes convertidos em elementos de ruína e destruição. Entretanto, os poucos que sabem crescer em sua divindade, pela exemplificação e pelo ensinamento, são, na Terra, admitidos por santos, por afirmarem sua condição espiritual, sendo justo que todas as criaturas procurem alcançar esses valores, desenvolvendo para o bem e para a luz a sua natureza divina".[18]

---

18   XAVIER, Francisco Cândido. *O consolador*, q. 302.

40
O reino de Deus

> *Buscai, antes de tudo, o reino de Deus, e o resto vos será dado por acréscimo.*
>
> (LUCAS, 12:31)

Edificado com as virtudes dos anjos, e definindo patrimônio inalienável do espírito eterno, o reino do Céu, na versão de conquista íntima, só se efetua mediante contribuição de apreciável tempo e de significativo número de vestes físicas.

Origem da autoridade moral com que se afastam as diversas enfermidades, a posse do divino Reino destaca-se por eterno patrimônio do homem, ainda que oculto na profissão de pescador.

A obtenção do reino do Céu, todavia, não sugere o recolhimento à vida monástica, nem denuncia negligência às obrigações para com a família, ou para consigo mesmo, na manutenção da vida física, por traduzir domínio sobre inclinações e sentimentos inferiores, considerando observar os bens transitórios da vida física por simples "meios" ou "fatores" de se alcançar a eterna riqueza, sugerindo também educação e respeito às necessidades do próximo.

Assinalado pelos muros do berço e do túmulo, compreende o universo do ser terreno que, desprezando lições do Cristo acerca da imortalidade do Espírito, desenvolve primitivos instintos de posse, traduzidos por ambição, avareza e egoísmo, responsáveis pelo desequilíbrio da economia terrena e consequentes quadros de fome e miséria presentes no mundo, considerando medir a extensão da vida pelo corpo biológico que utiliza, sugerindo compreensivo desapreço às palavras de Jesus, presentes na "parábola do mau rico" e na "orientação que sugere ao abastado moço", ao dizer: "Que insensato és; esta noite mesma tomar-te-ão a alma, e para quem ficarão os bens acumulados?" (LUCAS, 12:20).

Transformar-se em escravo do patrimônio terreno, emprestando-lhe veneração suprema, denunciando a condição de enfermo, significa desconhecer, na evolução da alma, a função da existência terrena e do próprio corpo físico.

As sugestões de posse, compreendendo enfermidade da alma, recordam, com outras mazelas, compreensivo engano, considerando o destino do Espírito nas moradas mais evoluídas do universo.

Demonstradas nos suntuosos templos, nas coroas e nos ídolos consagrados por convencionais doutrinas, singulares fantasias, confundem-se com o reinado do Cristo, por se olvidar que o príncipe de Deus (embora possuidor do próprio planeta), elegendo a manjedoura por berço, não dispunha de uma pedra para reclinar a cabeça.

O reinado do Cristo não deve ser, pois, confundido com o da Terra que, apoiado na prepotência, mediante pesados tributos, tem por objetivo o temporário poder, desconhecendo que, em obediência à insubornável Justiça divina, pelas portas da morte física, o despótico e falso reinado se converte na escravidão proposta ao semelhante.

Obtida por elevada conscientização espiritual e suadas existências, a posse do reino de Deus é a conquista de si mesmo, pelo domínio que impõe às imperfeições próprias, sugerindo semântica legítima ao termo "humildade" que, não obstante resgatada por Jesus, ainda se confunde na Terra por ignorância e pobreza.

Alcançado o maior patamar de evolução moral, compatível à evolução da Terra, como ser eterno, o Espírito escapa do ciclo das encarnações, onde permanecem apenas os Espíritos no processo de evolução elementar.

Exclusivamente na condição de missionários do Senhor, os Espíritos completistas[19] retornam à Terra, não só a serviço da divulgação do Evangelho como também por amor às almas amigas que, à semelhança de meteoros errantes, ainda orbitam o pequeno universo compreendido pela vida terrena.

Denunciado o próprio envelhecimento, o planeta, com o cobiçado acervo contido no subsolo, transforma-se, por meio de buracos negros, na energia que lhe deu origem, após transformadas em luz, as almas que já tomaram posse do celeste Reino.

---

19 N.E.: "Completista" é o título que designa os Espíritos que aproveitam todas as oportunidades construtivas que o corpo terrestre lhes oferece. Esses casos, embora raros, existem. O completista, na qualidade de trabalhador leal e produtivo, pode escolher, à vontade, o corpo futuro, quando lhe apraz o regresso à Crosta em missões de amor e iluminação, ou recebe veículo enobrecido para o prosseguimento de suas tarefas, a caminho de círculos mais elevados de trabalho (XAVIER, Francisco Cândido. *Missionários da luz*, cap. 12).

41
Templos

O zelo da tua casa me consumiu.
(João, 2:17; Jeremias, 7:11; Salmos, 69:9.)

Por assegurar conscientização espiritual e reforma íntima, base plena da felicidade do homem, o Espírito Emmanuel traduz, como já dito, os valores religiosos por aquisições de maior importância para o Espírito, considerando constituírem fator de iluminação definitiva da alma para Deus, razão da prioridade que Jesus atribuiu à religião.

Deve-se admitir, no entanto, que o Senhor se refere à religião em suas origens ou, atualmente, à Codificação, ponderando os estranhos conceitos introduzidos no organismo da religião que, modificada em sua estrutura original, vem a ser reconhecida por dogmas e tradições ou pela magnitude dos templos.

O condicionamento é tão significativo que os próprios Apóstolos, porque orientados de berço pela religião judaica, admirados, aproximam-se do Mestre para lhe mostrar a imponência do templo de Jerusalém, ao que ele lhes responde: "Admirais tudo isso? Em verdade vos digo que não ficará aqui pedra sobre pedra que não seja derrubada" (Mateus, 24:2).

No Judaísmo, as linhas arquitetônicas do templo de Salomão, as hierarquias do sacerdócio organizado, os paramentos, as cerimônias, o culto dos dias e dos lugares e as oferendas compreendem a árvore da religião mosaica, depois de doze séculos de sua implantação com o Decálogo, que acabou esquecido na Arca da Aliança.

Pela perseguição imposta aos missionários, o Cristianismo preservou o conteúdo do Evangelho, nos três primeiros séculos, mas não escapou às transformações impostas por autoridades religiosas, a partir do consórcio imposto pelo Estado, já no quarto século.

Embora sabendo que, na tomada de Jerusalém, o formoso templo não escaparia à fúria destruidora imposta por soldados romanos, de cujas ruínas restariam apenas muros de lamentação, o Senhor ensina o respeito que se deve emprestar aos templos, mesmo admitindo que o Espírito mais evoluído traduz, por templo, a consciência e o próprio universo.

Por isso, quando interrogado pela mulher de Samaria sobre o lugar de se orar, se no monte ou no templo, responde: "Mulher, vem a hora, e já chegou, em que os verdadeiros adoradores hão de adorar o Pai em espírito e em verdade" (João, 4:23), ou seja, no templo íntimo.

Ainda que emprestando respeito a todas as edificações físicas, como templos religiosos, a Doutrina Espírita destaca a importância que se deve atribuir à edificação íntima do homem, por tarefa principal, na conquista do reino eterno de Jesus.

O templo espírita, ensejando o culto à Doutrina do Cristo, deve ser interpretado por casa de oração, de estudo e de assistência, nunca transformado em casa de diversões.

Por se constituir de casa de oração, não será justo introduzir nele atividades estranhas ao Evangelho e à oração, sua legítima finalidade, ainda que sob o nome de arte, considerando a existência de inúmeras escolas próprias para cada disciplina.

Que os responsáveis pelo movimento espírita, a exemplo do Cristo, se deixem consumir de zelo à Casa Espírita, como lembra o presente salmo.

42
Funções específicas do templo

> *Entrando Jesus no templo, e tendo feito um azorrague de cordas, passou a expulsar dali os que vendiam e compravam, e os ensinava, dizendo: A minha casa será chamada casa de oração em todas as nações; vós, porém, a tendes transformado em casa de negócios.*
> (João, 2:14 a 17.)

A presença do Cristo propõe alegria ou sugere o azorrague, de acordo com o bem ou o mal denunciados pela consciência, dando motivo a que os cambistas e os vendedores de animais, envergonhados, afastem-se do templo, depois da palavra que anotam por censura.

Apesar da suficiente conscientização religiosa que Jesus e seus mensageiros consagram ao homem, não se pode olvidar a imaturidade do ser humano e a consequente submissão à influência de organizações compromissadas com os subalternos interesses.

Respaldadas no espírito pueril dos seres terrenos, as religiões humanas introduzem no contexto do Cristianismo conceitos subjetivos, afastados da moral e do pensamento do Cristo, falseando interpretações, proibindo livros e fiscalizando o livre raciocínio, procrastinando, por séculos, a paz na Terra.

Na impossibilidade de instituir, atualmente, a antiga estratégia, valem-se de diferentes recursos, entre os quais a conhecida habilidade do "diabinho coxo", mencionado por André Luiz, que consiste em alimentar discórdias ou infiltrar, habilmente, o fermento das doutrinas tradicionais no páo sem fermento constituído pela Codificação.

A Doutrina Espírita não está vacinada contra esse vírus, considerando que grande parte dos seareiros procedem de antigas lavouras, por isso suscetíveis dos equívocos e das fantasias outrora sustentados.

Observadas em alguns agrupamentos vocações por atividades adventícias, ainda que a pretexto de lazer, à mocidade espírita recomenda-se não se olvidar da presença de experiente orientador, por assegurar, ao jovem, permanente e segura diretriz à conscientização espírita, recordando que disciplinas estranhas à Doutrina Espírita — entre as quais a música, a arte e o teatro — possuem escolas próprias para o seu aprendizado.

Com base na obra *Orientação ao centro espírita*, sugere-se que a música seja eleita por sua faculdade de harmonizar o ambiente e de acordar sentimentos elevados, natureza peculiar da erudita, clássica ou sacra, renunciando aos apelos da música popular, traduzida por ritmo corporal e sugerindo apelo à dança.

As peças teatrais, na impossibilidade de serem afastadas da pauta das atividades espíritas, o que seria ideal por não compreenderem atividades do templo, ainda que traduzindo tema espírita, propõe-se que sejam transferidas para local adequado, afastado do templo.

No desempenho de qualquer atividade espírita, importa lembrar que a Doutrina compreende o mais elevado patrimônio do Cristo, cujo conteúdo não deve ser desprezado, nem modificado sem consequências desagradáveis. Todo o pecado vos será perdoado, mas com elevado preço, o que é feito contra o Espírito Santo, traduzindo o Evangelho à luz da Codificação (MATEUS, 12:31).

Importante transcrever trecho do livro *Os profetas*, no capítulo "Jeremias", acerca dos ídolos:

> Ocultando sua identidade sob a máscara de despretensiosas artes, os ídolos ressurgem das cinzas de uma cultura milenar, sustentando-se nas raízes de velhas reminiscências. Da menor invigilância, aparecem, na seara espírita, dissimulados de singulares pinturas "mediúnicas", retratando Jesus, Maria ou anjos — herança das religiões tradicionais — ou acordam na condição de hinos que não passam de subalternos louvores a falsos numes, fortalecendo o velho tronco que, sem pressa, vai mostrando rebentos na árvore da Doutrina Codificada, ou libertando ídolos fragilmente aprisionados no subconsciente, simbolicamente comparados aos gênios que escapam às lâmpadas de Aladim.
>
> Por atenderem ao gosto do público, existem algumas dezenas de quadros retratando o Cristo, ou imagens de Maria com os respectivos anjos ilustrando obras da própria Codificação, lamentavelmente já bem divulgados pela mídia espírita, pobres de beleza ou de arte, aceitos sem qualquer exame, porque correspondem à natureza de uma cultura milenar que apenas hiberna no íntimo de cada ser.

Importa considerar os dezessete séculos de condicionamento religioso a que os seres terrenos, no Ocidente, foram submetidos, além de se compreenderem, por vezes, na condição de "meninos espirituais", no dizer do Cristo, mais inclinados, pois, às fantasias divulgadas pelas culturas religiosas tradicionais.

Se as ações e as palavras do homem revelam o íntimo patrimônio, as atividades espíritas que porventura desenvolvem, desde os simples termos de uma oração até a divulgação evangélica, denunciam a pureza doutrinária, ou a presença dos remendos e de consequentes fantasias da convencional cultura de que ainda se ornamenta o próprio templo íntimo.

43
Escala espírita

Bem-aventurados os mansos, os humildes, os misericordiosos, os puros de coração e os perseguidos por amor à justiça, porque deles é o reino dos Céus.
(MATEUS, 5:3 a 10.)

Fundamentado na evolução moral dos seres terrenos, o codificador os classifica em três distintas *ordens*:

Primeira Ordem — *Espíritos puros*. Predominância do Espírito sobre a matéria, denunciando absoluta superioridade moral e intelectual. Além de se compreenderem excluídos da reencarnação, não estão sujeitos às necessidades nem às vicissitudes da vida orgânica. Como mensageiros ou ministros de Deus, executam suas determinações visando à manutenção da harmonia universal. Por seitas tradicionais, são denominados de anjos, arcanjos e serafins.

Segunda Ordem — *subdividida em quatro classes, da 2ª à 5ª*, compreende o quadro dos bons Espíritos. *Revelando-se pela influência parcial do espírito sobre a matéria,* conservam em maior ou menor escala os vestígios da existência física, quer na linguagem, quer nos hábitos, considerando não se acharem completamente desmaterializados. São felizes pelo bem que praticam e por terem vencido a inveja e o remorso, dos quais se distanciaram. Pelo domínio imposto ao orgulho e ao egoísmo, à ambição e ao ódio, ao rancor, à inveja e ao ciúme, consagram preferência à prática do bem. Pelas crenças tradicionais, são denominados de Espíritos protetores, gênios ou divindades benfazejas. Como seres regenerados, dir-se-iam legítimos adeptos de Kardec, que os classifica coletivamente por Espíritos benévolos, sábios, de sabedoria e de mediana superioridade.

Terceira ordem — *subdividida em 5 classes, da 6ª à 10ª*, traduz quadro de Espíritos imperfeitos — *Predominância da matéria sobre o espírito* e propensão exclusiva para o mal. Este quadro revela ignorância, orgulho, egoísmo e todas as más paixões que lhe são consequência. Categorizam-se por Espíritos impuros, levianos, pseudossábios, neutros e perturbadores.

Podendo aliar a inteligência à maldade, as ideias dos seres desse quadro são pouco elevadas e seus sentimentos mais ou menos abjetos. Inclinados a todos os vícios, denunciam sensualidade, hipocrisia, crueldade, cupidez, inveja e avareza sórdida.

Por se comprazerem no mal, alegram-se quando encontram ocasião de praticá-lo. O verniz da civilização não os exime do opróbrio e da ignomínia.

Por não ser absoluta a classificação, o codificador estabelece pronunciadas subdivisões para esta ordem, a seguir descritas:

Décima classe — *Espíritos impuros.* — Certos povos os designam por demônios ou gênios do mal. Quando encarnados, são inclinados a todos os vícios e paixões degradantes, no terreno da sensualidade, da crueldade da hipocrisia, da cupidez, da inveja e da avareza sórdida. O verniz da civilização não os afasta do opróbrio e da ignomínia.

Nona classe — *Espíritos levianos.* — São ignorantes, malignos, inconsequentes, irônicos e motejadores. A esta classe pertencem os Espíritos vulgarmente designados por duendes e gnomos.

Oitava classe — *Pseudossábios.* — Julgam saber mais do que sabem, além do que, o saber que admitem possuir não passa de reflexo dos preconceitos e tradições da sociedade terrena.

Sétima classe — *Espíritos neutros.* Nem bons para fazerem o bem, nem bastante maus para fazerem o mal. Apegados às coisas do mundo material, delas guardam saudades quando estagiam na Espiritualidade.

Sexta classe — *Espíritos perturbadores*. Manifestam sua presença por efeitos sensíveis e físicos, como pancadas, movimento e deslocação de corpos sólidos, agitação do ar. Podem comparecer em todas as classes da terceira ordem.

Importa não confundir os seres da segunda ordem, mais próximos dos mundos regenerados, onde predomina a ação do espírito sobre a matéria, com os seres do terceiro bloco, onde a matéria predomina invariavelmente sobre o espírito, conquanto o significativo quadro de inteligência, por vezes destacado em alguns de seus habitantes.

Traduzida a Codificação Espírita por curso de pós--graduação do Cristianismo de origem e admitindo grande porcentagem de seus habitantes à terceira ordem, onde a matéria predomina sobre o Espírito, anotando saudade do corpo, quando ausente dele, conclui-se que os seres deste plano, salvo compreensivas exceções, não denunciam condições para o entendimento religioso à luz da Terceira Revelação, por isso confundido com as pretéritas seitas, pelas quais, com raras exceções, ainda conservam singulares laços de simpatia.

Enquanto, pois, os missionários pertencem à primeira classe do segundo bloco, por reunirem sabedoria e bondade, com pleno domínio do espírito sobre a matéria, os seres terrenos, com justas exceções, pertencendo à terceira ordem, admitidos por seres imperfeitos, sob o domínio absoluto da matéria sobre o Espírito, considerando a inteligência que possuem a soldo da maldade e da malícia, podem ser considerados *anjos decaídos*, como conhecidos quando exilados de Capela, dando motivos à esperada grande transição ou à reciclagem de valores e consequente exílio, de 50% dos habitantes terrenos, de acordo com algumas parábolas de Jesus, ou de 2/3 da humanidade, segundo a profecia de Zacarias.

44
Duas árvores

Vendo a mulher que a árvore produzia frutos do entendimento, tomou do fruto, comendo e dando ao marido, que também o comeu. Abriram-se os olhos e, percebendo que estavam nus, coseram folhas de figueira e fizeram cintas para si.
(GÊNESIS, 3:6 a 7.)

Então disse Deus: Eis que o homem se tornou conhecedor do bem e do mal. Para que não tome também do fruto da árvore da vida e viva eternamente, lançou-o fora do jardim do Éden, a fim de lavrar a terra de que fora tomado.
(GÊNESIS, 3:22 a 23.)

São de duas espécies as árvores simbólicas a que o Gênesis faz alusão.

Emblema da transição do irracional para o racional, por concluir uma viagem evolutiva de um bilhão e meio de anos, a partir dos protozoários, o fruto da simbólica árvore, também traduz o início dos elementares princípios de responsabilidade.

O fruto da segunda árvore, com a aquisição do certificado de completista, pelo compreensivo progresso moral e intelectual que destaca, assinala o término do obrigatório processo reencarnatório, facultando a definitiva permanência nos planos de diferente dimensão, anteriormente admitidos apenas por intervalos das encarnações, libertando-se das experiências terrenas, a que, eventualmente, podem retornar, na condição de missionários.

Importa, pois, admitir que a árvore que faculta o entendimento constituiu-se no principal fator do afastamento do mundo primitivo, onde a vida parasitária consiste no alimento, no sono e na procriação — estado dos aborígines — para o mundo de segunda categoria, onde o progresso possui por base o trabalho, alimentado ainda pelas necessidades biológicas, desenvolvendo anseios por melhor qualidade de vida.

O afastamento do simbólico Éden não constitui medida punitiva imposta ao homem que alcançou a faculdade do entendimento, porém sábia determinação instituída pela lei do progresso, que entrega nas mãos do Espírito a chave do destino, com os princípios da Justiça divina, para que seja o autor da própria evolução e consequente estado de felicidade.

De posse do aprendizado que adquire no campo das experiências, liberta-se da escravidão imposta pelas imperfeições morais — o pecado de origem — que marcaram os primeiros capítulos no terreno da inteligência, buscando, entre as ações nobres, o estudo e a obrigação de lavrar a terra — símbolo do trabalho — na obtenção de uma riqueza, ainda que transitória.

A ciência e a moral a que o Evangelho conduz, que iluminam física e espiritualmente, compreendem o fruto da segunda espécie de árvore — da vida eterna — com o que o Espírito se liberta, definitivamente, de existências orgânicas, alcançando o título de completista, por vencer imperfeições da primitividade e consequentes débitos espirituais.

Produtos de duas árvores, o primeiro fruto — traduzido por entendimento — faculta a transição da selvageria à civilidade, enquanto o segundo fruto — compreendendo sabedoria e pureza de coração — liberta o Espírito da vida em corpos físicos e da consequente morte a que estão sujeitos os seres que reencarnam.

A figura bíblica acerca do fruto proibido, da qual procede o tradicional pecado de origem, não se refere ao sexo, mas à responsabilidade do Espírito no campo das ações, as quais, nascendo com o raciocínio, são sempre medidas na proporção dos conhecimentos que adquire. Muito se pedirá ao que muito recebeu.

Por pecado original — a ser atribuído ao Espírito e não ao corpo físico — devem ser considerados o orgulho e o egoísmo, a ambição e a avareza, o despotismo e a crueldade que, catalogados igualmente por enfermidades da alma, constituem a origem de todos os males presentes no mundo e os respectivos quadros de sofrimento, do que a Justiça divina responsabiliza o homem, na proporção do entendimento que lhe confere o fruto da árvore da ciência do bem e do mal.

Por essa razão, o espírita conscientizado não deve mais escorar-se em dogmas milenares, que configuram doutrinas tradicionais, que têm por finalidade obscurecer o horizonte da evolução. sua preocupação deve repousar na conscientização evangélica à luz da Codificação que, a principiar da criança, com muita determinação, deve conferir aos descendentes.

45
Roupa velha

Ninguém põe remendo de pano novo em vestido velho, porque o remendo tira parte da roupa, ficando a rotura maior.

(MATEUS, 9:16.)

 O condicionamento imposto no curso dos milênios pelas religiões tradicionais, no símbolo de roupa velha, com força semelhante à hipnose, constitui parâmetro de visão e entendimento, mesmo a seres dotados de significativa inteligência que, por isso, à semelhança de Nicodemos, não conseguem raciocinar livremente, removendo dúvidas sobre a vida organizada noutra dimensão, sobre a lei de causa e efeito e sobre a reencarnação, admitidas como imperativo do processo evolutivo.

 A morte do corpo físico dificilmente modifica a visão e o entendimento religioso que se adotou na vida orgânica, considerando que, nos planos espirituais adjacentes à crosta, por vezes, os Espíritos conservam a mesma cultura que possuíram na vida corpórea, à qual se mantêm identificados.

 A reencarnação constitui-se do melhor processo de reciclagem da cultura e dos hábitos sustentados no curso dos milênios, desde que preenchidas, na infância, as páginas em branco da nova experiência física, com informações evangélicas à luz do Espiritismo, antes que, no campo da recordação, despontem lembranças que definam a tradicional cultura.

Desprezada a fase mais importante da existência, identificada na infância, o conservador entendimento religioso volta ao seu domínio, determinando preferência às tradições que substituíram a imortalidade da alma pelo batismo, além de abonarem o crime com o simbólico perdão.

Dizer-se espírita e conferir aos filhos o direito na escolha da religião, escorando-se no simbólico batismo, é confessar o pouco valor que sugere à Doutrina Codificada, denunciando igualmente não haver despido, por completo, a pretérita roupa religiosa, mostrando que, da vestimenta da Codificação, apenas possuem ligeiros remendos que não asseguram adequada visão à prioridade que se deve emprestar ao Espiritismo, o maior patrimônio que os seres podem obter no curso infinito da evolução.

O apreço que se atribui à Doutrina Codificada corresponde, invariavelmente, ao conhecimento que dela se possui.

Com base no íntimo progresso espiritual adquirido, curto ou longo compreende o caminho da transição religiosa na Terra.

Para os missionários, Bezerra de Menezes, Eurípedes Barsanulfo e Chico Xavier, as iluminadas páginas de pretéritas aquisições, arquivadas no subconsciente por consequência da reencarnação, rapidamente se resplandecem, ao efeito de simples convite, manifesto por diferentes sinais no caminho da existência.

Na demorada senda que, para muitos, a transição religiosa se efetua, alguns seres, trajando ainda a velha indumentária, pretendem costurá-la com o fio da Codificação, com isso, alargando a rotura da própria roupa.

Oportuno recordar também os que se proclamam espíritas, denunciando, por compreensivos sinais conservadores, significativos remendos da velha indumentária.

A lei de evolução, visando vencer condicionamentos que resistem às sucessivas reencarnações, vale-se dos quadros de sofrimento, coletivos ou individuais, de maior intensidade, que alcançam, por vezes, os seres terrenos, seja em forma de epidemias, seja por fenômenos sísmicos a que o globo ainda será submetido.

Enquanto as doutrinas de origem humana, afastadas da faculdade mediúnica, estruturam-se nos retalhos figurados por dogmas e tradições, a Codificação Espírita recorda o manto do Cristo, sem costura, de alto a baixo, tecido com o luminoso e resistente fio da imortalidade.

46

A mulher cananeia

> *E eis que uma mulher Cananeia clamava: Senhor, filho de Davi, tem piedade de mim! Minha filha está horrivelmente endemoninhada. Jesus porém respondeu: Não fui enviado senão às ovelhas perdidas da casa de Israel. Não é bom, pois, tomar o pão dos filhos e lançá-lo aos cachorrinhos. Ela, contudo, replicou: Sim, Senhor, porém os cachorrinhos se alimentam das migalhas que caem da mesa de seus donos. Então disse Jesus: Ó mulher, grande é a tua fé! Faça-se contigo como queres. E, desde aquele momento, sua filha ficou sã.*
>
> (MATEUS, 15:22 a 28.)

Descobrir ofensa nas palavras que o Mestre endereça à mulher Cananeia é assemelhar-se aos sacerdotes que atribuem a Belzebu, o maioral dos demônios, a cura que o Senhor consagra ao mudo endemoninhado (MATEUS, 9:34).

Sugerir ilações estranhas a alguns textos pronunciados por Jesus pode traduzir significativo equívoco, considerando não só os diferentes quadros de compreensão espiritual dos tradutores como também as interpretações intencionalmente propostas pelas religiões a que servem.

Conquanto as palavras do Cristo revelarem sempre inusitados ensinos, sua interpretação, no entanto, obedece ao entendimento e à maturidade de cada ser, sem olvidar o compreensivo condicionamento religioso.

Enquanto, pois, alguns seres sugerem agressão nas palavras de Jesus, a mulher Cananeia lhe consagra sublimados sentimentos, nos quais o Senhor se respalda, para conferir saúde à filha endemoninhada.

Enxergar o mal na eterna e cristalina fonte do legítimo amor, lembrando o barro criticando as mãos do oleiro, como, figuradamente, dizem os profetas Isaías (29:16) e Jeremias (18:6), é denunciar ausência de espiritualidade.

Sem olvidar, pois, o propósito de restabelecer a saúde à moça endemoninhada, com estranhas palavras Jesus dirige-se à mulher cananeia, por revelar aos Apóstolos e à posteridade os nobres valores que lhe adornavam o caráter.

Conquanto, pois, o fraterno tratamento que dispensa a todos, somente a seres de compreensiva moral e de reconhecida humildade, Jesus utiliza de singulares expressões, considerando que, à semelhança do combustível que se inflama diante da menor centelha, o orgulho e a vaidade, anotando por insinuação a palavra mais despretensiosa, também se acende, sendo lícito dizer que, enquanto a humildade se considera honrada por ouvir os citados termos dos lábios de Jesus, o orgulho e a vaidade se mostram feridos.

47

O estranho que expelia demônios

Vimos, Senhor, certo homem que, em teu nome, expelia demônios e lho proibimos, porque não segue conosco. Mas Jesus disse: Não proibais; pois quem não é contra vós outros é por vós.

(LUCAS, 9:49 a 50.)

Admitida por patrimônio inalienável do Espírito, a autoridade moral constitui-se da única força a que se submetem os Espíritos inferiores, sem a qual nenhum poder se denuncia junto aos obsessores, ainda que se pronuncie o nome do Cristo, por dezenas de vezes.

Não é gratuita nem simbólica a autoridade que os Apóstolos recebem do Mestre, ao dizer-lhes: "Eis que vos dei autoridade para pisardes serpentes e escorpiões e sobre todo o poder do inimigo, e nada absolutamente vos causara dano" (LUCAS, 10:19), considerando que Jesus apenas reafirma os valores morais de que são portadores, tanto assim que acrescenta: "Não obstante, alegrai-vos, não porque os Espíritos se vos submetem, e sim porque o vosso nome está arrolado nos Céus" (LUCAS, 10:20).

Os Espíritos, ainda que inferiores, sempre distinguem os seres evoluídos dos que, de virtude, apenas possuem aparências, denunciadas por convencionais títulos. Convém, por isso, ressaltar a submissão e o respeito destacados pelos obsessores dos gadarenos, que à aproximação do Cristo exclamam: "Bem sabemos quem Tu és: O Filho do Deus Altíssimo" (MARCOS, 5:7), enquanto aos exorcistas, filhos de Ceva, outros Espíritos semelhantes respondem: "Conhecemos a Jesus e sabemos quem é Paulo; mas vós quem sois?" (ATOS, 19:13 a 16).

Compreensível a censura dos Apóstolos, considerando que somente o Cristianismo, àquela época, sugeria orientação e recursos adequados ao correto exercício da mediunidade com Jesus, seja no atendimento aos portadores de enfermidades, seja na terapia proposta aos diversos processos obsessivos.

Oportuno lembrar que, ainda hoje, o Espiritismo constitui-se da única doutrina que faculta, ao portador da mediunidade, a suficiente orientação para o seu correto uso e a conscientização mediúnica com que se preserva de imprevistas manifestações obsessivas.

Enquanto a árvore se reconhece pelo fruto, as qualidades do homem se denunciam por suas obras. "Não se colhem figos nos espinheiros, nem cachos de uvas nas sarças" (LUCAS, 6:43 a 45).

Incomodados, pois, com as obras demonstradas por Jesus, que testificam a seu respeito, embora dizendo não acreditarem nelas, os escribas e anciãos, o interrogam: "Com que autoridade fazes essas coisas?" ou "Quem te deu essa autoridade?" (LUCAS, 20:2).

Endereçadas aos fariseus que alegam desconhecer a autoridade do Cristo, as palavras do cego de Siloé enquadram-se ao estranho homem que expelia demônios, sem figurar do quadro apostólico: "Se este homem [Jesus] não fosse de Deus [diz o ex-cego aos fariseus], nada de bom poderia fazer" (JOÃO, 9:33).

Valem as palavras ditas por Moisés a Josué, que lhe pede proibir os médiuns Eldade e Medade, por profetizarem no campo, sem a sua presença: "Como és zeloso por mim [diz Moisés]! Quem me dera que todos os seres profetizassem, em nome de Deus" (NÚMEROS, 11:29).

Igualmente, Jesus poderia ter dito aos Apóstolos: "Quem me dera que todos os homens, em meu nome, expulsassem demônios".

Enquanto a autoridade moral sugere o afastamento dos demônios, na ausência da mencionada virtude, o homem se aproxima deles.

48

O precursor

Ele era a candeia que ardia e iluminava, e, por algum tempo, quisestes alegrar-vos com a sua luz.

(JOÃO, 5:35.)

    Preservada a tarefa de "preparar os caminhos do Senhor, nivelando os outeiros e aterrando os vales" (ISAÍAS, 40:3), traduzindo prévia compreensão do Evangelho que deveria assegurar ao povo, João Batista assinala significativo marco na saga religiosa, com base no que o Mestre diz a seu respeito: "As leis e os profetas vigoram até João; desde então, vem sendo anunciado o Evangelho do reino de Deus e todo o homem deve se esforçar por entrar nele" (LUCAS, 16:16).

    Admitido por Elias, o profeta que, em recuados séculos, determinara a morte dos falsos profetas de Baal, Jesus lhe consagra significativa exaltação, por atribuir-lhe o título de "maior dos nascidos de mulher" (MATEUS, 11:11), frase com que ele se exclui, portanto, da mencionada condição, por se admitir ainda a significativa superioridade que João lhe reconhece no seguinte texto: "... apesar de vir depois de mim, por ser mais poderoso do que eu, reconheço-me não ser digno de desatar-lhe as correias das sandálias" (LUCAS, 3:16).

    Na manifestação mediúnica, posterior à sua morte, João aparece como Elias, dando motivo às palavras de Jesus: "Declaro-vos que Elias já veio e não o reconheceram. Então os discípulos entenderam que lhes falara a respeito de João Batista" (MATEUS, 17:12 a 13).

O Cristo ainda se refere a futuras missões do profeta, dizendo aos discípulos, também depois da morte de João: "De fato Elias virá e restaurará todas as coisas" (MATEUS, 17:11).

Convém anotar alguns textos sobre a doutrina de João: "Produzi frutos dignos de arrependimento e não comeceis a dizer: Temos por Pai Abraão, porque eu vos afirmo que destas pedras Deus pode suscitar filhos a Abraão".

Aos que o interrogavam, sobre o que fazer, dizia: "Quem tiver duas túnicas, reparta com quem não tem; e quem tiver comida, faça o mesmo".

Aos publicanos, esclarece: "Não cobreis mais do que o estipulado, respondendo aos soldados: A ninguém maltrateis, nem deis denúncia falsa; contentai-vos com o vosso soldo" (LUCAS, 3:8 a 14).

Importa anotar o que o Evangelho diz a respeito do precursor: "Houve um homem enviado por Deus, cujo nome era João, que veio testificar a respeito da luz. ele não era a luz, mas veio testificar a verdadeira luz que viria ao mundo para iluminar o homem" (JOÃO, 1:6 a 9).

Como precursor, João possuía por missão endireitar as sinuosas linhas íntimas do caráter humano, afeiçoando-as ao Senhor, o caminho reto da vida, de acordo com o que diz o oráculo de Isaías: "Voz do que clama no deserto: Endireitai, no ermo íntimo de cada ser, a vereda de nosso Deus" (ISAÍAS, 40:3; MATEUS, 3:3).

João testemunha a respeito do Cristo, exclamando: "Este é o que viria depois de mim, mas que tem a primazia, porquanto já existia antes de mim" (JOÃO, 1:15). Apesar de vir depois, já existia antes de João, o que denuncia a imortalidade do Espírito e a vida noutra dimensão.

49
A extensa missão do Cristo

Levantando-se em alta madrugada, Jesus ora em lugar deserto. Localizado pelos discípulos que o procuram, diz-lhes: Procuremos todos os lugares para pregar, pois para isso eu vim.

(MARCOS, 1:35 a 38.)

Por recusarem a imortalidade do Espírito, os seres deste plano, olvidando a vida organizada no plano espiritual, por consequência, desprezam o próprio destino, sugerindo exclusivo apreço à vida orgânica.

Além de configurar ausência de compreensão e de valores morais, o termo "deserto", no presente texto, é admitido por sinônimo do plano extrafísico, a cujos habitantes — os Espíritos — Jesus consagra idêntica orientação evangélica.

Não se deve estranhar o termo "deserto", utilizado como sinônimo de "vida espiritual", excluída que foi do Cristianismo de origem, por se preservarem as bases da religião universal, definidas, com exclusividade, na vida física.

Por se ocultar, pois, a imortalidade do Espírito e respectiva vida organizada noutra dimensão, termos estranhos, porém, compatíveis com os interesses das religiões oficiais, são introduzidos na *Vulgata*, a tradução latina da *Bíblia*, de uso público, organizada no século IV, de acordo com textos massoréticos,[20] também atribuída a Jerônimo de Estridão, da qual procedem as posteriores versões do evangelho, o que denuncia a existência de ocultos textos originais, possivelmente conhecidos por algumas autoridades eclesiásticas.

Jesus prega, pois, nas cidades e nas aldeias, do que participam os habitantes de outra dimensão, que, apesar de não identificados no mundo físico, em número maior, figuram sempre na multidão de ouvintes.

Por se constituir da mesma geração de almas, portanto de idêntico progresso, a vida espiritual, organizada em sociedades, denuncia, como no plano físico, compreensivos quadros de riqueza e de pobreza, de ignorância e de enfermidades, diferenciando-se, em regiões mais elevadas, pela moeda que tem por lastro o ouro intransferível da moral e da educação, além do crédito traduzido no amor consagrado ao próximo.

Revelada pelo codificador, a escala espírita, traduzindo valores íntimos e intransferíveis, identifica-se, na Espiritualidade, sem a máscara da hipocrisia em que se fundamentam os valores da sociedade terrena, preocupada exclusivamente com dinheiro, aparências e fantasias.

Sem a indumentária física, em que os "demônios encarnados" se ocultam, o "diabo" do deserto, não por tentar o Mestre, como relatam as "traduções de conveniência", mas por ostentar a própria coroa, mostra-lhe, figuradamente, todos os reinos do mundo e respectivas glórias (MATEUS, 4:8), propondo ainda que antecipe a multiplicação dos pães, que sabia constar da pauta de sua elevada missão na Terra. Importa lembrar que, noutros termos, Pilatos, posteriormente, também ressalta o próprio poder, quando se refere à autoridade que possuía para soltar ou para condenar o Cristo (JOÃO, 19:10).

---

20 Nota do autor: Segundo o dicionário Aurélio, o termo "massorá" (ou "massorético"), como sinônimo de tradição, significa o conjunto de comentários críticos de doutores judeus (os massoretas) acerca da *Bíblia*.

Dotado de compreensão superior à dos seres que, neste plano, condenam Jesus, a exemplo dos obsessores dos gadarenos que lhe atribuem o adjetivo de Filho do Deus Altíssimo, o "diabo do deserto" conhece o extenso poder que o Mestre exerce sobre as águas, como também sobre o espaço que, melhor do que os pássaros, e sem as convencionais asas religiosas, domina sem a contribuição dos anjos, seus prepostos (MATEUS, 4:6; SALMOS, 91:11).

A multiplicação do pão, programada para ulteriores dias da curta existência de Jesus, conhecida pelo diabo do deserto, não deve ser confundida com transformação de pedras em pão, por considerada atribuição do homem, mencionada no capítulo 3:19, do livro Gênesis. Não se pode olvidar, todavia, os seres que ainda convertem o pão da alma na pedra dos ídolos, apesar de condenados desde o primeiro mandamento do decálogo mosaico.

De sua elevada missão, o Senhor não exclui, pois, os seres que habitam noutra dimensão e que, no símbolo de aves do Céu, trilhando igualmente a imensa estrada evolutiva, alimentam-se da semente lançada por suas sábias e abençoadas mãos (MATEUS, 13:4 a 7).

50
Juízo simbólico

> *Prosseguindo, disse Jesus: Vim a este mundo para fazer um juízo, a fim de que os que não veem vejam, e os que veem se tornem cegos. Alguns dentre os fariseus, ali presentes, perguntaram: Acaso também nós somos cegos? Respondeu-lhes o Senhor: Se fôsseis cegos, não teríeis pecado algum.*
>
> (João, 9:39 a 41.)

Social e politicamente destacados, os sacerdotes e os doutores da lei, admitindo-se por símbolos da cultura e do saber, ocupam os primeiros lugares nos festins e nas sinagogas.

Habitantes de planeta de segunda classe, numa escala de cinco estados, os seres terrenos, perante os moradores de mundos mais evoluídos, são comparados à condição de crianças ou de cegos espirituais, dando motivo a traduzirem por *milagre* toda *manifestação de sabedoria e de ciência que escapa ao próprio entendimento.*

O progresso científico atual, observado na energia, na comunicação e no transporte, e até mesmo no terreno da Medicina, há dois séculos, seria explicado por *milagre,* por seres daquela época.

Proposto por Ptolomeu, um século e meio depois do Cristo, o sistema geocêntrico, por inúmeros séculos oficializado, corresponde à limitada visão ou o estado de cegueira intelectual do ser terreno, teoria por isso substituída pela heliocêntrica de Kepler e de Copérnico que, admitida inicialmente por Galileu, o condena à prisão domiciliar, a despeito de abjurá-la.

Interpretado o saber como visão da alma, o quadro de cultura dos seres atuais, no terreno do progresso físico, revela a cegueira do homem de antanho.

O imensurável quadro evolutivo do Cristo, ratificado nas curas diversas que realiza, na multiplicação de pães e peixes, ou por andar sobre o leito do oceano, revelado por salmistas e profetas como criador de estrelas, glorificado por Deus, antes da formação da Terra, simbolicamente, reduz os doutores da Terra, a cegos ou a apagada estrela no firmamento da sabedoria espiritual, onde os Apóstolos figuravam como luz do mundo ou, simbolicamente, por cidades edificadas sobre o monte.

Se há diferença de saber e compreensão, entre gerações distintas, separadas por séculos, também se observam desigualdades entre seres da mesma geração, reveladas no grau de escolaridade, sem olvidar o quadro de maturidade do Espírito, por vezes oculto na indumentária de pescador.

Traduzida por conquista própria, no caminho da eternidade, a despeito da temporária posição econômico-social, os doutores e os sacerdotes não haviam alcançado os olhos da plena sabedoria, até agora, neste plano, de exclusividade do Cristo.

Enquanto confere vista a duas espécies de cegos — um dos itens consagrados por sua missão — Jesus denuncia o elevado quadro de sabedoria própria, destacando também a ignorância dos seres terrenos, reduzidos, por isso, à condição de cegos.

Os profetas Isaías e Jeremias sugerem a Jesus o símbolo do Oleiro, e ao homem o emblema do barro (ISAÍAS, 29:16; JEREMIAS, 18:6), descrevendo, com isso, o imenso espaço evolutivo existente entre ambos.

No elevado saber e na pureza de coração, o Apóstolo destaca o quadro da própria visão, podendo admitir-se por cego o ser cuja compreensão da vida limita-se ao estreito espaço delineado pela existência física, ainda que ocupando a cobiçada cátedra de representante religioso.

Por entenderem a figurada linguagem utilizada por Jesus, os fariseus o interrogam: "Somos, porventura, admitidos por cegos?", ouvindo a seguinte resposta: "Se fosseis cegos [ignorantes], não teríeis pecado", mostrando-lhes que a responsabilidade de cada ser guarda proporção ao grau dos conhecimentos e da cultura que possui.

51
Reconciliação com o adversário

Disse ainda Jesus: Se teu irmão pecar contra ti, vai argui-lo entre ti e ele só. Se ele te ouvir, terás ganho teu irmão. Se, porém, não te ouvir, toma contigo uma ou duas pessoas, para que, diante das testemunhas, todo entendimento se restabeleça. Em verdade vos digo que tudo o que ligardes na Terra terá sido ligado nos Céus, e tudo o que desligardes na Terra terá sido desligado nos Céus. Porque onde estiverem dois ou três reunidos, em meu nome, ali estou no meio deles.
(MATEUS, 18:15 a 20.)

A reconciliação com o adversário, raras vezes observada entre os seres deste plano, compreende a solução mais inteligente, por preservar o homem dos incômodos quadros, conduzidos pela lei de causa e efeito, à senda de reparação.

Sem olvidar os reclamos do direito alheio, a reconciliação ainda significa terapêutica para ambas as partes, por exonerar o coração do ódio e dos sentimentos de vingança, origem das enfermidades espirituais e dos dramas de longa duração, considerando os efeitos colaterais atribuídos pelo ódio e pela obrigatoriedade da reparação denunciada nos parágrafos da divina Justiça.

A exemplo do ímã que se desfigura por envolver-se à limalha ou à sucata de ferro a que se imanta, o ódio e a vingança igualmente evidenciam, por vezes, enfermidades ou mutações no corpo astral, de que o Espírito procura ocultar-se, a exemplo dos obsessores dos gadarenos que, visando esconder possíveis deformidades, pedem a Jesus para se ocultarem entre os porcos.

O divino Terapeuta, por isso, sem desprezar os métodos curativos, determina a profilaxia recomendada ao paralítico de Betesda: "Olhe que já estás curado; não tornes a pecar a fim de que não te suceda coisa pior" (João, 5:14).

Perdão, contudo, não significa exoneração do resgate imposto pela celeste Justiça, considerando os prejuízos morais, materiais ou físicos que, por seu volume ou natureza, nem sempre são passíveis de resgate imediato e na mesma existência.

Enquanto a vingança denota justiça em causa própria, o ódio compreende estranhos emolumentos ou juros de elevados índices, de que se exonera pelo perdão, conquanto a dívida a ser resgatada, ainda que mediante compreensiva moratória ou, por vezes, mediante o amor que cobre a multidão de pecados.

Expressando perdão de faltas alheias *sem resgate*, a confissão exclui o processo de reconciliação, como recomendado pelo Senhor, enquanto institucionaliza o crime, resultando, consequentemente, em quadros obsessivos de várias naturezas que no lar, nos consultórios ou nos sanatórios reclamam o concurso de terapeutas, de médiuns ou de instrutores espirituais que mobilizam expressivos recursos no encalço da reconciliação, ainda que tardia, desatando velhos liames de ódio, origem remota dos quadros obsessivos, ocultos ou declarados, que o orgulho, a incredulidade e a negligência relegaram para o terreno de futuras existências.

Importa esclarecer que, se o Cristo diz ao paralítico: "Tem bom ânimo, perdoados são os teus pecados" (MATEUS, 9:2), é porque compreendia resgatadas as faltas espirituais que haviam dado origem à paralisia, assegurando o crédito espiritual que se manifesta por fé, no processo de cura.

Ódio ou perdão constituem, respectivamente, alicerce à enfermidade ou à saúde, à tristeza ou à alegria, hoje e amanhã, em conformidade com as anotações que forçosamente figuram nas páginas da consciência.

A recomendação do Cristo, compreendendo determinação do interior estado subjetivo, possui o endereço daquele que, de alguma forma, deu motivo à reconciliação proposta, por se excluírem os gratuitos adversários que surgem, notadamente no campo religioso. Estranho seria os legítimos cristãos torturados procurando os inquisidores a fim de propor-lhes reconciliação, exigida, nesse caso, somente da consciência do ofensor, mediante compreensiva reparação da falta.

Se a terapêutica, para a condição do ofendido, repousa no perdão incondicional, por constituir-se de profilaxia aos diversos estados patológicos a que o ódio conduz, pode-se admitir o imperativo de não figurar no quadro de ofensor, compreendendo-se o tributo que a celeste Justiça impõe, ainda que perdoado pelo ofendido.

É tão significativo o processo de reconciliação que o Senhor assegura sua presença onde duas ou três pessoas se reúnem com tal propósito.

Amparado nas enganosas liturgias de perdão e aceitando a morte física por definitiva extinção da vida, o homem despreza o direito alheio, a quem fere e prejudica sem escrúpulo, para ser surpreendido, em futuras vidas, por significativo carma, oriundo de pretéritas faltas sem resgate, emblema de cadáveres insepultos, porque é da lei que, aos autores dos crimes, também admitidos por "mortos", compete reparar suas faltas, dando sepultura a seus espectros.

Por assegurar a paz do próprio futuro, nos verbos "ligar" ou "desligar", Jesus recomenda sejam desatados os liames do ódio, restabelecendo os laços de harmonia advindos do perdão, por constituírem fator imunológico às enfermidades diversas que procedem dos quadros infelizes de erros pretéritos, arquivados no subconsciente, do qual podem ressurgir, em futuras existências, sob diferentes formas, incluindo manifestações depressivas ou esquizofrênicas, de espontânea origem ou por ação dos adversários desencarnados.

Se a reconciliação, ainda que por vias de compreensiva indenização, compreende profilaxia, pode-se assegurar que a legítima imunidade, aos quadros de enfermidades, ou às adversidades do porvir, repousa na prática exclusiva do bem, afastando da pauta da vida qualquer atitude que se configure por *inclusão própria no quadro de ofensores.*

52
Condição para seguir Jesus

> *Voltando-se à multidão que o seguia, disse Jesus: Se alguém vem a mim e não aborrece a seus pais, sua mulher, seus filhos, seus irmãos, não pode ser meu discípulo.*
> (Lucas, 14:26.)

> *Pois, qual de vós, pretendendo construir uma torre, não se assenta para calcular a despesa e verificar se tem os meios para concluí-la?.*
> (Lucas, 14:28.)

> *Ou qual o rei que, indo a combate, não se assenta primeiro para calcular se com dez mil homens poderá enfrentar o adversário com vinte mil?.*
> (Lucas, 14:31.)

Três categorias de trabalhadores destacam-se no terreno imenso da divulgação do Cristianismo.

Convidados do Cristo, e traduzindo a primeira ordem, os Apóstolos e os discípulos dos três primeiros séculos, na condição de habitantes de planos superiores, conhecidos do Cristo antes da própria existência, pelo povo são identificados pela autoridade com que curam enfermidades e expulsam Espíritos enfermos. Sobre eles, diz o Senhor: "Não fostes vós que me escolhestes, mas eu que vos escolhi" (João, 15:16).

Revelada depois do consórcio com Estado, a segunda classe não se reconhece pelas faculdades dos Apóstolos ou dos profetas, mas, ao contrário, pelas perseguições que, como autoridades religiosas, movem aos que não compartilham de suas ideias, ou ainda pelo interesse que demonstram às promoções inerentes ao reinado terreno. Compreendendo os que se autoconvidam, importa recordar o escriba que diz: "Mestre, seguir-te-ei para onde quer que fores", ao que, reconhecendo-lhe as mais ocultas ambições, o Senhor lhe responde: "As raposas têm seus covis e as aves, os seus ninhos; mas o Filho não tem onde reclinar a cabeça" (MATEUS, 8:19:20).

O terceiro quadro, conquanto identificado pela boa vontade, seus trabalhadores demonstram ausência de preparo espiritual e de maturidade para as lides evangélicas, dando motivo à resposta que Jesus endereça ao geraseno que, depois de curado, roga-lhe que o deixe acompanhar: "Vai para tua casa, para os teus e anuncia-lhes tudo o que o Senhor te fez e como teve compaixão de ti" (MARCOS, 5:18; LUCAS, 8:38 a 39).

Neste bloco também se incluem as multidões que, tomadas de alegria, acompanham Jesus examinando possibilidades de admissão no quadro apostólico, ignorando o expressivo tributo cobrado do seguidor de Jesus, dando motivo à advertência anotada por Lucas que, no curso dos séculos, deveria ser recordada por todos os que se propunham seguir as pegadas do Mestre: "Se alguém vem a mim e não aborrece a seus pais, a sua mulher e a todos os familiares não pode ser meu discípulo" (LUCAS, 14:26)

Por seguidos séculos, seguir o Cristo significava assinar a própria condenação, justificando a preocupação e o aborrecimento dos familiares, por vezes, perseguidos e penalizados, igualmente, por religiões oficiais.

Convidados antes da existência terrena, os Apóstolos e os discípulos nunca fugiram dos testemunhos a que seriam submetidos, podendo-se incluir nesse quadro grandes vultos como Estevão, o primeiro mártir do Cristianismo, Paulo de Tarso, o vaso escolhido por Jesus para levar o Evangelho aos gentios, sem olvidar a figura de Barsanulfo, que, no terceiro século, com o nome de Rufo, deixa-se conduzir amarrado à cauda de potro bravio, por não abjurar a figura do Senhor. Igualmente, devem ser citados os cátaros, que, na Idade Média, no sul da França, assinalam o renascimento do Cristianismo de origem, pelo que são julgados de heresia e eliminados do cenário terreno pelo "Tribunal do Santo Ofício".

A liberdade de pensamento, no pretérito, constituía patrimônio exclusivo da religião oficial, cujos representantes arbitravam a forma de pensar, a que todos obedeciam, a fim de não conhecerem os rigores de suas ordenações.

Para que a pessoa não viesse a retratar-se de alguma opinião religiosa, diante de uma sentença, cujo preço constituía-se na morte, seguida do arresto aos bens da família, conduzida, por isso, à mendicância ou igualmente à morte, impunha-se o imperativo de avaliar as forças morais, contabilizando possibilidades de concluir ou de prorrogar a construção do monumento do testemunho espiritual.

Na atualidade não se exige mais a renúncia à família no campo das opiniões sobre o pensamento religioso, mas os autênticos seguidores de Jesus, ainda assim, não podem olvidar a antiga advertência, por anotarem gratuitas antipatias na área social ou profissional, considerando a presença do reinado terreno.

Não se pode olvidar, pois, que, para se levantar a torre do testemunho espiritual, ainda se devem pesados tributos ao império deste mundo.

Simbolicamente, antes de entrar em combate contra 20 mil soldados — as forças traduzidas pelo reinado terreno — há de se calcular a resistência própria, assegurada nos 10 mil homens, traduzida por conscientização evangélica, somada às experiências adquiridas no campo apostólico, a fim de não capitular ante suas decisões.

53
Juiz iníquo

Disse-lhes Jesus uma parábola sobre o dever de orar sempre e nunca esmorecer: Havia, numa cidade, um juiz que não temia a Deus nem respeitava homem algum. Havia, no mesmo lugar, uma viúva que vinha ter com ele, dizendo: Julga minha causa contra meu adversário. Um dia o juiz disse consigo: Não temo a Deus nem respeito a ninguém. Todavia, julgarei a causa dessa viúva, a fim de que não venha a molestar-me mais. Considerai pois: não fará Deus justiça aos escolhidos que a ele clamam, de dia e de noite, embora pareça demorado em atendê-los? Contudo, quando o Filho do Homem vier, achará porventura fé na Terra?

(LUCAS, 18:2 a 8.)

    O quadro de valores morais, conquanto não confundido com as qualidades profissionais, revela-se, todavia, nas inúmeras atividades que o homem exerce, concluindo-se que o exercício do ofício sempre reflete as virtudes que possui.

    No terreno do Direito, enquanto Jesus cita a desonestidade do juiz agnóstico, no capítulo religioso, sugere aos escribas e fariseus os adjetivos de hipócritas, de víboras, ou de sepulcros caiados (MATEUS, 23).

    Formas distintas de iniquidade se destacam no exercício de qualquer atividade. Na parábola proposta, a perversidade do juiz se revela no desinteresse à causa da viúva, enquanto a censura aos sacerdotes consiste do evidente orgulho e da ausência de correta orientação religiosa a ser facultada aos fiéis, simbolizando o "pecado contra o Espírito Santo", difícil de ser perdoado.

Por acomodar a todos no mesmo barco dos valores transitórios do mundo físico, o sacerdote proclama, para o fiel, o perdão simbólico, adquirido mediante atos litúrgicos que institucionalizam o crime, mantendo o homem acomodado ao quadro de imperfeições, olvidando a celeste e imutável "Justiça" contida no Cristianismo de origem, presidindo a vida, não só no país dos Espíritos como em futuras existências físicas, justiça ensinada nas seguintes palavras, dirigidas a Pedro, no momento da prisão: "Embainha tua espada, pois todos os que dela lançam mão, por ela perecerão" (MATEUS, 26:52).

O comportamento do juiz agnóstico não configura toda a justiça, particularmente a que emana das mãos divinas, invariavelmente cumprida, ainda que por meio de sendas estranhas, donde o provérbio segundo o qual Deus escreve certo até por linhas consideradas tortas.

À guisa de exemplo, importa citar a saga de José, filho de Jacó, vendido a mercadores do Egito, em cujo país se torna primeiro-ministro, a quem os irmãos recorrem depois em busca do trigo, no período assinalado pelos sete anos das vacas magras.

A demora no atendimento às orações reflete, por vezes, determinações de uma lei maior, quando se admite ausência de mérito a ser adquirido no capítulo do tempo e da dor, à semelhança do paralítico de Betesda que, à beira do poço, aguarda 38 anos de renovadas esperanças, resignando-se por não haver ninguém para colocá-lo na água que, revelando faculdades terapêuticas, movimentava-se periodicamente (JOÃO, 5:5).

Distintas classificações podem, pois, ser atribuídas aos pedidos contidos nas orações, tomando-se por base o carma, os méritos espirituais alcançados, além da natureza ou do conteúdo do pedido.

Não se podem olvidar os seres com débitos espirituais a resgatar, cujas rogativas, embora anotadas espiritualmente, não podem modificar, aleatoriamente, o quadro de provas previamente anotadas na Espiritualidade, exceto se na proporção dos méritos contabilizados no terreno das boas ações.

Respaldados no mérito de cada pessoa, compreende-se por que as orações são espiritualmente anotadas para atendimento a curto, médio ou longo prazo. Conquanto anotada para atendimento a longo prazo, não se podem esquecer os benefícios facultados pela prece, destacados no campo de renovadas disposições.

Despida do colorido forte das tradicionais fantasias, a oração significa sublime hábito ensinado por Jesus, seja por se identificar à fonte espiritual, seja por indicar algum pedido, admitindo então que a demora, por vezes denunciada no atendimento, deve ser anotada por ausência de méritos espirituais, recordando ainda o seguinte ensinamento do Cristo: "Tudo quanto quereis que os homens vos façam, fazei-o vós também a eles, porque esta é a lei e os profetas" (MATEUS, 7:12).

As orações, aparentemente sem resposta, podem ser ainda entendidas na pergunta feita por Jesus: "Quando o Filho vier encontrará porventura fé na Terra?".

Admitindo-se a fé por méritos alcançados no campo das boas ações e do resgate — crédito espiritual — o texto significa que, embora considerados sem resposta, muitos atendimentos podem, ainda, ser definidos por acréscimo de misericórdia, considerando precederem os méritos espirituais a serem ainda alcançados pelo paciente, à semelhança da cura que consagra ao moço epiléptico, que os Apóstolos não puderam curar (MATEUS, 17:17).

Importa ainda esclarecer que orar muito não constitui sinônimo de orar sempre. Se a multiplicidade de palavras denuncia ausência de confiança, orar sempre revela submissão, entendimento e segurança íntimas nas superiores decisões espirituais.

Com base nessa interpretação, não existe respaldo às doutrinas que tomam a quantidade das rezas por base ao atendimento, por estarem em desacordo com a orientação do Mestre que diz: "Não multipliqueis vossas orações, como fazem os pagãos que julgam ser ouvidos à força de palavras. Não os imiteis, porque vosso Pai sabe o que vos é necessário, antes que lho peçais" (MATEUS, 6:7 a 8).

Se um juiz que se declara agnóstico pode decidir o processo de uma viúva pobre, a pretexto de não ser importunado, deve-se considerar o que Jesus e seus mensageiros podem fazer àqueles que, denunciando compreensiva reforma íntima, dia e noite, oram a ele, ainda que antecipando maiores méritos espirituais a serem contabilizados na lavoura do bem e do resgate.

54
Amigo importuno

> *Disse-lhe ainda Jesus: Qual dentre vós, possuindo um amigo que o procura à meia-noite, dizendo: Empresta-me três pães, pois meu amigo chegou de viagem e eu nada tenho para lhe oferecer. Certamente irá dizer: Não me importunes; a porta já está fechada e meus filhos, comigo, já estamos deitados. Não posso levantar-me para atendê-lo. Digo-vos que, se não o atender por ser seu amigo, todavia o fará para não ser importunado.*
> (Lucas, 11:5 a 8.)

Mencionadas também, nas Parábolas das dez virgens e da porta estreita, as expressões "meia-noite" e "porta fechada" devem ser traduzidas como sinônimas de "juízo", no mundo de cada ser, facultado pelo fim da existência terrena ou pela conclusão do período evolutivo, então esperado para a primeira metade do presente século.

Por acolher o amigo em sua casa, à meia-noite, deve ser compreendido como Espírito familiar que, admitindo o pedido superior à sua alçada de decisão, recorre a instâncias mais elevadas, advogando a causa do protegido.

Os filhos já acomodados representam os seres bons que irão constituir o quadro dos futuros habitantes da Terra, no qual o viajante de última hora pretende ser incluído.

Significam adiantamento, na Contabilidade divina, os pães solicitados por empréstimo, sugerindo, também, ausência de graduação hierárquica para o Espírito familiar julgar o pedido.

Se o atendimento proposto por Espíritos superiores obedece ao imperativo dos méritos morais de quem ora, entre seres encarnados de mediana evolução, o atendimento pode sujeitar-se às condições de ser amigo ou para não ser incomodado. Oportuno esclarecer, todavia, que o "incômodo", por vezes, é manifestação da consciência, revelando compreensivos sentimentos de amor ao próximo.

No capítulo da evolução moral, *a renovação íntima compreende a decisão mais importante do homem,* superior mesmo ao processo de reparação que vem a ser sequência ambicionada pelo próprio ser, razão por que, ainda que processada em última hora — emblema da meia-noite — é reconhecida com manifesta alegria por autoridades espirituais.

Sempre oportuno, o retorno do filho pródigo à casa paterna representa invariável júbilo, notícia alvissareira, que dá motivo à Parábola do Filho Pródigo relatada por Jesus (LUCAS, 15:11 a 32).

A parábola encerra auspiciosa e confortadora notícia àqueles que se demoram no terreno da indecisão, procrastinando felizes decisões, por julgadas tardias, olvidando que, de acordo com o que a parábola revela, no coração dos amigos espirituais ou do Cristo, nunca é tarde para se buscar abrigo, considerando ainda o contentamento, anotado pela Justiça divina, pela ovelha que retorna ao aprisco, ainda que em derradeira hora.

55
Endemoniado mudo

Tendo Jesus expelido o demônio, o mudo falou. Vendo a cura do endemoninhado, alguns dentre eles diziam: ele expele demônios pelo poder de Belzebu, o maioral dos demônios. Ouvindo o que diziam, Jesus disse: Todo reino dividido fica deserto. Se Satanás estiver dividido contra si mesmo, seu reino não subsistirá. Disse ainda a seguir: Quando o valente, bem-armado, guarda sua própria casa, seus interesses ficam seguros. Sobrevindo, porém, um mais valente do que ele, vence-o, tira-lhe a armadura em que confiava e lhe tira os despojos.

(LUCAS, 11:14 a 15 a 22.)

Admitida pela Codificação como enfermidade de fundo obsessivo, quando tratada exclusivamente como doença física, retarda o compreensivo restabelecimento, considerando observar somente as consequências, desprezando os fatores que lhe dão origem.

De manifestações diversas, a obsessão compreende equivocada manifestação de justiça em causa própria, olvidando os benefícios assegurados pelo perdão.

Conquanto respaldado no simbólico escudo, que a condição de vítima de pretéritos dramas lhe confere, a vingança o converte no atual obsessor, enquanto o algoz de anteriores vidas, como paciente de agora, por méritos alcançados no terreno do resgate ou da reforma íntima, vem a ser contemplado por Jesus, com as bênçãos da saúde.

Sem a reparação exigida pela consciência, o delito expõe o homem à desforra exercida pelo adversário desencarnado, em cujo quadro figuram Espíritos que desconhecem a obrigatoriedade de posterior resgate, não obstante a presença dos que, conhecendo o futuro que lhes aguarda, ainda assim, prosseguem, insaciáveis, o processo de retaliação.

Não se pode olvidar a responsabilidade parcial das teologias tradicionais em processos semelhantes, não só por olvidarem os direitos do ofendido, como ainda por acenarem com falso perdão ao ofensor que, admitindo-se isento de culpa, prossegue na senda do erro. Importa considerar que a promessa do falso perdão constitui o simbólico "pecado contra o Espírito Santo", difícil de ser resgatado.

Por negarem a imortalidade do Espírito, a reencarnação e a Justiça divina, as doutrinas convencionais continuam atribuindo ao *demônio* os processos obsessivos, acobertando a vítima de hoje — infrator de outrora — com o manto da inocência, por manter a tradicional orientação religiosa niilista, olvidando o demônio manifesto nas mazelas morais do próprio homem.

Importa, pois, admitir que a legítima religião do Senhor consiste na iluminação íntima, que faculta o respeito ao próximo, e do perdão a ser consagrado ao ofensor, por se admitir que "não cai um fio de cabelo sem divina causa", entendimento que assegura imunidade aos quadros de dor, por vezes, ocultos em processos obsessivos de complexas soluções.

Protegido no escudo compreendido como "diferente dimensão" onde se oculta, e munido das armas que a condição de "ofendido" lhe assegura, olvidando ainda a dívida que a vingança sedimenta, o Espírito obsessor, temporariamente, figura o *valente bem armado*, ignorando a força que procede de superiores autoridades que, respaldando-se no resgate, ainda que parcial da vítima, somado à reforma íntima, conferem liberdade, ainda que condicional ao obsediado mudo, à presa indefesa, restituindo-lhe o dom da palavra e o direito à saúde.

56
Servo vigilante

> *Cingido esteja o vosso corpo e acesas as vossas candeias. Bem-aventurado o servo a quem o Senhor, quando vier, o encontre vigilante. Ficai também vós apercebidos, porque, à hora em que não cuidais, o Filho do Homem virá.*
>
> (LUCAS, 12:35 a 40.)

Trajar determinado costume ou ornar-se de insígnias que simbolizem nobreza e dignidade compreendem algumas acepções do verbo "cingir". Por isso, nas instruções que consagra a Pedro, Jesus lhe diz: "Quando eras moço tu te cingias, dirigindo-te para onde desejavas" (JOÃO, 21:18).

Outro significado do verbo "cingir" compreende coação, entendendo-se porque o Mestre termina a frase dizendo ao Apóstolo: "Dias virão, contudo, em que estenderás as mãos, enquanto outro te cingirá, conduzindo-te para onde não queres".

Cingido de nobres costumes, por iluminar-se de virtudes, a alma denuncia a vigilância recomendada pelo Cristo, compreendendo-se preparada para recebê-lo, de acordo com o que determina o verbo "aperceber", ainda que à meia-noite, a hora simbólica que expressa o fim do dia evolutivo.

A aquisição do combustível que alimenta a candeia, com a qual se autoilumina, ou da veste nupcial da virtude, denunciada no verbo "cingir", revelando a evolução do

Espírito, constituem condições para se participar da simbólica festa que irá assinalar o consórcio de valores espirituais a ser estabelecido entre o Céu e a Terra, ou entre o Senhor e a humanidade, figuradamente conhecido por grande julgamento ou retorno do Senhor.

Na ausência de segura orientação religiosa, ainda que demonstrando inusitado zelo por resguardar a aparência física e social, a criatura humana tem negligenciado a imagem espiritual, determinada na iluminação interior, considerando não agasalhar credibilidade na imortalidade do Espírito, ou na imutável Justiça divina, razão da prioridade que sugere à vida física.

Definido por iluminação íntima, o zelo próprio não pode ser olvidado, considerando as referências que, simbolicamente, Jesus faz a ele, seja na Parábola do Festim das Bodas, em relação à túnica nupcial que um dos convidados não vestia, seja referindo-se às virgens imprudentes, impedidas que foram de participar do simbólico ágape, por desprezarem, em tempo hábil, a aquisição do azeite, base da luz com que se autoiluminariam.

Se a luz da lâmpada provém da energia gerada pela usina, e a luz da candeia, do óleo que consome, a luz do Espírito provém de fontes compreendidas por pureza de coração, por humildade, e pela estima que denuncia ao próximo, além de expressivo quadro moral, cuja aquisição compreende o imperativo da vida eterna.

É bom lembrar que tais valores não se adquirem por processo de pilhagem, por osmose ou por hereditariedade, nem apoiando-se nos envelhecidos cajados das tradições, dos rituais ou das liturgias que constituem doutrinas de origem humana.

Por constituir evolução espiritual, importa recordar a significativa luz com que o Cristo se identifica diante de Saulo, na senda de Damasco (ATOS, 9:3), ou na transfiguração no monte, quando seu rosto resplandece como o Sol e suas vestes se tornam brancas como a luz (MATEUS, 17:2).

Importa ainda destacar a evolução dos Apóstolos, por Jesus figurados como luz do mundo, ou por cidade edificada sobre o monte, onde não se podem esconder (MATEUS, 5:14).

Noutra versão, a vigília compreende também sentinela permanente sobre os adversários, intimamente ocultos, atividade que não pode ser adiada, por se desconhecer o tempo que, no relógio da eternidade, assinala a chegada do noivo.

Por serem resíduos do remoto reino animal, interferindo diretamente no comportamento do homem, as imperfeições morais constituem perigosos gênios de extenso fôlego, com os quais conviveu por dilatado tempo, compreendendo-se como estado de vigília o pleno domínio exercido sobre eles.

57
Questionando o batismo de João

> *Os sacerdotes e os escribas então perguntaram a Jesus: Com que autoridade fazes essas coisas? Respondeu-lhes o Senhor: Também eu vos faço a seguinte pergunta: o batismo de João era dos Céus ou dos homens? Disseram eles: Não sabemos. Também não vos digo com que autoridade faço essas coisas.*
> (Lucas, 20:1 a 8.)

No terreno da purificação simbólica, a circuncisão, como dogma religioso mais remoto, procede do patriarca Abraão. Moisés, o primeiro legislador médium e mensageiro da primeira revelação divina no Ocidente, institui a consagração do primogênito e a purificação da mulher, após o parto. Na lei mosaica, não era a criança que trazia o estigma do pecado, conforme a cultura implantada pela Igreja. À mãe era atribuída a falsa impureza discriminativa de quarenta ou de oitenta dias, de acordo com o sexo masculino ou feminino da criança (Levítico, 12:1 a 5).

O batismo de João — a voz do que clama no deserto — consistia, simbolicamente, na preparação espiritual do homem ao convite de Jesus, de quem o Batista fora precursor. Porém, uma finalidade do batismo consistia na identificação do Cristo, o grande Esperado, motivo por que declara: "Eu o vi, e testifico que ele é o Cristo, o Filho de Deus" (João, 1:34).

Se o batismo do Espírito Santo corresponde à mediunidade sublimada, com que o discípulo do Senhor sempre foi reconhecido, o batismo do fogo recorda a reparação do mal, considerando que a vinda do Mestre, com a conscientização facultada pelo Evangelho, assinala uma era de maior responsabilidade, que o Senhor comprova, com a seguinte alocução: "Se eu não viera, nem lhes houvera falado, não teriam pecado" (João, 15:22).

O encontro do Cristo com o Batista, nas águas saudosas do Jordão, retratando testemunho acerca de sua condição messiânica, não deve ser entendido como ato de purificação simbólica, considerando ainda o batismo do Calvário que, à guisa de lição, haveria de exemplificar.

Implantado por Justiniano em 553, o novo batismo traduz um renascer espiritual simbólico, com perdas de todas as culpas e pecados.

Se Mateus faz referência ao batismo que Jesus teria recomendado — que se deve admitir por condicionamento dos tradutores, ou por versão de conveniência —, Paulo esclarece que o Senhor não o mandou para batizar, mas para evangelizar, o que faz entender que a conhecida liturgia do batismo deve ser substituída pela educação moral, a ser efetuada com o esforço da evangelização.

Por vasculhar a vida da comunidade, o dogma do batismo e da confissão manteve o povo, por dezessete séculos, submisso à autoridade da Igreja.

58
Nação de meninos

> *Mas a quem hei de comparar essa nação? É semelhante a meninos, para quem se toca flauta e não dançam ou se entoam lamentações e não pranteiam.*
> (MATEUS, 11:16 a 17.)

Migrada de planetas intelectualmente mais evoluídos, uma geração de Espíritos, assinalada pelo maior índice de inteligência, destaca-se dos legítimos habitantes da Terra, cuja ascendência recorda o primata.

A maturidade espiritual, contudo, não compreende fruto da velhice física, o que comprovam os idosos de raciocínio curto. De modo idêntico, denunciando imaturidade, seres de significativa inteligência permanecem acomodados ao berço das imperfeições, por olvidarem a contribuição do cansaço, do tédio ou da dor de maior extensão.

Não se deve confundir, também, maturidade do Espírito com o progresso científico atual, reconhecido pela contribuição exclusiva de poucos vultos que surgem no campo da ciência, proporcionando melhor qualidade à vida física.

Aliada ao crescimento dos valores morais, a maturidade do Espírito permanece ainda em terreno individual.

Ainda que fisicamente adulto, o homem espiritual, por vezes, conserva as fantasias inerentes à adolescência orgânica, reveladas em manifestações pueris e mutáveis do mundo físico, sustentadas pela vaidade ou pela ingenuidade da alma, em sintonia com as inquietações estranhas à edificação íntima.

A imaturidade do Espírito facilmente se percebe na ostentação de quadros materiais ou de situações lisonjeiras, de que a pessoa recolhe motivos para vanglória, ainda que denunciando patamar de evolução moral e intelectual de reconhecida inferioridade.

Reconhecidas pelo Império Romano, por exprimirem exigências do homem que recorda a criança espiritual, compreendem as competições e os divertimentos, demonstrados desde as sangrentas lutas dos gladiadores, ao atual futebol, das corridas de bigas, às de fórmula 1, sem olvidar os jogos de cartas, o carnaval e as festas, por vezes regados de bebidas alcoólicas.

Como Espíritos jovens, os sentidos dos seres terrenos somente registram o que corresponde à esfera dos interesses imediatos e pueris do plano físico, onde predominam os instintos e as sensações da primitividade.

Espiritualmente surdos e cegos, denunciando adolescência espiritual, os seres terrenos correspondem à geração mencionada por Jesus, que não percebe o hino dos anjos nem a visão da estrela de Belém, sugerindo apenas adoração a ídolos condenados por vários profetas e por Moisés no primeiro mandamento do Decálogo.

59
Os olhos figurando luz ou trevas

> *São os olhos a lâmpada do corpo; se teus olhos forem bons, o corpo será luminoso. Se, porém, forem maus, todo o teu corpo estará em trevas.*
>
> (Mateus, 6:22 a 23.)

Além das exteriores imagens que recolhem, simbolizando função específica, os olhos denunciam íntimas visões oriundas de mananciais diferentes. Da fonte da moral e da sabedoria, representando luz, com que o Espírito se autoilumina, ou o da ignorância e da maldade, revelando trevas, nas quais se envolve.

Se conduzindo imagens ao cérebro, os olhos expressam visão física, o raciocínio, como produto da maturidade do Espírito e do quadro de sabedoria, refletido no cristal da moral e da humildade, ilumina a senda da evolução própria, consagrando, nas distâncias evolutivas, à semelhante do radar, segura diretriz à nave do destino, na infinita viagem do progresso.

Por isso, além da luz produzida pela lâmpada ou pelo candelabro, deve-se recordar o arrebol[21] demonstrado pela soma das virtudes e de sabedoria revelando o patamar da evolução do Espírito.

---

21 N.E.: Cor avermelhada do crepúsculo; a hora em que o sol está surgindo ou sumindo no horizonte (*Houaiss*).

Enquanto a candeia e a lâmpada se iluminam da luz que geram, o Espírito se contempla da claridade que as virtudes e os sentimentos nobres lhe proporcionam, sem olvidar a visão facultada pela mediunidade.

Por fazer alusão à luz própria, Jesus define por "dia" o tempo que assinala sua presença na Terra, convidando as criaturas humanas a definirem sua caminhada espiritual, mediante a luz consagrada por Ele, considerando a noite a que o injusto processo de sua crucificação haveria de conduzir à imprudente humanidade (João, 9:4).

Os Apóstolos foram admitidos pelo Cristo como luz do mundo ou, simbolicamente, como cidades edificadas sobre o monte.

Considerados diferentes, os valores espirituais não podem ser contabilizados na mesma tábua dos socioeconômicos, aos quais se atribuem significativos atributos, apesar de transitórios e sujeitos à prestação de contas.

A humildade e a pureza de coração, também, não podem ser identificadas com as mesmas lentes que destacam a economia terrena. Elas surgem como luz sob o candeeiro ou na manjedoura, mas somente detectadas por "magos", considerando que os Herodes, sem os óculos da virtude, não possuem visão do Cristo, enquanto Anás e Caifás, pedindo sinais no Céu, provam não possuírem a luz com que poderiam ver Deus no Céu, reconhecendo, na Terra, o grande Esperado, nos expressivos sinais demonstrados.

Os olhos invariavelmente denunciam a luz que corresponde às aquisições do Espírito, seja no domínio da moral, seja no da ciência.

Admitindo-se não poder caminhar na obscuridade ou com candeia de pavio seco, as virgens imprudentes foram excluídas do ágape, no qual o Cristo se configura como noivo.

Na ausência da moral e da pureza de coração, geradoras da luz espiritual, os olhos, como lâmpadas apagadas, ou como janelas da escura casa íntima da alma, denunciam trevas, principalmente fora do corpo físico, por meio do qual a indumentária do Espírito se revela com as insígnias da moral.

Na senda infinita com que se interpreta o escuro universo evolutivo, compreende-se como imprescindível a claridade definida por sabedoria e por maturidade do Espírito, sem se olvidar do imperativo da luz íntima, expressa por humildade e pureza de coração, com que os Espíritos nobres se identificam.

Não se deve esperar, também, que luzes artificiais identificadas como velas venham a substituir a luz gerada pelas virtudes, admitindo-se, igualmente, não se confundir a visão proposta pelo Evangelho, à luz da Codificação, com a equivocada versão facultada nas tradições e nos dogmas em que se fundamentam as doutrinas tradicionais.

Enquanto a moral, a humildade e a sabedoria representam luz com que o Espírito se autoilumina, a ignorância, de mãos dadas com o orgulho, recorda escura noite e ausência do Cristo do cenário da própria vida.

60
Perdão ou retenção de pecados

> *Então Jesus soprou sobre os Apóstolos, dizendo-lhes: Recebei o Espírito Santo. Se de alguém perdoardes, os pecados são-lhes perdoados. Se lhos retiverdes, serão retidos.*
>
> (João, 20:22 a 23.)

Autoridade consagrada aos Apóstolos para *resgatar a saúde dos enfermos* portadores de méritos espirituais e de consequente quadro de fé, o perdão, sob interpretações convencionais, depois de três séculos, pela religião dominante, converte-se no *indulto de crimes*, por fiscalizar a vida do fiel, submisso, por seguidos séculos, às suas determinações.

Iluminar, pelo esclarecimento, os caminhos da espiritualidade é a atribuição legítima da religião; por olvidá-la, no entanto, e alegando assegurar o Céu, invade o recinto sagrado do ser, o altar íntimo que só a ele pertence.

A pretexto, pois, de apagar as faltas do confesso, despreza, por vezes, direitos alheios, abonando o crime, então institucionalizado na libertação de Barrabás.

No desempenho de suas tarefas, para o que, na lição do lava-pés, o Cristo os admite preparados, os Apóstolos iriam conhecer *experiências sem imediatos resultados*, por se considerar ausência de méritos espirituais do *paciente*, demonstrada no quadro da epilepsia, que eles não puderam curar.

Por isso, aos Apóstolos que lhe perguntam por que não puderam expulsar o demônio, o Senhor esclarece: "Por ausência de fé", acrescentando, todavia, que aquela espécie de Espíritos "somente se expulsa com a oração" (MATEUS, 17:21). Débitos espirituais sem resgate, indicando pecados retidos, dando origem à falta de fé do *paciente*, compreendem o motivo por que os discípulos não puderam curar o moço, concluindo-se que somente uma autoridade maior, como a de Jesus, pode decidir entre o simples alívio e a cura total, anotada então em forma de adiantamento.

Por se referir aos Espíritos a serem expulsos, Jesus denuncia a natureza da enfermidade do epiléptico, recomendando, como terapêutica, em semelhantes quadros, o exercício permanente da oração, acompanhada da disciplina mental figurada no jejum.

O perdão, por vezes obtido diretamente do credor, não exclui o resgate determinado pela celeste Justiça e pela consciência culpada, considerando possíveis prejuízos, nem sempre passíveis de imediato resgate.

Interpretada por "perdão de faltas sem resgate", a confissão exclui o processo de reconciliação, favorecendo, indiretamente, o crime, que dá origem a diversos quadros de sofrimento, inclusive a processos obsessivos, por conveniência religiosa, imputados ao demônio.

Os resultados alcançados nas lides mediúnicas dos Apóstolos, ou dos médiuns de hoje, no domínio de manifestas demonstrações de curas ou de alívio, evidenciam o mérito espiritual alcançado pelo paciente, traduzido por perdão ou por retenção do pecado. Em que pesem as qualidades morais do médium e de suas faculdades mediúnicas, à semelhança dos Apóstolos, devem também ser computados, para fins de terapia, os méritos de cada criatura, no quadro da contabilidade espiritual.

Importa compreender que o legítimo perdão é título alcançado pela reforma íntima, por boas ações, ou ainda pela dor, determinando a libertação dos diversos quadros de sofrimento.

Se a retenção do pecado, recordando a presença de compromissos espirituais, sugere o prosseguimento do processo de dor, a paz da consciência, definindo créditos espirituais adquiridos por via do resgate e da íntima reforma, propõe a fé de que o paciente irá dispor na obtenção da saúde, razão por que Jesus atribuía ao paciente o mérito da cura, assegurando: "A tua fé te curou".

61
Julgamento

Quem crê em mim não passa por julgamento e o que não crê já está julgado.

(JOÃO, 3:18.)

Por se louvar em laudos, por vezes, tendenciosos, a justiça terrena, denunciando imparcialidade, tem por insígnia a venda sobre olhos, divisa que pode, contudo, sugerir subjetiva interpretação.

A eterna Justiça, de visão transparente, tem por objetivo afastar da consciência o remorso, considerado o sofrimento mais expressivo que o Espírito liberto anota, objetivo só alcançado, por vezes, mediante o áspero caminho do calvário.

O julgamento a que o texto faz alusão — como aferição coletiva de valores espirituais — é citado pelo Mestre em diferentes expressões evangélicas, entre as quais convém anotar a seguinte: "A própria palavra que tenho proferido (Evangelho) julgará no último dia aquele que não a respeitar" (JOÃO, 12:48); por isso, "se eu não tivesse vindo ao mundo, nem houvesse falado, ninguém teria pecado" (JOÃO, 15:22), demonstrando que a responsabilidade de cada ser, no capítulo das ações, guarda proporção à inteligência, à conscientização evangélica e à própria maturidade espiritual.

A mesma constituição (Evangelho), pois, que orienta o homem para sua salvação, estabelece diretrizes que o condenam, quando não observadas.

Crer no Cristo e naquele que o enviou é deixar-se orientar pelo Evangelho — código de todo o universo — com o que alcança a vida eterna, sem anotar qualquer julgamento, porque somente o crime determina a abertura do respectivo inquérito.

Compreenda-se, ainda, que o termo "crer", vulgar e largamente usado por determinados segmentos, deve ter por base a renovação íntima e as obras que o Mestre realizou. Por isso *acrescenta* o evangelista Marcos: "Eis os sinais que hão de acompanhar os que creem: Em meu nome expelirão demônios, pegarão em serpentes e, se impuserem as mãos sobre enfermos, eles ficarão curados" (MARCOS, 16:17 a 18).

Jesus toma as obras que realiza por testemunho a seu respeito, inclusive de ser enviado de Deus, declarando, com judiciosa sabedoria, não aceitar humano testemunho (JOÃO, 5:34 a 36).

É conveniente lembrar que a ausência do bem também traduz crime, conforme implícito na parábola do Juízo Final (MATEUS, 25:44 a 45).

Emblema da ressurreição para o juízo, o julgamento derradeiro — compreendendo aferição de valores íntimos — constitui cometimento a ser feito a Espíritos, e não a corpos ressuscitados, até porque somente liberto do corpo físico o Espírito poderá realizar a grande viagem interplanetária de exílio, a que porventura for submetido.

Por isso assegura Jesus: "Não vos maravilheis disso, porque vem a hora em que todos os que se acham nos túmulos [Espíritos em seu plano] ouvirão a minha voz, saindo para a ressurreição da vida os que tiverem feito o bem, ou para a ressurreição do juízo os que tiverem praticado o mal" (JOÃO, 5:28 a 29), ratificando, pois, o princípio de que só o mal dá motivo à abertura de compreensivo inquérito.

Traduzida nos acontecimentos que haverão de assinalar a grande transição, a voz do Senhor determina distintos futuros aos habitantes deste plano, simbolicamente mencionados por ressurreição da vida e ressurreição do juízo, que sugerem, respectivamente, isenção de julgamento para os que, crendo em Jesus, na prática do bem asseguram lugar neste plano, enquanto os seres que praticam o mal serão surpreendidos pela sentença que os afasta deste mundo, por condenados ao exílio em planetas inferiores.

62
Mordomo infiel

Havia um rico homem, cujo administrador foi-lhe denunciado por defraudar seus bens. Mandou então chamá-lo e lhe determinou: dá contas de tua administração, porque ouço más referências a teu respeito. Saindo da presença de seu amo, disse o mordomo consigo mesmo: eu sei o que farei para que, quando demitido da administração, os devedores de meu amo me recebam em suas casas. Chamando cada um deles, perguntou ao primeiro: quanto deves ao meu patrão? Cem cados de azeite. Então disse: Toma a tua conta e escreve cinquenta. Depois interrogou o segundo, dizendo: E tu, quanto deves? Cem coros de trigo. Toma a tua conta e escreve oitenta. Sabendo disso, elogiou o Senhor o comportamento do administrador, porque se houvera atiladamente, acrescentando que os filhos do mundo são mais hábeis, na sua própria geração, do que os filhos da luz. Disse mais: eu vos recomendo fazer amigos com as riquezas de origem iníqua, para que quando, pela morte, estas vos faltarem, os amigos vos recebam nos tabernáculos eternos.

(Lucas, 16:1 a 9.)

Estranho é o gesto do amo que, aparentemente fraudado, consagra referências de elogio à conduta do mordomo, por se desconhecerem as bases em que a economia espiritual repousa.

Enquanto o insaciável império terreno dispõe de extensa malha, na arrecadação de tributos, por constituir o instável tesouro do despotismo, por vezes sem utilidade e largado em subterrâneas caixas fortes, o reinado do Cristo, na condição de pai de família, proprietário do próprio planeta, assalaria mordomos com a função de distribuidores das riquezas, por facultar a evolução intelectual e moral dos homens, motivo da própria vida.

Os seres terrenos, por isso, nunca devem ser interpretados à conta de amos, ainda que ocupando tronos, porque o termo pertence, com exclusividade, ao Cristo. Por deter, temporariamente, talentos da economia ou da autoridade, de que deverá prestar contas, *o amo da terra* deve ser invariavelmente admitido por *mordomo*.

Além das íntimas aquisições, o *patrimônio define-se* nas diferentes "atribuições" sugeridas aos mordomos da terrena vida, de cuja *administração* o celeste Amo pede contas.

Por *fraude* deve-se considerar o patrimônio prodigalizado em exclusivo proveito, olvidando a obrigação de estendê-lo ao próximo, sujeitando-se a ser qualificado de "servo infiel" dos diversos bens que administra.

Adequado à função que lhe é atribuída, recordando o gesto de Zaqueu, convertido à condição de legítimo mordomo, o homem contempla-se no *elogio* do Amo.

Conservar nos cofres do egoísmo os talentos de várias naturezas que administra ou emprestar-lhes estranhas diretrizes é motivo para ouvir do Senhor a conhecida sentença: "Dá contas de tua administração".

Represar vantagens materiais nas caixas fortes da inutilidade, com prejuízo ao próximo, é processo que, até agora, só contribuiu para desenvolver habilidades primitivas, inerentes à avareza, à ambição e ao egoísmo, determinando a natureza em que "os filhos do mundo são mais hábeis do que os filhos da luz" (LUCAS, 16:8).

Importa esclarecer que a completa alegria do homem de bem consiste na conjugação do verbo "distribuir", considerando mobilizar o alheio processo de evolução.

Dívidas assumidas contra o Amo, ou contra a Justiça divina, a despeito de simbólicos perdões, só se resgatam mediante as boas ações sugeridas ao próximo, na proporção da dívida, ou mediante a velha pena de talião.

Aliviar a dor de alguém, como promessa do Cristo, traduzindo, simbolicamente, redução de dívida, não significa fraude ao Amo, *mas grata incumbência*, que aceita como *depositário* dos bens que administra.

Se, oriunda dos frutos que colhe, a alegria do ceifeiro traduz recompensa ao semeador — o divino Amo —, consagrar alegria ao próximo, ainda que com as riquezas que administra, consiste atribuição sugerida pelo Senhor que, por isso, recomenda:

"Das riquezas de origem iníqua, fazei amigos; para que quando aquelas vos faltarem, sejais recebidos nos eternos tabernáculos" (LUCAS, 16:9).

63

Endemoniados gadarenos

E tendo Jesus chegado à terra dos gadarenos, vieram-lhe ao encontro dois endemoninhados, saindo dentre os sepulcros, e a tal ponto furiosos que ninguém podia passar por aquele caminho. E eis que gritaram: Que temos nós contigo, ó Filho do Altíssimo! Vieste aqui para atormentar-nos antes do tempo? Ora, andava pastando, não longe deles, uma manada de porcos. Então os demônios lhe rogavam: Se nos expeles, manda-nos para a manada de porcos. Pois ide, ordenou-lhes Jesus. E eles saindo passaram para os porcos; e eis que toda a manada se precipitou, despenhadeiro abaixo, para dentro do mar, e nas águas pereceram. Fugiram os porqueiros e, chegando à cidade, relataram todas essas coisas. Então, a cidade toda saiu para encontrar-se com Jesus; e, vendo-o, lhe rogaram que se retirasse de suas terras.

(MATEUS, 8:28 a 34.)

Enfermidade de origem obsessiva, atribuída por doutrinas clássicas ao demônio, o atual paciente compreende o oculto algoz de pretéritas vidas que, por alguns méritos alcançados no terreno do resgate ou da íntima reforma, vem a ser contemplado por Jesus com as bênçãos da saúde.

A saga religiosa recorda igualmente o rei Saul, cujas crises eram acalmadas pela música de Davi (I SAMUEL, 16:23) e o rei Nabucodonosor, subjugado por sete tempos, depois de avisado em sonho interpretado pelo profeta Daniel (DANIEL, 4:23 a 35).

Segundo a Codificação, o Espírito obsessor, constituindo a vítima de anterior vida e olvidando o perdão recomendado na oração dominical, com que se tornaria definitivamente livre, escolhe o falso caminho da justiça em causa própria, com o que se enquadra em novo compromisso, enquanto o atual paciente, sob o camuflado processo de retaliação, lentamente anota o resgate, desatando, com a íntima reforma, os liames da escravidão, anteriormente escolhidos pela insensatez.

Sob o domínio do ódio, o obsessor alcança a vítima não só na saúde física ou mental como também no relacionamento com a família ou com os superiores hierárquicos, aos quais sugere o ódio e a antipatia que alimenta, ou ainda nas transações comerciais, sugerindo lucro, nas mais inabilitadas decisões.

Atribuir aos Espíritos vingativos o adjetivo de "demônio" constitui um dos fatores de se preservarem os alicerces das velhas seitas materialistas, que se respaldam na unicidade de existência, resguardando, igualmente, os simbólicos cajados compreendidos nas confissões, nos dízimos ou no sangue do Cristo, nos quais os fiéis pretendem continuar apoiados, apesar de apodrecidos.

Os obsessores gadarenos alegam-se incomodados antes do tempo, não só por se respaldarem na extensão do crime que, pretendem vingar eternamente, como também porque o ódio e a vingança, sempre alimentados na presença do adversário, olvidam o próprio tempo, por vezes contabilizado no cronômetro de sucessivas existências.

Anotado, porém, o mérito que o paciente alcança no campo do resgate, o obsessor, sem o simbólico escudo de vítima em que por dilatado tempo se resguarda, compreende-se constrangido a abandonar as armas da vingança, anotando, no entanto, a triste feição patológica atribuída por efeitos colaterais do ódio, dando motivo a se refugiar em lugares obscuros, ou entre os porcos, a fim de não ser observado.

A cura do endemoninhado, todavia, não está condicionada ao sacrifício dos suínos. Importa lembrar que o Senhor apenas atende à seguinte rogativa dos obsessores: "Se nos expeles, manda que nos infiltremos no meio dos suínos" (MATEUS, 8:31).

A perda dos animais, sem pormenores, prevista pelo Cristo, tem por escopo destacar lições distintas, dentre as quais o aspecto patológico dos obsessores que chega a afugentar os próprios animais e o elevado egoísmo do homem que, de posse das terrenas economias e de compreensiva saúde física, não denuncia qualquer sensibilidade diante dos maiores quadros de sofrimento alheio, contabilizando apenas o prejuízo indicado pela perda de suínos.

Não por proteger a vida dos animais, mas por resguardar a economia que representam, ironicamente, há seres que expulsam o Cristo dos domicílios por preservarem transitórias economias ou inexpressivos títulos sociais, sem olvidarem a proteção que visam assegurar à manada das íntimas imperfeições.

64
Recado a Herodes

> *Alguns fariseus vieram para dizer a Jesus: retira-te e vai-te daqui, porque Herodes pretende matar-te. ele porém respondeu: Ide dizer a essa raposa que, hoje e amanhã, expulso demônios e curo enfermos e, no terceiro dia, terminarei. Importa, contudo, caminhar hoje, amanhã e depois, porque não se espera que um profeta morra fora de Jerusalém.*
> (LUCAS, 13:31 a 33.)

Excluído do quadro de esquecimento, a que, por terapia, estão sujeitos os Espíritos no processo de reencarnação, Jesus conhece o roteiro que ele mesmo, com antecedência de alguns milênios, escrevera por capítulo final de sua missão neste plano, sem olvidar os seres que haveriam de comparecer no cenário da *via crucis*. Antes de avisado, pois, conhece Herodes, a quem qualifica de "raposa", e seus inferiores propósitos.

Candidatos voluntários, Herodes, Anás e Caifás, pelo manifesto orgulho, compreendem apenas instrumentos na saga do Calvário, possivelmente a lição mais significativa que consagra aos seres deste mundo.

Enquanto os verbos "expulsar" e "curar" compreendem atividades em andamento, relacionadas à sua missão, os termos "hoje" e "amanhã" traduzem estações destinadas à sua execução.

O terceiro dia, expressando, simbolicamente, o término de sua missão no plano físico, afastando a proposta de escapar de Herodes, por senda adversa, e como prisioneiro, Jesus comparece à presença do governador que, tratando-o com desprezo, o devolve a Pilatos, vestido de aparatoso manto.

Mediante significativa metáfora, o Senhor endereça à humanidade compreensiva mensagem de conscientizado denodo, ensinando também que *a cruz,* traduzindo derradeiro capítulo da missão, conscientemente e *com trabalho nobre, deve ser aguardada,* recordando ainda que, se os quadros da vida não se antecipam, nem se retardam no relógio da existência, ninguém morre antes da hora e sem antecipada programação.

Completado, pois, o tempo em que deveria regressar à etérea casa — o simbólico terceiro dia — no próprio semblante, o Mestre manifestou intrépida resolução de dirigir-se a Jerusalém, por compreender, com o Calvário, o roteiro da existência e o destino próprio, no regresso ao plano espiritual.

Antes, pois, de elevar-se às celestes moradas, percorrendo a sagrada via, Jesus ensina "que ninguém comparece ao Céu senão pela via do calvário".

Por constituir sede do poder religioso e, consequentemente do orgulho, onde os profetas e enviados eram apedrejados e perseguidos, Jerusalém traduz também o caminho eleito pelo Senhor para seu regresso ao celeste Reino.

65
Saduceus e ressurreição

> *Respondeu Jesus também aos saduceus: Quanto à ressurreição dos mortos, não tendes lido o que Deus declarou: eu sou o Deus de Abraão, de Isaque e de Jacó? Portanto, ele não é Deus de mortos e sim de vivos. Ouvindo isso, as multidões se maravilharam de sua doutrina.*
>
> (MATEUS, 22:31 a 33.)

Anotada por Madalena e pelos Apóstolos, depois da crucificação, a visão do Cristo é ainda definida por ressurreição, por doutrinas convencionais, considerando que, por conveniência, admitem a alma por mera energia que, na ausência do corpo, repousa eternamente.

Utilizado pelo Espírito no extenso processo de evolução, o corpo biológico traduz a veste, enquanto a existência, pela parcela de experiência e aprendizado que lhe promove, compreende o respectivo alimento (LUCAS, 12:23).

Esperada para o dia do Juízo Final, a ressurreição dos corpos, traduzindo derrogação das Leis celestes, compreende conceito falso que, por convencionais caprichos, sugere indiretamente a inexistência do Espírito.

Nas manifestações do Monte, não foram corpos ressuscitados que conversaram com o Cristo, mas os Espíritos Moisés e Elias, como narra Mateus (MATEUS, 17:3), considerando que o Senhor não ressuscitou seus corpos para devolvê-los, depois da conversa, ao sono eterno.

Jesus se refere aos patriarcas Abraão, Isaque e Jacó, que viveram, no corpo físico, entre cinco e sete séculos antes de Moisés, admitindo-os por seres vivos, esclarecendo, judiciosamente, que Deus "não é Pai de mortos" (MATEUS, 22:32).

O domínio da morte, segundo a Codificação, limita-se ao corpo físico, dando motivo às seguintes palavras de Jesus: "Não temais o que vos pode matar o corpo e não podem matar a alma imortal" (MATEUS, 10:28).

Na versão sugerida pela religião convencional, que se respalda no domínio da morte, a ressurreição não possui bases para se manter. Por cultivar o conceito do sono eterno, imposto à alma, até o Dia do Juízo, além de atribuir inteligência e vida exclusivas ao corpo celular, admite que o Espírito não tenha vida própria quando ausente do corpo, versão materialista que sugere o pó por destino de todos os seres.

Traduzido, simbolicamente, por "árvore da vida eterna", o corpo promove a evolução intelectual e moral do Espírito, que impulsiona até vencer a primitividade animal, revelada na ignorância, no orgulho, na avareza e, entre outros males, na prepotência, por compreenderem resíduos inconvenientes que impedem a entrada do Espírito no reino do Céu.

Importa, pois, esclarecer que não é pela morte de um corpo que se adquire a vida eterna, mas por iluminar-se de sabedoria e de virtudes, com o que a alma se exonera das reencarnações de feição provacional e expiatória.

Por denunciar imortalidade e reencarnação, a doutrina do "renascer de novo", presente nos anais da Igreja até 553, por arbitrariedade e conveniência de Justiniano, apagou-se das páginas da doutrina oficial, sendo transformada no simbólico batismo.

Traduzida por ressurreição, a visão do Cristo deve ser atribuída às singulares faculdades mediúnicas de que os discípulos se faziam portadores, aptidão que Madalena demonstra possuir com a visão de dois anjos, antes de reconhecer o Mestre, que a seguir desaparece.

Contrária, pois, aos mais elementares princípios revelados pela ciência, a saga religiosa anota apenas seis casos denominados de ressurreição, três dos quais atribuídos a Jesus, um ao apóstolo Pedro, um ao profeta Elias e um a Eliseu, que devolvem saúde a portadores da morte aparente, definida hoje por catalepsia ou letargia, enfermidade que não configura a passagem do Cristo para o plano espiritual.

De origem humana, a cultura da ressurreição obtida por milagre, destrói o legítimo Cristianismo, denunciado na imortalidade do Espírito, na lei de evolução, na reforma íntima e na prática do bem, por interpretar a desencarnação por definitiva extinção da vida.

Além de ratificar a essência e a moral contidas no Evangelho, o aparecimento mediúnico do Cristo aos Apóstolos, confirmando também a imortalidade do Espírito e a vida organizada noutra dimensão, assegura, por três séculos, e com o sangue dos mártires, a presença do legítimo Cristianismo na Terra, evitando que desapareça com a crucificação de Jesus, como presumia o império do anticristo.

66
Matrimônio e ressurreição

> *Aproximaram-se de Jesus alguns saduceus e lhe perguntaram: Mestre, Moisés disse que se alguém morrer, não tendo filhos, seu irmão casará com a viúva e suscitará descendência ao falecido. Ora, havia sete irmãos. O primeiro, tendo casado, morreu, e não tendo descendência, deixou sua mulher a seu irmão. O mesmo sucedeu com o segundo, com o terceiro, até o sétimo. Portanto, na ressurreição, de qual dos sete será esposa? Respondeu-lhes Jesus: Errais, não conhecendo as escrituras, nem o poder de Deus. Porque, na ressurreição, nem se casam nem se dão em casamento; são como os anjos do Céu.*
>
> (MATEUS, 22:23 a 30.)

Proclamada por doutrinas convencionais, a morte física, correspondendo ao destino da própria alma, a despeito das ações do homem, sugere equação a todos os dramas da existência, no que os seres atuais se respaldam para desprezar a legítima função da existência, por isso, reduzida a permanente aventura no domínio do dinheiro e do sexo.

Por negar a imortalidade do Espírito e a consequente vida noutra dimensão, desconsideram-se também os laços de afeição que, em esferas mais evoluídas, presidem à formação da legítima família, apoiada nos indestrutíveis laços do amor, mencionados, simbolicamente, no primeiro livro do pentateuco mosaico: "Não é bom que o homem esteja só; far-lhe-ei uma auxiliadora" (GÊNESIS, 2:18).

Por isso, importa conhecer a opinião de Emmanuel sobre o assunto, no livro *O consolador*:

> No sagrado mistério da vida, cada coração possui no infinito a alma gêmea da sua, companheira divina na viagem à gloriosa imortalidade. Criadas umas para as outras, as almas afins se buscam sempre que separadas. A união perene é-lhes aspiração suprema e indefinível (It. 323).
>
> A ligação das almas gêmeas repousa para o nosso conhecimento relativo, nos desígnios divinos, insondáveis na sua sagrada origem, constituindo a fonte vital do interesse das criaturas para as edificações da vida. Separadas ou unidas, nas experiências do mundo, as almas irmãs caminham, ansiosas, pela união e pela harmonia supremas até que se integrem no plano espiritual, onde se reúnem para sempre na mais sublime expressão de amor divino, finalidade profunda de todas as cogitações do ser, no dédalo do destino (It. 325).
>
> Não devemos esquecer que a Terra ainda é uma escola de lutas regeneradoras e expiatórias, onde o homem consorcia-se várias vezes, sem que a sua união matrimonial se efetue com a alma afim, muitas vezes distante da esfera material. A criatura transviada, até que se espiritualize para a compreensão desses laços sublimes, está submetida, no mapa de suas provações, a tais experiências, por vezes pesadas e dolorosas. A situação de inquietude e subversão de valores na alma humana justifica essa provação terrestre, caracterizada pela distância dos Espíritos amados, que se encontram num plano de compreensão superior (It. 328).

O Espírito recolhe sua maior alegria no consórcio perene com a alma afim, união que pode ser comprometida, por tempo indeterminado, por compromissos que venha assumir para com a Justiça divina, inclusive no domínio das uniões extraconjugais.

67

Jesus anda sobre o mar

Logo a seguir, compeliu Jesus os discípulos a embarcar e passar adiante dele para o outro lado, enquanto ele despedia as multidões, depois do que subiu ao monte, a fim de orar, sozinho. Caindo a tarde, lá estava ele só. Na quarta vigília da noite, foi Jesus ter com eles, andando sobre o mar. E os discípulos, ao verem-no andando sobre as águas, ficaram aterrados, pensando ser um fantasma. Mas Jesus imediatamente lhes disse: Tende bom ânimo! Sou eu. Não temais. Respondendo-lhe, Pedro disse: Se és tu, Senhor, manda-me ir ter contigo, por sobre as águas. E ele disse: vem! E Pedro, descendo do barco, andou sobre as águas e foi ter com Jesus. Reparando, porém, na força do vento, teve medo; e, começando a submergir, gritou: Salva-me, Senhor! E, estendendo a mão, Jesus tomou-o e disse: Homem de pequena fé, porque duvidaste? E subindo ambos para o barco, cessou o vento.

(MATEUS, 14:22 a 32.)

O domínio do Cristo sobre as águas do oceano, observado pelos Apóstolos, poderia ser admitido por fenômeno de desdobramento mediúnico, recordando as faculdades de Antônio de Pádua e de Eurípedes Barsanulfo, cujos perispíritos, por vezes, sob transe mediúnico, foram vistos noutras localidades, enquanto seus corpos repousavam à distância.

Interpretada, no entanto, por fenômeno paranormal, há de se atribuir a Pedro idêntico transe mediúnico, por caminhar igualmente sobre o mar ao encontro do Mestre, hipótese em que não temeria sucumbir nas águas, dando motivo a que, depois de seguro nas mãos do Cristo, fosse qualificado por homem de pouca fé.

Sem derrogar, pois, as leis que facultam o equilíbrio à vida física na Terra, quer caminhando sobre as águas, quer acalmando tempestades, o Cristo demonstra a autoridade que possui sobre leis que, embora desconhecidas do homem, mais tarde, quando os próprios méritos o permitirem, constituirão aquisições da ciência terrena.

Iniciada a viagem pelos Apóstolos à tarde, enquanto Jesus permanece em oração sobre o monte, somente na quarta vigília da madrugada, sem bússola, sem radar e sem barco, o Senhor vai ao encontro dos discípulos. O domínio que detém sobre as águas destaca-se também na diretriz e na distância que percorre, da montanha ao barco, exclusivamente, ao imperativo de sua vontade, alcançando os Apóstolos que, com significativas horas de antecedência, o haviam precedido na viagem.

Enquanto, no terreno da saúde física, a fé se denuncia por compreensivos méritos espirituais, nos quadros da natureza, como andar sobre as águas, a falta de fé revela ausência de conhecimento sobre as leis de gravidade, podendo-se ainda afirmar que a falta de êxito de Albert Einstein, no estudo sobre a matéria, indica ausência de méritos morais dos *seres terrenos*, fazendo infrutíferos os significativos esforços do cientista.

Buscando, todavia, o lado simbólico que a lição encerra, conclui-se que, assim como a gravidade confere peso aos corpos físicos, igualmente as imperfeições morais exercem expressivo domínio à vida do Espírito em evolução.

No quadro da resistência íntima, ninguém pode desconsiderar sua fragilidade, diante do imperativo das forças mais impiedosas que procedem do fundo escuro de sua animalidade. Quanto à solidão buscada, vez por outra, para orar sozinho, *mostrando diferente recolhimento espiritual,* Jesus ensina que, mesmo nessa condição, não olvida o apoio devido à missão dos discípulos, nem aos menores seres, na difícil travessia do oceano de suas experiências e, por mais distante se encontre o barco da evolução do homem, ele o alcança para acalmar os fortes ventos das provas mais intensas, em escuras horas, simbolicamente traduzidas por quarta vigília.

68
Coisas velhas e coisas novas

Então, lhes disse Jesus: Todo escriba versado no reino dos Céus é semelhante a um pai de família que tira do seu depósito coisas novas e coisas velhas.

(MATEUS, 13:52.)

Conhecida por Primeira Revelação no Ocidente e refrescada periodicamente pelos profetas, a doutrina dos hebreus, consignada no Decálogo mosaico, compreende, simbolicamente, as "coisas velhas", que o Cristo não veio derrogar, e para cuja guarda Moisés institui a Arca da Aliança (DEUTERONÔMIO, 31:25 a 26; I REIS 8:9).

Figurado por "coisas novas", o Evangelho, ensinado por Jesus, deve ser resguardado no cofre indestrutível da alma. Lembrando o depósito do escriba versado no reino dos Céus, a cultura religiosa deve ter por base ambas as "coisas", de singular importância na formação do legítimo tesouro, considerando Jesus por origem de ambas as revelações, conquanto manifestas de conformidade com a compreensão dos seres de cada época.

Convém ainda examinar os adjetivos "velho" e "novo", sob diferentes prismas. À guisa de exemplo, vale citar a informação escolar, que o professor compreende por velha depois de repeti-la durante várias décadas, mas admitida por novidade pelo aluno que inicia o aprendizado.

No segundo quadro, outra vem a ser a versão que, sugerida por seres imperfeitos, avessos a todos os princípios de moral, divulgam, por novidades, teorias contrárias às lições do Cristo, alegando o Evangelho ultrapassado. Aplaudidos por assembleias afins à sua condição evolutiva, são eles os semeadores do joio que Jesus permite crescer entre o trigo, até a colheita imposta pela lei de evolução. Recordando conhecidas culturas, aprendidas em planos espirituais inferiores onde estagiaram, votam pela exclusão da censura aos subalternos conceitos de moral que esposam.

Utilizando-se das portas largas que a mídia mercenária enseja, divulgam ao público, encarnado e desencarnado, cenas e vocabulário torpes, lamentavelmente encontrados na literatura "mediúnica" descompromissada com os elevados interesses da Codificação. Traduzidos por alimento psíquico, os seres inferiores das duas dimensões, nutrindo-se de idênticos apelos e respirando oxigênio das mesmas emoções, estreitam singulares vínculos no terreno do vampirismo, do qual, apesar das referências anotadas pelo Espírito André Luiz, raros seres asseguram adequada noção, diante dos estranhos quadros de exploração espiritual, no terreno do álcool, do tabagismo, das drogas e do sexo, onde o ser encarnado imprevidente experimenta danos na saúde física e mental, por sustentar o parceiro espiritual no círculo de suas emoções inferiores.

Importa, pois, considerar por velho ou por joio toda planta, cuja semeadura não pertence a Jesus, incluindo os enxertos periodicamente introduzidos, por lisonjeiros agentes de novidades, às lides da casa espírita. Embora crescidos ao lado do trigo, disse o Senhor, serão, no tempo da renovação, arrancados e lançados ao fogo.

Sob diferente roupagem que compreende a cultura de cada época, as coisas velhas, novas e *atualmente as modernas* destacam-se nas Três Revelações que, traduzindo o tesouro do escriba versado no reino de Deus, possuem como única origem o coração augusto do Cristo, no presente texto, compreendido por pai de família.

69
Ceifa e ceifeiros

> *Disse Jesus aos discípulos: Não dizeis vós que ainda há quatro meses até a ceifa? Eu, porém, vos digo: Erguei os olhos e vede os campos, pois já branquejam para a ceifa. O ceifeiro recebe desde já a recompensa e entesoura o seu fruto para a vida eterna; e, dessarte, se alegram tanto o semeador quanto o ceifeiro. Pois, no caso, é verdadeiro o ditado: Um é o semeador e outro o ceifeiro.*
>
> (João, 4:35 a 37.)

A distintas searas Jesus faz alusão no presente texto.

De natureza física é a ceifa, para a qual os discípulos dizem faltar quatro meses e, de ordem espiritual, os campos que já branquejam para a ceifa.

Sinônimo de seara madura para a colheita, os campos que já alvejam, figuram os Apóstolos, no emblema de celeiros fartos.

Semelhantes a José do Egito, que armazena trigo para suprir os sete anos simbolizados nas vacas magras, os Apóstolos, traduzindo celeiros fartos do trigo espiritual, asseguram, na ausência do Cristo, o pão da alma, considerando que o retorno do Senhor à Espiritualidade, figurado por noite (João, 9:4), ou estação de estiagem, iria igualmente simbolizar ausência de chuva das divinas benesses, e consequentes anos de magras espigas espirituais.

O texto de Jesus compreende, pois, significativa metáfora que assinala, por consequência de sua crucificação, o início das tarefas dos Apóstolos, para as quais o Mestre os admite espiritualmente preparados.

Importa porém lembrar que o fundamento da semeadura consiste no princípio de que cada criatura ceife do que semeou.

No presente caso, todavia, por semear em corações alheios, Jesus esclarece que *um é o semeador (o Cristo) e outro o ceifeiro,* atribuindo a propriedade de colher ao ser que cultivou no solo íntimo (I CORÍNTIOS, 3:6) a divina semente, cuja colheita constitui-se, igualmente, de significativa gratificação para o divino Semeador.

Cultivar no terreno íntimo a divina semente do Evangelho, garantindo permanente colheita, interpretada por evolução espiritual, compreendendo missão do Apóstolo, significa indireta colheita e justificada alegria ao divino Semeador.

70
O regresso dos Apóstolos

Então, regressaram os setenta discípulos, possuídos de alegria, dizendo: Senhor, os próprios demônios se nos submetem pelo teu nome! Mas ele lhes disse: eu via Satanás caindo do céu como um relâmpago. Eis que vos dei autoridade para pisardes serpentes, escorpiões e sobre todo o poder do inimigo, e nada absolutamente vos causará dano. Não obstante, alegrai-vos, não porque os Espíritos se vos submetem, e sim porque o vosso nome está arrolado nos Céus.

(LUCAS, 10:17 a 20.)

Enquanto o poder terreno se demonstra nos títulos de nobreza ou nas vanguardas financeiras, a autoridade espiritual, representando força para se afastarem Espíritos obsessores ou para se consagrar saúde aos enfermos, repousa na íntima iluminação e na soma do bem que se faz.

Importa mencionar o que, sobre os Apóstolos, diz o Senhor, na oração sacerdotal, por compreenderem habitantes de planos mais evoluídos, em missão na Terra: "Não vos rogo, meu Pai, pelo mundo, mas para aqueles que me deste, porque são teus. Dei-lhes a tua palavra, e o mundo os odiou, porque não são do mundo, como eu também não sou. Por isso, não vos peço que os tires do mundo, mas que os guardes do mal" (João, 17:9, 14 e 15).

A queda de Satanás, ainda que sob o apoio espiritual do Cristo, destaca também a elevação moral dos Apóstolos, compreendida na missão que lhes outorga: "Curai os enfermos, ressuscitai os mortos, purificai leprosos, *expeli demônios*, dando de graça o que de graça recebestes" (MATEUS, 10:8).

A expressão "via Satanás caindo" denuncia o invisível suporte do Mestre nas atividades dos discípulos, no desempenho do ministério que exercem, mostrando que nada ocorre à revelia de seu olhar magnânimo.

Símbolos das imperfeições humanas, as serpentes e os escorpiões compreendem o mal de que os Apóstolos permanecem vacinados pelas qualidades morais que demonstram possuir, na qualidade de Espíritos em missão.

Convém esclarecer que o homem que já venceu a si próprio, não teme cobras ou escorpiões, o inimigo compreendido nas imperfeições alheias, por ferirem apenas aos que as possuem.

Considere-se ainda que, se por via mediúnica, os discípulos asseguram terapêutica aos enfermos que socorrem, igualmente podem obtê-la em benefício próprio, considerando a extensão das experiências alcançadas na lavoura do bem.

Possuir o nome arrolado no Céu, ou não pertencer a este mundo, como diz a oração sacerdotal, significa possuir residência em planos superiores, de onde procedem por convocação do Cristo, o que o Apóstolo interpreta por honra, ainda que conhecendo as perseguições gratuitas a que a nobre missão o expõe.

Ao termo "céu", de onde Satanás cai como relâmpago, deve-se atribuir o significado de "espaço", considerando que ao gênio do mal não foi facultado percorrer os caminhos que conduzem aos planos celestiais.

Finalmente, convém esclarecer que, na ausência da íntima iluminação e do significativo patrimônio espiritual, com que os Apóstolos se fazem reconhecidos, não basta invocar o nome do Senhor nem pronunciar centenas de rezas para que se lhes submetam os Espíritos infelizes.

71
Fogo que desce do Céu

> *Entraram os Apóstolos numa aldeia de samaritanos, a fim de prepararem pousada. Percebendo os samaritanos que Jesus pretendia dirigir-se a Jerusalém, não levaram em conta o pedido dos discípulos. Vendo isso, Tiago e João perguntaram: Senhor, queres que mandemos descer fogo do Céu para os consumir? Jesus, porém, os repreendeu, dizendo: Vós não sabeis de que Espírito estais sendo animados. eu não vim ao mundo para destruir as almas dos homens, mas para salvá-las.*
>
> (LUCAS, 9:52 a 56.)

A reconhecida decisão do Cristo, de dirigir-se a Jerusalém, invoca o recado que manda a Herodes: "Ide dizer àquela raposa que 'hoje e amanhã' curo enfermos e no 'terceiro dia' terminarei".

Depois das boas obras com que preenche o "hoje e amanhã", dos derradeiros dias de sua presença neste plano, pernoitar em Samaria, conquanto fosse do agrado dos discípulos cansados, não constava do roteiro de sua missão, justificando a decisão de dirigir-se a Jerusalém, resolução compreendida pelos samaritanos que, por hospedá-lo anteriormente, já o haviam reconhecido por Filho do Altíssimo, a despeito de alheios pareceres.

Percorrida a sinuosidade do caminho compreendido no encontro com Herodes, que o trata com desprezo, em

Jerusalém o Senhor efetua o simbólico e obscuro "pernoite", despedindo-se de sua elevada missão neste plano.

O caminho de Jerusalém assinala igualmente o terceiro dia simbólico, e seu regresso às etéreas moradas, depois de consignar, por última vez, à entrada da cidade, sua condição de grande Esperado, no seguinte oráculo de Zacarias: "Alegra-te muito, ó filha de Sião; exulta, ó filha de Jerusalém: Eis que aí vem o teu rei, justo e salvador, humilde, montado num jumentinho, cria de jumenta" (ZACARIAS, 9:9).

Na segunda parte do texto, Jesus anota o imperativo de vigilância, sobre pensamentos e sentimentos próprios, considerando alimentados por sinais idênticos que procedem de outras mentes encarnadas ou não, e a conveniência de *despir-se, por completo, da cultura religiosa de berço,* cujos resíduos recordavam a infância dos Apóstolos.

Condicionados sobre o castigo de Deus, denunciado por Moisés que, por condenar seres rebeldes, sobre eles invoca fogo do Céu (NÚMEROS, 16:30 a 35), Tiago e João, pela cultura religiosa de berço, não percebem que, sob sua influência, sintonizam-se com forças inferiores, determinando o esclarecimento do Cristo, ao dizer-lhes que "desconheciam a natureza do espírito que os animava".

Conquanto a autoridade que o Pai celeste lhe outorga para exercer justiça sobre os homens, Jesus esclarece que sua missão consiste na libertação do homem, pela iluminação íntima (JOÃO, 3:17), considerando o julgamento a ser feito pela consciência de cada ser, e na proporção da própria inteligência.

72

O convite de Jesus a Pedro

> *Depois, disse Jesus a Pedro: Segue-me. Vendo o Apóstolo que João também o seguia, perguntou-lhe: e quanto a este, Senhor? Respondeu-lhe Jesus: Se eu quero que ele permaneça até que eu venha, que te importa? Quanto a ti, segue-me. Então, se tornou corrente entre os Apóstolos que o discípulo João não morreria.*
> (João, 21:21 a 22.)

Com o imperativo do verbo "seguir", Jesus não se refere às pegadas apostólicas deste plano, anotadas espiritualmente à pauta de sua existência, para divulgar o Evangelho, mas alusão aos diferentes destinos dos Apóstolos, depois de desencarnados.

Enquanto João deveria permanecer na vizinha espiritualidade, por renovar existências de missionário até a volta do Cristo, Pedro retornaria à sua morada superior, de onde procedera quando convidado para a missão de apascentar as ovelhas do apostolado, compreendendo-se que o destino do Apóstolo, nas mãos do Senhor, significa missão em planos diversos.

No terreno da divulgação evangélica, os missionários recebem atribuições específicas, seja em plano físico ou espiritual, seja ainda noutras esferas, considerando o Cristo por pastor de outros rebanhos (João, 10:16).

Por seguir o Mestre aqui na Terra, no capítulo da exemplificação, significativo testemunho seria cobrado do Apóstolo, traduzido nas seguintes palavras: "Quando tu eras moço, tu te cingias e andavas por onde querias. Quando porém fores idoso, estenderás as mãos, e outro te cingirá e te levará para onde não queres" (João, 21:18 a 19).

Muitos obstáculos Pedro teve de vencer no terreno das opiniões, a fim de evitar cisão no colégio apostólico. Se Tiago transigia a determinados dogmas impostos pelo Judaísmo, em defesa à Casa do Caminho, o Apóstolo dos Gentios não abria concessões para abrigar a pureza do Cristianismo. Nessa circunstância, Pedro valia-se do silêncio, o mesmo escudo em que o Cristo se resguardou, diante das ironias que lhe foram endereçadas por autoridades religiosas, quando afixado à cruz.

Importa esclarecer que as decisões próprias não devem ser norteadas em alheios exemplos, considerando os anseios espirituais e a própria conscientização delineando a conduta de cada ser.

A frase "até que eu volte", anotada em duas lições, sobre a volta do Cristo — na condição de Espírito e nos planos mais elevados da Espiritualidade — pode ser interpretada por profecia sobre o retorno de Pedro e de outros Apóstolos à Terra, no momento atual de transição, o que o Espírito Joanna de Ângelis confirma ao dizer que "missionários do amor e da caridade, procedentes de outras esferas, estão se revestindo da indumentária carnal por tornar a atual fase de luta iluminativa mais amena".[22]

---

22   Nota do autor: Mensagem espiritual recebida por Divaldo P. Franco em 30 jun. 2006.

73
O poder da palavra

> *Digo-vos porém que de toda palavra frívola que os homens proferirem, dela darão conta no dia do juízo. Por suas palavras serão justificados, e por suas palavras serão condenados.*
>
> (MATEUS, 12:36 a 37.)

Como veículo do pensamento, a palavra revela o que o coração contém, denunciando, consequentemente, o estado de evolução moral e intelectual do homem.

Se o coração e o pensamento constituem a origem da palavra, deles procedem igualmente as ações e as obras e, por vezes, as vibrações de amor ou de ódio, de que a alma se constitui por legítima fonte.

O vocabulário dos Espíritos superiores, por isso, é sempre sério e repleto dos melhores sentimentos de respeito, cultivado no vaso íntimo da consciência reta e pura. Termos vulgares e eivados de malícia, denunciando atraso espiritual, procedem de corações levianos e pouco afeitos à moral. Por isso, convém lembrar a sábia recomendação de Paulo: "Não saia da vossa boca palavra torpe" (EFÉSIOS, 4:29).

Sinônimo de Espírito, o coração compreende a fonte do bem ou do mal, enquanto a palavra constitui a forma com que as ações se identificam, antes de concretizadas, considerando que, por vezes, a palavra se transforma em ações e obras, ainda que somente no domínio das íntimas edificações.

À semelhança da água que possui várias utilidades, dessedentando, irrigando ou removendo impurezas, igualmente a palavra pode compreender diferentes utilidades, de acordo com a fonte de onde procede.

Importa, pois, destacar a palavra que instrui, que orienta, que esclarece, que apazigua, que edifica, que cura, e a palavra que fere, que desorienta e que destrói, além da forma com que se manifesta.

Se no Juízo Final o homem deverá ser julgado por suas ações, considerando identificarem sua evolução moral, é compreensível emprestar à palavra idêntico valor, considerando definir o quadro dos sentimentos que configuram o mundo íntimo de cada ser.

Na categoria de torpes, devem ser enquadradas as palavras que definem hipocrisia, traição, calúnia, ou quando eivadas do sentimento de ódio.

Oportuna a transcrição de alguns provérbios sobre a palavra:

"A boca do insensato é a sua própria destruição e os seus lábios um laço para a alma" (PROVÉRBIOS, 18:7).

"A morte e a vida estão no poder da palavra" (PROVÉRBIOS, 18:21).

"O que guarda a boca e a língua, guarda a sua alma das angústias" (PROVÉRBIOS, 21:23).

Anote-se ainda que, se a palavra que sai da boca de Deus, constitui-se de alimento e salvação, a palavra torpe, denunciando atraso moral, implica censura e condenação.

74
Seres que não experimentam a morte

> *Em verdade vos digo que alguns há, dos que aqui se encontram, que de maneira nenhuma passarão pela morte, até que vejam vir o filho no seu reino.*
> (Mateus, 16:28.)

Por alimentar e promover o crescimento do Espírito — emblema da vida eterna — o corpo físico — símbolo da árvore — imprescindível desde as embrionárias manifestações biológicas, termina sua função depois de formado o simbólico fruto — o Espírito dotado de compreensiva evolução intelectual e moral — que, sem exigência de asas, se afasta definitivamente da matéria, por viver exclusivamente noutra dimensão, assinalando sua libertação do processo reencarnatório e anotando a segunda transição na senda evolutiva, simbolicamente mencionada no livro *Gênesis* (3:22). A respeito, diz o Apóstolo dos Gentios: "Semeia-se corpo natural, ressuscita-se corpo espiritual" (I Coríntios, 15:44).

Reclamada somente no processo de evolução moral de Espíritos inferiores, ao caminho da reencarnação os seres superiores somente retornam na condição de missionários do Senhor, ou por emprestarem socorro a seres amados que não ouvem os reclamos do progresso espiritual.

Afastar-se da própria morada situada em planos superiores, símbolo do Céu, onde assegura a vida no seu esplendor, destacando a liberdade de locomoção e de raciocínio, sem anotar surpresa desagradável no destino, por algemar-se às limitações impostas pelo corpo físico, compreende significativa prisão, ainda que na melhor condição social, econômica e de saúde. Por isso, quando, em missão, o Espírito comparece ao corpo físico, não perde contato com a Espiritualidade, quer pela emancipação proposta pelo sono físico, quer pelos recursos facultados pela mediunidade.

Importa esclarecer que. além de a encarnação expressar simbólica morte, acarreta consequente desencarnação. Quem, pois, não nasce também não morre. Na condição de moradores de esferas espirituais superiores, os Apóstolos se compreendiam livres da vida em corpos orgânicos e, consequentemente, da morte física, até a implantação do reinado do Cristo neste plano, quando seriam convocados a novas missões compreendidas no reinado do Senhor.

A expressão "até que", como já dito em capítulo anterior, sugere, pois, auspiciosa informação relacionada à volta de alguns missionários do pretérito ao cenário terreno, após ou durante o saneamento humano assinalado para o presente século.

Se o fruto, sem prejuízo contra a própria qualidade, não pode desprender-se da árvore antes de formado, assim também o Espírito não pode se afastar, por definitivo, da vida orgânica, antes de assinalada compreensiva formação moral e intelectual, definindo a condição de completista.

Pelos compreensivos prejuízos acarretados à evolução, somente Espíritos moralmente evoluídos, à semelhança dos Apóstolos que possuem morada nos planos superiores, são dispensados definitivamente da reencarnação, por meio das quais ocasionalmente retornam na condição de mestres e convidados, a despeito do poder econômico ou da modesta profissão com que aqui se apresentam.

Imunizado de compromissos perante o íntimo tribunal, o missionário do Cristo, isento de expiações e de provas, dispõe de recursos para se afastar ou para minimizar o quadro das dores físicas que porventura antecipam a morte, por dispor, ainda que auxiliado espiritualmente, da faculdade de se afastar do corpo, no momento de extremos testemunhos, traduzindo pois os seres que não experimentam a morte, por isso interpretada por libertação, pelo homem justo que a aguarda sem temor.

Homens do mundo, diz Emmanuel, que morreram por um ideal, não chegaram a experimentar a dor física, conquanto a significativa amargura de serem incompreendidos.

75
Morte e decomposição

> *Por isso diz o salmo: Não permitirás que o teu santo veja a corrupção. Porque, na verdade, Davi adormeceu e foi para junto de seus pais e viu a corrupção. Porém aquele a quem Deus ressuscitou não viu a corrupção.*
> (ATOS, 13:35 a 37; SALMOS, 16:10.)

O termo "corromper", conquanto signifique também decomposição, é mais usado com o sentido de "adulterar", "perverter" e "depravar". sua presença no texto, por isso, induz a ilações que não constituíram o pensamento de Davi, autor do salmo, nem do apóstolo Lucas, autor de *Atos dos apóstolos*.

Importa pois compreender o citado verbo por "decomposição", de acordo com a lei de Lavoisier, que empreende transformação a todos os corpos físicos.

Enquanto o envoltório biológico de todos os seres terrenos experimenta longa decomposição após a morte, o corpo do Cristo, segundo o médium Francisco Xavier, constituiu exceção, por ter sido desmaterializado por ele, dando motivo a não ser encontrado por Maria, que ainda de madrugada visitou o túmulo vazio, com a pedra removida, onde encontrou apenas os lençóis de linho e o lenço que estivera sobre sua cabeça (JOÃO, 20:1 a 8).

Segundo afirmativa de Emmanuel, Jesus não pode ser classificado entre os valores propriamente humanos, considerando a condição divina de sua hierarquia espiritual,[23] compreendendo-se porque seu envoltório, *revelando semelhança ao dos seres que habitam mundos celestiais*, não experimentou o longo processo de decomposição.

Convém anotar alguns trechos de Kardec, sobre os corpos em mundos superiores, conquanto já transcrito noutra lição:

> O corpo não está sujeito às necessidades nem às doenças impostas pela predominância da matéria. sua leveza específica permite locomoção rápida e fácil. A morte, de modo algum, acarreta os horrores da decomposição; Mesmo em vida, a alma, não tendo a constringi-la a matéria compacta, expande-se e experimenta uma lucidez que a coloca em estado quase permanente de emancipação, consentindo-lhe livre transmissão do pensamento.[24]

O profeta Isaías admite como perversidade comparar o ser terreno ao Cristo, acrescentando, sensatamente, que seria como se o barro fosse igual ao oleiro (ISAÍAS, 29:16).

Necessário, ainda, classificar por distintos o Espírito e o corpo, esclarecendo que não foi Davi que conheceu a decomposição, mas o envoltório físico que utilizou durante a vida na Terra.

Além de outros oráculos que recordam a presença de Jesus, com dez séculos de antecedência, Davi informa que o corpo do Cristo não haveria de conhecer a lenta decomposição a que estão sujeitos todos os corpos físicos.

Igualmente, a ressurreição só deve ser admitida no sentido simbólico. sua visão deve ser atribuída às singulares faculdades mediúnicas de que foram portadores os Apóstolos, o que Madalena também comprova por ver os anjos, antes de identificar o Mestre, que a seguir desaparece. Jesus desaparece,

---

23 XAVIER, Francisco Cândido. *O consolador*, it. 283.
24 KARDEC, Allan. *O evangelho segundo o espiritismo*, cap. III, it. 9.

igualmente, depois de se identificar aos discípulos no cenáculo, onde comparece por duas vezes, a portas fechadas. Define-se, também, por mediúnica sua visita aos discípulos na pesca milagrosa e no caminho de Emaús, porque só se identifica depois de indicar o cardume e, no segundo caso, ao partir e abençoar o pão.

76
Restauração do reino de Israel

> *Então os que estavam reunidos lhe perguntaram: Senhor, será este o tempo em que haveis de restaurar o reino de Israel? Respondeu-lhes Jesus: Não vos compete conhecer tempos ou épocas que o Pai reservou para sua exclusiva autoridade.*
>
> (Atos, 1:6 a 7.)

> *Mas a respeito daquele dia e hora, ninguém sabe, nem os anjos dos Céus, senão o Pai.*
>
> (Mateus, 24:36.)

> *Em verdade vos digo que não passará esta geração sem que tudo isto aconteça.*
>
> (Mateus, 24:34.)

Compreensivos deveriam ser os anseios dos Apóstolos que esperavam ver a pátria liberta do jugo político imposto pelos romanos, olvidando que, preferido pelo próprio homem, o império do "anticristo", a despeito das convenções e dos regimes das nações, nunca se afastou do peculiar trono, impedindo a implantação do reino de Deus na Terra.

Por admitir a extensão das imperfeições morais dos seres terrenos, sabia o Mestre que somente o imperativo de uma ação saneadora de extensa proporção, já programada sob a denominação de "grande julgamento", poderia assegurar uma paz verdadeira e duradoura entre os seres terrenos, daí a razão de responder aos Apóstolos que esse tempo, conhecido também por Juízo Final, o Pai reserva para sua exclusiva autoridade.

Esclarece o Senhor que aquela geração não passaria sem que tudo viesse a acontecer. Se já decorreram vinte séculos, seria o caso de se arguir a legitimidade do versículo.

No entanto, importa considerar que, apesar da significativa parcela de tempo decorrido, os atores do palco terreno compreendem os mesmos, quer vestidos fisicamente, quer habitando noutra dimensão.

Muito fácil entender, pois, que Jesus não fazia referência à geração de corpos, mas à de Espíritos, admitindo-se que os seres que atualmente povoam a Terra, nas duas dimensões, lembram as mesmas almas contemporâneas do Cristo, matriculadas neste mundo há vários milênios.

Convém ainda esclarecer que a Terra e o céu atuais não serão vistos por Espíritos que vierem a sofrer o exílio em planos distantes, porque o firmamento de outro planeta mostrará diferentes constelações, estranhas às que compõem o céu deste mundo.

Compreendendo *constituição do próprio universo*, a palavra do Cristo, a despeito de estranhas opiniões religiosas, nunca se modifica, enquanto o Espírito, por mudar de casa planetária, noutro ponto do universo, verá diferente céu.

O desapreço do homem ao Evangelho definirá os acontecimentos que irão assinalar a nova era, o reinado de Jesus e a restauração do reino simbólico de Israel para os seres obedientes e bons, descrevendo, no entanto, para os Espíritos a serem exilados, diferente firmamento e nova saga do paraíso perdido.

Importa esclarecer que a proposta do Cristo não compreende a restauração de terrenos reinados, considerando o reino do Céu a ser implantado no coração humano, o que, para tanto, exige a prisão de Barrabás que, abonado por dogmas e por tradições religiosas, em plena liberdade aguarda a grande transição para o seu definitivo julgamento.

77
Discussão sobre o jejum

> *Vieram os discípulos de João e lhe perguntaram: Por que jejuamos nós e os fariseus e teus discípulos não jejuam? Respondeu-lhes Jesus: Podem os convidados para o casamento jejuar enquanto o noivo está com eles? Dias virão, contudo, em que lhes será tirado o noivo, e nesses dias haverão de jejuar.*
> (MATEUS, 9:14 e 15.)

Tradicionalmente observado por Israel, embora sob censura dos profetas, e sem o abono do Cristo, com outros dogmas o jejum veio a ser admitido pela teologia universal, na constituição dos sacramentos que definem sua estrutura.

O profeta Isaías faz judiciosa referência ao jejum, oito séculos antes do Cristo, dizendo:

> Eis o jejum que aprecio: Romper as cadeias da injustiça, desatar as cordas do jugo e da opressão, repartir o alimento com o esfaimado, dar abrigo aos infelizes sem asilo, vestir os maltrapilhos e afastar-se das más conversações (ISAÍAS, 58:6 a 7).

O jejum fazia parte das convenções judaicas, como denuncia a seguinte pergunta dos discípulos do Batista, endereçada a Jesus: "Por que nós e os fariseus jejuamos e teus discípulos não jejuam?".

Enquanto a pergunta dos discípulos do Batista se refere ao jejum do corpo físico, com outra pergunta, Jesus lhes responde sobre o jejum espiritual: "Podem os convidados para o festim jejuar enquanto o noivo está presente?".

Simbolicamente, o termo "noivo" pertence a Jesus, considerando sua proposta de comunhão espiritual com os seres terrenos, enquanto o festim, pelas alegrias que proporciona aos seres de coração puro, compreende sua breve presença neste plano. Na condição de convidados, os Apóstolos não escolheriam o festim — a presença do Cristo neste plano — para se submeterem ao jejum espiritual, recusando o alimento das almas nobres, traduzido por palavra de vida eterna.

Alusão ao calvário e ao consequente afastamento físico de Jesus compreende a seguinte frase: "Dias virão em que o noivo lhes será tirado, quando serão obrigados a jejuar".

Outra versão sobre o jejum encontra-se implícita na resposta do Mestre aos Apóstolos que lhe perguntam: "Porque não pudemos nós curar o moço epiléptico?" Ao que lhes responde: "Esta casta de Espíritos somente se expulsa mediante oração e *jejum*" (MATEUS, 17:19 a 21).

Por indicar disciplina espiritual, a prescrição identifica o legítimo obreiro do Senhor, admitindo-se a moral por única autoridade a que se submetem os Espíritos inferiores (LUCAS, 8:28).

Se jejuar compreende sacrifício, importa conhecer a sentença de Oseias, ratificada por Jesus: "Misericórdia quero, e não sacrifícios" (OSEIAS, 6:6; MATEUS, 9:13 e 12:7).

Em demonstrações públicas de vaidade, por vezes o homem submete o próprio corpo a penalidades, seja por agressões físicas, seja por sonegar-lhe o alimento, sendo-lhe impossível oferecer, voluntariamente, algo do que lhe sobra àquele que sofre.

Importa esclarecer que, se há crime no suicídio, deve haver culpa, embora de menor gravidade, pelos castigos impostos ao próprio corpo, quando não significam benefício ao próximo. Aos fariseus que o interrogam sobre as tradições que os discípulos não observam, Jesus responde:

> Hipócritas! Por que transgredis vós outros o mandamento de Deus, *que invalidais por ensinares doutrinas que são preceitos humanos*? Não é o que entra pela boca que macula o homem, mas o que procede do coração (impuro) (MATEUS, 15:3, 9, 11 e 18).

Diante, pois, do extenso quadro de fome existente no mundo, em que estômagos reclamam em vão o básico para a existência, o jejum físico de algumas horas, seguido de lauta refeição, pode ser interpretado à conta de luxo, ironia e crime, determinando compromisso espiritual de significativa magnitude.

78
Zelo dos anjos

Porque aos seus anjos dará ordens a teu respeito, para que te guardem.
(MATEUS, 4:6; SALMOS, 91:11.)

A presente citação constitui-se de palavras que o diabo, no pináculo do templo, teria dito a Jesus: "Se és Filho de Deus, atira-te daqui abaixo, porque está escrito: Aos seus anjos ordenará a teu respeito para que te guardem; eles te sustentarão para que não tropeces nalguma pedra", ao que o Cristo respondeu: "Também está escrito: Não tentarás o Senhor teu Deus".

Se o diabo pode ser configurado por Espírito moralmente inferior, o mesmo não se pode dizer quanto à inteligência que demonstra possuir.

Tais seres não se definem por criação paralela à do homem, de acordo com a cultura alimentada no mundo das doutrinas tradicionais. São Espíritos comuns, filhos do mesmo Criador, apenas estacionados à margem de uma senda que compreende a evolução moral.

Espíritos temporariamente equivocados elegem um reinado próprio de ficção, mediante um poder arbitrário e prepotente, alheio à justiça e ao decoro.

Sabem que o retorno ao caminho do Mestre é inevitável, exigindo posterior reparação das faltas que assumiram no largo campo do falso poder e liberdade, razão de se demorarem no terreno da indecisão, sufocando a voz da consciência, até que sejam vencidos pelo cansaço e pelo tédio.

Enquanto isso, dominados pelos sentimentos de revolta e de insubmissão, procuram atrair, para o seu domínio, seres incautos, encarnados ou não, que conquistam pelas vias da tentação, a que estão sujeitos apenas os que cultivam o joio das imperfeições morais, considerando afinados na intimidade do coração com os Espíritos inferiores.

Não se deve estranhar, pois, que conheçam salmos e textos evangélicos e que identifiquem Jesus por grande Esperado, o que os obsessores dos gadarenos também mostraram conhecer ao exclamarem: "Por que te preocupas conosco antes do tempo, Jesus Filho do Deus Altíssimo?" (MATEUS, 8:29).

Esclarecendo aos Apóstolos que, para se ingressar no reino dos Céus, é necessário possuir justiça superior à dos escribas e dos fariseus, indiretamente, o Senhor assegura que os representantes religiosos não constariam desse reinado, onde seriam precedidos até pelas meretrizes.

As ordens que os anjos recebem a respeito do Senhor e pelas quais os seres orientam o próprio destino expressam *conscientização*, razão por que a responsabilidade corresponde sempre aos conhecimentos adquiridos.

As pedras de tropeço, nas quais a imprevidência se fere, só comparecem na senda do homem escravo da ambição, da avareza e das posses materiais que, indicando enfermidades da alma, ainda o mantêm vinculado à enfermaria do mundo.

Noutra versão, por se referir às ordens que os anjos recebem a respeito do Cristo, mais um texto exalta a extensa evolução do Senhor, cuja glória com o Pai celestial precede à construção do sistema solar que criou e que administra.

79
O divino Esperado

> *Antes que se formasse a Terra, de eternidade em eternidade, tu és o Senhor.*
> (MIQUEIAS, 5:2; SALMOS, 90:2.)

O exame do presente texto restaura a singular nobreza do Cristo, habitualmente configurado, equivocadamente, pela criatura terrena, como semelhante a si própria.

Enquanto Miqueias mostra suas origem nos distantes dias da eternidade, o salmo refere-se a uma eternidade anterior à formação do mundo, lembrando o que consta da oração sacerdotal, onde Jesus faz alusão à sua glória com o Pai, desde os perdidos tempos que precedem à criação da Terra (JOÃO, 17:5).

Se a idade da Terra aproxima-se dos quatro bilhões e meio de anos, as origens do Cristo perdem-se numa eternidade anterior à criação do sistema e do próprio homem, cuja origem, segundo Emmanuel, se identifica nos protozoários, há um bilhão e meio de anos. Emmanuel dilata o quadro de sua magnitude, ao dizer que Jesus faz parte de uma comunidade de Espíritos puros que, eleitos por Deus, dirigem todos os fenômenos da vida de todas as coletividades planetárias.[25]

Recebidos no reinado do Cristo, em recuadas eras, aos exilados da Capela Jesus propõe orientação permanente nos

---
25 XAVIER, Francisco Cândido. *A caminho da luz*, cap. 1.

difíceis caminhos que haveriam de percorrer no plano terreno, além de prometer sua futura presença junto deles na Terra. De significativa importância conhecer o que o instrutor espiritual diz a respeito:[26]

> Tendo ouvido a palavra do divino Mestre antes de se estabelecerem no mundo, as raças adâmicas, nos seus grupos instalados, guardaram a reminiscência das promessas do Cristo, que, por sua vez, as fortaleceu no seio das massas, enviando-lhes periodicamente os seus missionários e mensageiros.
> Eis porque as epopeias do Evangelho foram previstas e cantadas, alguns milênios antes da vinda do sublime Emissário. Os enviados do infinito falaram, na China milenária, da celeste figura do Salvador. Os iniciados do Egito esperavam-no com as suas profecias. Na Pérsia, idealizaram a sua trajetória, antevendo-lhe os passos nos caminhos do porvir; na Índia védica, era conhecida quase toda a história evangélica, que o sol dos milênios futuros iluminaria na região escabrosa da Palestina, enquanto o povo de Israel, durante muitos séculos, cantou-lhe as glórias divinas, na exaltação do amor e da resignação, por meio da palavra de seus profetas mais eminentes.
> Uma secreta intuição iluminava o Espírito das massas populares.
> Todos os povos o esperavam em seu seio acolhedor; todos o queriam, localizando em seus caminhos a sua expressão sublime e divinizada.

Jesus não se destaca no mundo do poder econômico, admitindo, por riqueza, os dotes intransferíveis do amor e da moral, nem se identifica por títulos convencionais, por considerar o eterno adjetivo de "Filho do Altíssimo".

---

26 XAVIER, Francisco Cândido. *A caminho da luz*, cap. 2, it. 5.

A presença do Cristo é anotada com inusitado júbilo por desconhecidos magos que, possuidores de singulares faculdades mediúnicas e de elevados dotes morais, assinalam música celeste e vozes dos anjos que anunciam sua chegada à Terra, deixando-se orientar pela estrela que, mediunicamente, os conduz à manjedoura.

No curso de sua abençoada jornada terrena, destaca sua preferência às ovelhas desgarradas, para as quais se fez presente no mundo, considerando serem os mais carentes de valores morais, anunciando o reino dos Céus aos que sofrem o império do reinado terreno e, porque não aceitava humano testemunho, identifica-se pelas curas de enfermidades físicas ou espirituais ou pela multiplicação de pães e peixes aos enfermos ou famintos.

Apresentando-se, no Cenáculo, aos Apóstolos tristes e desanimados, ainda no domingo de Páscoa, confere-lhes a mensagem inolvidável de imortalidade, sustentada hoje pela Codificação, podendo-se admitir que o Cristianismo, ferido de morte no Calvário, renasce com o Cristo, por identificar-se, mediunicamente, aos discípulos, depois da crucificação.

80
Endereço mediúnico

> *Dirigindo-se a Jesus, Pedro e João lhe perguntaram: onde queres que façamos os preparativos para a Páscoa? Então lhe explicou o Mestre: Ao entrardes na cidade, encontrareis um homem com um cântaro de água; segui-o até a casa em que ele entrar e perguntai ao dono da casa onde o aposento em que o Mestre há de comer com seus discípulos. ele então vos mostrará um espaçoso cenáculo mobiliado, onde devereis fazer os preparativos.*
> (LUCAS, 22:7 a 13.)

Para o último encontro com os Apóstolos, no plano físico, Jesus elege local adequado, que recorda o horto ou o próprio lar, visando transmitir-lhes derradeiras lições evangélicas.

Só ele conhece o lugar escolhido, para cujos preparativos indica os discípulos Pedro e João. Um homem com um cântaro de água é indicado por guia, à semelhança da estrela mediúnica que conduziu os pastores à manjedoura singela de Belém.

Na ausência de maiores informações, como local e hora, o encontro com o homem do cântaro somente se daria se orientados mediunicamente, porque a água potável sugere mensagem evangélica (JOÃO, 4:13 a 15) e o homem do cântaro recorda um mensageiro do Senhor, a quem deveriam seguir.

Obedecendo à recomendação do Mestre, seguiram mencionado ser, localizando o cenáculo onde, pela última vez, comeriam na Terra o pão do Céu.

É de significativa beleza a palavra do Cristo, mostrando que, seguindo suas diretrizes, contidas no Evangelho, o homem define seu encontro definitivo com ele.

Considere-se ainda haver sempre uma bússola, uma estrela ou um homem do cântaro a indicar o norte da evolução espiritual.

Todavia, é necessária compreensiva orientação evangélica, à luz da Codificação, a fim de se evitarem estranhos conselhos ou falsos endereços, por vezes, os mais ambicionados pelos seres deste plano, no encalço de subalternos interesses. Importa mencionar que, *por situarem Herodes como fonte de orientação*, os magos perdem a visão da estrela, que *só reaparece quando se afastam de seus domínios*.

Se Moisés se norteia, de dia, pela nuvem com que se orienta no deserto, e os pastores, de noite, pela estrela que os conduz à manjedoura, e se os Apóstolos se guiam pelo homem do cântaro, não há motivo para que os povos continuem procrastinando seu encontro com o Mestre, depois da bússola que o Evangelho sugere como roteiro à evolução humana.

81
Intérpretes da lei

Ai de vós, intérpretes da lei! Porque tomastes a chave da ciência; contudo, vós mesmos não entrastes e impedistes os que estavam entrando.

(LUCAS, 11:52.)

Implantada na Terra por Moisés há três mil e duzentos anos e por Jesus há vinte séculos, a religião, no curso dos milênios, sempre teve sua pureza inicial prejudicada por alguns intérpretes que, dominados pela vaidade e por interesses pessoais, depressa substituem a beleza dos parágrafos divinos por tradições que, como lei, impõem ao povo.

Admitir os dogmas das religiões convencionais com desapreço à essência — alma, seiva ou sangue do Evangelho — consiste na criação de chaves falsas da porta que conduz ao reino do Cristo, deixando de entrar e impedindo a entrada de outras criaturas.

As transformações impostas no decorrer dos séculos, por tradutores e autoridades eclesiásticas no Cristianismo, configuram compromisso grave, admitidas as palavras de João Evangelista, autor do livro *Apocalipse*:

> Se alguém fizer qualquer acréscimo [ao Evangelho], Deus lhe acrescentará os flagelos descritos neste livro. E, se alguém tirar qualquer coisa das palavras

desta profecia, Deus tirará a sua parte da árvore da vida (APOCALIPSE, 22:18 a 19).

Importa, igualmente, conhecer o que Moisés diz sobre o assunto:

> Nada acrescentareis à palavra que vos mando, nem diminuireis dela, para que guardes os mandamentos do Senhor vosso Deus, que eu vos mando (DEUTERONÔMIO, 4:2).

Os intérpretes da lei, em qualquer segmento, por vezes, estão interessados na posição social, nos privilégios e gratificações que os cargos lhes conferem. Ao povo, somente se reservam os tributos e a obediência aos cânones por eles ditados, à semelhança do que ocorre no terreno da política.

Por isso, torna-se necessário distinguir, na atualidade, os seres compromissados com a Codificação, daqueles que correm, por conta própria, à procura de promoções pessoais, não ocultando o fascínio por títulos de liderança. O espírita autêntico nunca disputa títulos ou cargos de destaque, tendo-os por assegurados àqueles a quem o Pai tem reservado, como disse Jesus à esposa de Zebedeu, quando lhe pediu os assentos à sua direita e à sua esquerda para os filhos Tiago e João.

Pode-se assegurar que o verdadeiro inimigo do Cristianismo se reconhece pela fascinação pelos quadros de evidência, para os quais, veladamente ou com determinação, se destaca como competidor, promovendo sensação de desconforto e criando ambiente desagradável que promove o afastamento de seres sérios que observam a casa espírita por fonte de aprendizado e de paz do Espírito.

A perseguição movida outrora ao Cristianismo deve-se à pureza que assegurou, nos primeiros séculos e no século XIII pelos cátaros, dizimados pelo Santo Ofício, a pretexto de heresia.

Nas perseguições do pretérito, o candidato a promoções ocultava-se no falso manto da humildade, só aparecendo para delatar os legítimos cristãos, que bem conhecia. Livre dos acossamentos de outrora, e despido, atualmente, do manto da falsa ingenuidade a que outrora se recolhia, assalta lugares de evidência, por disputar o campeonato da insensatez, como assegura o Espírito Vianna de Carvalho.[27]

Observado o prurido de superioridade que, ultimamente, invade a seara do Espiritismo, é de se temer que o quadro de trabalhadores da casa espírita venha a ser preenchido, exclusivamente, à força da lisonja servil, contabilizando recursos da posição social e econômica do candidato, com menosprezo ao espírito de renúncia, aos valores morais e à capacidade com que se reconheceram os vanguardeiros do Cristianismo e do Espiritismo.

Substituindo a chave da humildade indicada no Evangelho pela que, clandestinamente, se faz com o metal do orgulho e da vaidade, os equivocados líderes podem estar descerrando portas a planos inferiores, e não a mundos elevados, onde, segundo palavras de Jesus, serão precedidos até pelas meretrizes. É evidente que, por manusearem falsas chaves, não entram nem facultam a entrada a outras criaturas que, identificadas ao quadro de iguais valores, lhes atribuem lisonjeiros adjetivos.

O *intérprete da lei,* valendo-se da autoridade que o cargo lhe confere, divulga estranhas *chaves da Terra,* que promovem a aparência, o poder econômico, olvidando a legítima chave denunciada nos valores morais e na imortalidade do Espírito, simbolizada nas seguintes palavras dirigidas a Pedro: "Dar-te-ei as *chaves do reino do Céu,* com as quais as portas do desconhecido não mais prevalecerão" (MATEUS, 16:18 a 19).

Por isso asseverava Jesus: "Se a vossa justiça não exceder à dos escribas e dos fariseus, não entrareis no reino dos Céus" (MATEUS, 5:20).

---
27 *Reformador,* out. 2006.

82
Figueira estéril

> *Plantada na vinha de certo homem, uma figueira havia que não produzia fruto. Por determinar sua erradicação, o pomicultor sugere que aguarde mais um ano, considerando ser sachada e adubada, naquele tempo.*
>
> (LUCAS, 13:6 e 9.)

Por se observar a limitada compreensão dos seres para os assuntos do Espírito, compreende-se a importância de esclarecer, inicialmente, que o texto não faz alusão a vegetais, mas à simbólica árvore da religião, cujos frutos deveriam consistir em dilatar o entendimento, clareando o ilimitado caminho evolutivo do Espírito imortal.

Além de "mondar", que significa eliminar ramos secos ou inúteis, o termo "sachar" consiste também em revolver o solo, por envolvê-lo ao adubo facultado pelo pomicultor.

No caso da figueira religiosa, o termo "sachar", simbolicamente, traduz os diferentes movimentos culturais ou sociais que, periodicamente, alcançam a comunidade terrena, mobilizando o progresso do homem.

Sob o imperativo de convencionais enxertos, no curso dos séculos, a figueira torna-se infecunda na produção dos frutos da moral e da imortalidade — sua legítima função — preservando, todavia, a denominação de figueira (Cristianismo), produzindo, no entanto, frutos do materialismo, por facultar o domínio do império terreno.

Convertida em árvore da Terra, por dilatados séculos, sugerindo apreço exclusivo à vida física, com a teoria do sono eterno, seus frutos abonam a morte, invalidando com simbólicos perdões a Justiça divina ensinada por Jesus.

Por compreender a preferência dos fiéis pelos ácidos frutos, Jesus, o proprietário da vinha, traduz a proposta do pomicultor *por zelo infrutífero* e, embora dispondo de meios suficientes para erradicar da terra a simbólica figueira, faculta-lhe compreensivas parcelas de tempo, por entender que os templos de pedra, revelando também imagens das íntimas edificações da cultura religiosa, com os próprios seres exilados, serão conduzidas a planos inferiores, ratificando o princípio segundo o qual "aonde vai o ferro, vai também a ferrugem".

Infecunda, pois, na produção dos figos da imortalidade, que seria sua função, a figueira, no entanto, produz frutos que configuram a "morte", divulgada também nas estátuas erguidas nas catedrais, ou no significativo número de ídolos existentes fora delas.

Enquanto o Evangelho, à luz da Codificação, revela imortalidade e Justiça divina, sob a ótica das tradições humanas, as ortodoxas religiões abonam o crime e o erro, seja no perdão dos pecados, seja por adotarem a versão da morte.

Quando os soldados vigiam o túmulo selado, onde o corpo do Cristo é recolhido por José de Arimateia, indiretamente divulgam a morte.

Depois do Calvário, Jesus é identificado, mediunicamente, pelos discípulos no caminho de Emaús, bem como no Cenáculo e na prodigiosa pesca, onde dá a Pedro e a João orientações sobre suas missões.

Não se podem confundir os frutos da figueira transplantada à Terra pelas mãos do Senhor, que se destinavam a produzir alimento para o Espírito, com os que, atualmente, contemplam apenas a vida física, depois dos enxertos que, por seguidos séculos, a árvore religiosa experimenta.

Aconselha o Mestre, pois, a não se acreditar nos falsos orientadores que, denunciando interesses materiais, o anunciam aqui ou ali (MATEUS, 24:26) e que, revelando, por vezes, a própria incredulidade, recordam os setenta anciãos, localizados, mediunicamente, pelo profeta Ezequiel no interior do templo, onde se acreditam ocultos aos olhos de Deus (EZEQUIEL, 8:9 a 12).

83
A volta de Elias

> *De outra vez, os discípulos o interrogaram: por que dizem os escribas ser necessário que Elias venha primeiro? Então Jesus respondeu: De fato, Elias virá e restabelecerá todas as coisas. Mas eu vos declaro que Elias já veio e não o reconheceram [...]. Então os discípulos entenderam que lhes falava a respeito de João Batista.*
> (MATEUS, 17:10 a 13.)

Os versículos 10, 12 e 13 devem ser traduzidos por *revelações*, considerando identificarem Elias na condição de precursor do Cristo, enquanto o versículo 11 deve ser interpretado por *profecia*.

Dois outros oráculos, sobre o retorno de Elias como precursor, merecem recordados: o primeiro, pronunciado por Isaías e ratificado por Malaquias: "Voz do que clama no deserto, preparai os caminhos do Senhor, endireitai suas veredas" (ISAÍAS, 40:3; MALAQUIAS, 3:1 e 4:5), que Jesus atribui a João Batista, depois de consagrá-lo como maior dos nascidos de mulher: "E, se o quereis reconhecer, ele mesmo é o Elias que estava para vir" (MATEUS, 11:11 a 14).

Pronunciado por Jesus, depois da morte de João Batista, o versículo 11 compreende oráculo sobre o futuro mandato do profeta: Elias, de fato, deve voltar e "restabelecer todas as coisas".

No corpo de João Batista, o Espírito Elias desempenha tarefa de precursor, endireitando as veredas do entendimento e preparando os terrenos áridos e pedregosos dos corações humanos, facultando-lhes compreensão da mensagem do Filho do Altíssimo.

As coisas a serem restabelecidas, indicando futura missão de Elias, compreendem alusão ao seu mandato na restauração do Evangelho.

A propósito, convém lembrar palavras do Espírito de Verdade que sugerem autenticidade à mensagem do Senhor:

> São chegados os tempos em que "todas as coisas serão restabelecidas", no seu verdadeiro sentido, para dissipar as trevas, confundir os orgulhosos e glorificar os justos.[28]

O Mestre não ignorava o triste destino que, no curso dos séculos, o homem haveria de impor à barca do Cristianismo de origem, anulando sua faculdade de iluminar e renovar o Espírito imortal. Eis por que se refere ao Consolador que haveria de permanecer para sempre no mundo (JOÃO, 14:16 e 17) e a forma pela qual deveria manifestar-se, ao dizer a Pedro: "Sobre essa pedra [mediunidade], edificarei minha igreja [doutrina]" (MATEUS, 16:18).

Sobre o alicerce da mediunidade sublimada, fonte das mensagens diversas, recicladas por Kardec, no século XIX, o celeste Embaixador "edificou sua Doutrina" e "restabeleceu todas as coisas".

Enquanto sua presença assinala a maioridade espiritual do homem, alterando o calendário terreno, a Codificação Kardequiana, sinalizando o início da era do Espírito, da ciência e da tecnologia, igualmente recorda o mais significativo evento, depois do grande Esperado.

Que não se olvidem, pois, os sentimentos de gratidão e o respeito a serem tributados aos missionários de Jesus,

---
28 KARDEC, Allan. *O evangelho segundo o espiritismo*, "Prefácio".

por comparecerem, periodicamente, ao palco da vida física, sempre revestidos do firme propósito de revelarem, por vezes com sacrifício da própria vida, o pensamento do Senhor, agora configurado no Evangelho à luz da Codificação, lembrando com Emmanuel que, sem a compreensão do Cristo no campo íntimo, a alma será sempre prisioneira de inferiores preocupações.

84
Os dois filhos

Dirigiu-se Jesus aos principais sacerdotes e anciãos, dizendo: Um homem tinha dois filhos. Chamando-os, disse ao primeiro: Filho, vai hoje trabalhar na vinha. ele respondeu: Sim, Senhor; porém não foi. Dizendo ao segundo a mesma coisa, respondeu o filho: Não quero; depois, arrependido, foi. Qual dos dois fez a vontade do Pai? Disseram: O segundo. Declarou-lhes Jesus: Em verdade vos digo que publicanos e meretrizes vos precederão no reino dos Céus.

(MATEUS, 21:28 a 31.)

Ciência que estuda a vida e o mundo noutra dimensão, traduzindo astronomia do céu, conhecida como religião, tem por função, como simbólica Vinha do Senhor, o cultivo dos frutos que iluminam os caminhos da Espiritualidade, intimamente desenhados pela conscientização religiosa, à guisa de mapa do Além, podendo-se, pois, compreender a preocupação do Senhor para com a vinha e, consequentemente, para com os legítimos trabalhadores.

Definido por Emmanuel como processo de iluminação íntima e definitiva da alma para Deus, a legítima religião compreende a mais importante de todas as aquisições do Espírito, motivo pelo qual sua verdadeira doutrina não permanece no mundo sem representantes.

Sentimento inato desde a infância do Espírito, a presença da religião, ainda que mediante vulgares manifestações que denunciam o nível evolutivo do ser, manifesta-se no quadro da virtude, destacando o zelo pela vinha e consequente convite que o divino Vinhateiro endereça a dois filhos que revelam distintos quadros de trabalhadores.

Emblema dos escribas e dos sacerdotes, o filho que promete ir e não vai, representando o primeiro quadro, denuncia os detentores de títulos representativos que, desprezando o trabalho e o sacrifício, correm atrás do convite, conquanto só compareçam à vinha em busca do salário e de compreensivas gratificações.

O filho que diz não ir, e que com a própria vida testemunha o amor à vinha, compreende os servos, por vezes, naturais de outras casas planetárias — como os Apóstolos e os profetas — sem trajes representativos do cargo e sem soldo, pelo trabalho e pela dedicação se identificam por servos da divina Vinha.

Os colaboradores leais do Cristo, diz Emmanuel, em qualquer situação da vida e, nos lugares mais distantes do planeta, sem diplomas e sem insígnias específicas, são conhecidos na sede espiritual dos serviços divinos.

Sobre os primeiros filhos, esclarece Jesus que seriam precedidos no reino de Deus até pelos publicanos e pelas meretrizes, outrora consideradas pessoas sem expressão social e de má vida, respectivamente.

Sem ostentarem títulos acadêmicos representativos, os leais servidores do Cristo, em qualquer lugar do mundo, à semelhança de Chico Xavier, Bezerra de Meneses e Barsanulfo, em qualquer quadro social, por simbolizarem o sal da terra, compareçam à seara de Jesus, dando de graça o que de graça receberam das abençoadas mãos do Senhor.

85
Religião

Se me amais, guardai os meus mandamentos; e eu rogarei a meu Pai, e ele vos enviará outro consolador, a fim de que esteja para sempre convosco, o Espírito da Verdade, que o mundo não pode receber, porque não o vê nem o conhece.

(João, 14:15 a 17.)

Manifestação do celeste Amor, por sinais bizarros, a religião se denuncia entre os seres mais primitivos da Terra.

Respeitado o grau de evolução e maturidade de cada geração de Espíritos, por três vezes, no curso dos milênios, Jesus estrutura no mundo o pensamento religioso como roteiro do Espírito às celestes moradas.

Como revelação divina e por via mediúnica, a religião se *destaca, pela primeira vez,* no Ocidente, nas tábuas da lei, por intermédio de Moisés, sucedido por séculos pelos profetas, também enviados do Senhor.

Reduzida a tradições e dogmas, simbolizando o sal que perde sua legítima função de temperar o alimento da alma, o Cristo de Deus, demonstrando seu infinito amor aos seres que orienta desde o princípio, assessorado por almas nobres, procedentes de planos mais evoluídos, de forma transcendente, comparece à Terra para acentuar o processo de continuada evolução espiritual.

Autor da Constituição que preside a vida em todos os planetas, com as obras que testemunham a seu respeito (JOÃO, 5:36), *pela segunda vez*, o Senhor consagra na Terra a universal mensagem de imortalidade e de amor ao próximo, embora ciente do desinteresse e da falsa interpretação que o homem, no curso dos séculos, lhe haveria de sugerir.

O comportamento do povo deve ser interpretado por obstinação e apego ao império terreno, considerando tratar-se de geração de Espíritos, em recuadas eras acolhidos pelo Cristo, na condição de almas exiladas de planos mais elevados.

Embora o grupo de Espíritos que, segundo Emmanuel, por seus méritos, retorna ao planeta de origem, outra geração de almas inteligentes, mas de significativo atraso moral, haveria de permanecer neste plano por estar necessitada de reiteradas experiências no terreno da evolução moral, então facultadas pelo tempo e pela dor.

O manifesto desapreço dos habitantes de Jerusalém ao Cristo, responsável por sua dispersão do solo pátrio, mais tarde, em Roma, daria motivo à transformação do Cristianismo — depois de três séculos reduzido a dogmas, liturgias e imagens — em remendos que vieram a ocultar a divina religião.

Na longa noite medieval, inúmeros missionários, por tentarem restaurar o sublime manto, conheceram a morte, depois das torturas que lhe foram impostas por tribunais religiosos, entre os quais o do "Santo Ofício".

Cumpridos os oráculos sobre o restabelecimento e a edificação de sua Doutrina, mediante roupa nova e sem remendos, o Senhor confere estrutura ao pensamento religioso — a Terceira Revelação — que, sob a bandeira da legítima conscientização espiritual, deverá permanecer, para sempre, no coração dos seres que lhe preservam os mandamentos.

Sob o título de Consolador, *a revelação religiosa, à luz do pensamento do Cristo, sugere neste plano a mais importante de todas as conquistas do homem, definindo seguro roteiro evolutivo ao Espírito imortal, por sua iluminação definitiva no caminho do Céu.*

Por compreender interesses do espírito eterno, a *Doutrina Espírita* recorda os ensinamentos do Senhor, atualizando esclarecimentos sobre incompreendidos textos evangélicos que, no Concílio de Niceia, permaneceram no cânone dos textos sagrados, ainda assim, ocultos como raízes submersas no terreno das figuras e das parábolas, revelando, com a Codificação, o dilatado conteúdo doutrinário que encerram.

86
Joio

Deixai crescer ambos, até à ceifa, quando direi aos ceifeiros: colhei primeiro o joio e atai-o em feixes para ser queimado.

(MATEUS, 13:30.)

Assegura o Espírito Lázaro[29] que, em suas origens, o homem só possui instintos, que define por embriões do sentimento.

Definido por embrião, o joio não pode ser extirpado sem prejuízo à vida do trigo, razão por que ambos devem crescer juntos, até à colheita — o grande juízo — que lhes assinalará destinos diferentes.

Emmanuel esclarece que, se a semente do trigo procede das mãos generosas do divino Semeador, o crescimento paralelo do joio não pode ser admitido por relaxamento, mas por esperança na vitória final do bem, denunciando também a indulgência do Senhor, no quadro das experiências da vida.

Deve-se compreender que a própria virtude, em suas origens, permanece mesclada de egoísmo, à semelhança do amor, ainda vinculado ao sexo, ao instinto de dilatação da espécie.

São compreensivas as palavras do profeta Isaías ao dizer que o Senhor não esmaga o caniço quebrado, nem apaga o morrão que fumega (ISAÍAS, 42:3; MATEUS, 12:20), expressões

---
[29] KARDEC, Allan. *O evangelho segundo o espiritismo*, cap. XI, it. 8.

que indicam a ilimitada prudência e compreensiva tolerância do Cristo, diante das fraquezas humanas, até que maiores valores morais lhes sejam acrescentados.

As manifestações pueris da adolescência espiritual, por isso, não lhe retiram o ensejo de crescimento espiritual, à semelhança do aluno que permanece na escola, conquanto as notas inferiores demonstradas nos primeiros trimestres.

Diz ainda Emmanuel que o Mestre nunca subtraiu oportunidades de crescimento e santificação do homem e, nesse sentido, o próprio mal, oriundo das paixões menos dignas, é pacientemente examinado por seu infinito amor, antes de destruído.[30]

Cada espécie é contemplada pela natureza, com estação própria para o plantio e, consequentemente, para a colheita, recordando que o extermínio do joio está relacionado à colheita do trigo, simbolizada no quadro de aferição de valores.

Antes, pois, de recolhido o trigo, o Senhor não elimina o joio que ocupa o mesmo solo, à semelhança das tradições e fantasias confundidas com religião, ou a humildade interpretada por ignorância e pobreza.

Na lavoura da evolução espiritual, por consequência, as dores mais significativas expressam a destruição necessária do joio inútil, ou se classificam por processos de autoiluminação, que procedem da Misericórdia do Pai celestial.

Emblema das imperfeições próprias, o domínio do "maligno" é proporcional à vulnerabilidade ou à inclinação do homem para o império dos vícios e dos erros, ainda cultivados.

Não se pode, pois, estranhar a presença do sofrimento, individual ou coletivo, mencionado nas profecias, não só pelo imperativo da lei de resgate, como igualmente por despertar o homem de qualquer acomodação, inclusive da hipnose religiosa tradicional e de consequentes vícios que ainda cultiva, por não crer na imortalidade do Espírito e na celeste Justiça que preside a vida além das fronteiras assinaladas pela morte do corpo físico.

---

30 XAVIER, Francisco Cândido. *Vinha de luz*.

87
Parábola do fermento

O reino dos Céus é semelhante ao fermento que uma mulher tomou e escondeu em três medidas de farinha, até ficar tudo levedado.
(MATEUS, 13:33.)

Acautelai-vos do fermento dos fariseus, que é a hipocrisia.
(LUCAS, 12:1.)

Designação de certos fungos unicelulares, agentes de fermentação, alguns levedos são patogênicos, enquanto o *Sacchcaromyces cervistas* é usado na indústria da cerveja.[31]

Se, no levedo da hipocrisia, os fariseus simbolizam o reinado terreno, o reino dos Céus, denotando o pensamento do Cristo, foi revelado em três simbólicas medidas.

Se o fariseu, à sua época, compreende falso condutor de almas, a mulher, no emblema da legítima religião, por facultar iluminação e moral, conduz o Espírito às celestes moradas.

Com o fermento do materialismo, o caminho do Céu permanece ainda no terreno da promessa em que se fundamentam as doutrinas de origem humana, enquanto o levedo da conscientização, facultado por Kardec, traduz o legítimo fermento, pela terceira vez distribuído na simbólica medida.

---
31 *Dicionário Aurélio.*

Ocultas nas três revelações de origem divina — Judaísmo, Cristianismo e Espiritismo — as *três porções de farinha*, traduzindo iluminação e alimento do Espírito, determinam o caminho das celestes moradas.

Sob a influência de mãos humanas, as duas primeiras revelações se transformam no fermento dos fariseus, denunciado na opulência dos templos e na prepotência de seus titulares que, sob o domínio da ambição e do orgulho, acomodam todos os valores aos particulares e transitórios interesses da vida física.

No símbolo da mulher, a religião que procede de Jesus, velada no terreno da simplicidade, mantém a finalidade de levedar o processo de compreensão e reforma íntima do homem, assegurando a edificação do reino do Céu íntimo, antes de implantado coletivamente no grande julgamento.

A terceira porção de farinha não está incólume do fermento do farisaísmo, considerando que grande parte dos atuais panificadores espirituais procedem das antigas searas.

Admitido por alimento da alma, as duas primeiras medidas de farinha compreendem o sustento das ovelhas desgarradas, enquanto a terceira medida traduz provisão para todas as ovelhas, simbolicamente localizadas nas encruzilhadas da vida (MATEUS, 22:9 a 10).

88
A pá e a eira

> A sua pá, ele a tem na mão e limpará completamente a sua eira; recolherá o trigo no celeiro e queimará a palha em fogo inextinguível.
>
> (MATEUS, 3:12.)

Admitido por Jesus como o maior dos nascidos de mulher (MATEUS, 11:11), João Batista consagra ao Mestre o seguinte testemunho, antes de pronunciar o texto sob exame: "Apesar de vir depois de mim, seu poder e evolução compreendem-se tão significativos que não me admito digno de conduzir suas sandálias".

A pá, *nas mãos do Senhor*, compreende o poder e a autoridade com que cura o enfermo, presidindo o mundo e o destino dos seres que o habitam nas diversas dimensões.

Nas mãos do homem, a pá compreende instrumento de trabalho com que efetua a própria evolução, recolhendo as provisões da sabedoria e da virtude no alforje do coração.

Emblema da imensa eira, o mundo compreende o pátio onde o trigo, emblema do alimento da alma, sob a ação do malho — tempo, trabalho e sofrimento — separa-se das impurezas que procedem da primitividade do Espírito.

A pá compreende, ainda, processo de limpeza da eira dos corações, iniciado com a conscientização proposta pela Codificação Espírita, seguido, se necessário, do sofrimento de variadas feições, ou mediante o processo seletivo a ser imposto aos seres que desprezam a orientação facultada pelo Evangelho.

Com o afastamento dos Espíritos recalcitrantes no mal, condenados ao degredo em planos inferiores do universo, Jesus assegura o asseio moral à eira que compreende a Terra, por consequência da limpeza que propõe ao mundo íntimo dos seres que nela irão permanecer.

As seitas humanas, cujo objetivo consiste em alimentar a ingenuidade religiosa, como árvores que não produzem frutos aproveitáveis, somadas à palha que compreende as mazelas morais do homem, se converterão, após o grande Julgamento, em combustível ao fogo da purificação, admitido então por inextinguível, por se considerar definitivamente extinto o império do anticristo, a ser exilado, com os seres moralmente inferiores, em planos afastados da Terra.

Compreensiva em suas origens, por proteger o trigo, a palha, também como emblema das ilusões ou das aparências, não se justifica na lavoura do homem civilizado, considerando que o domínio da maldade desenvolve-se na proporção da inteligência e do raciocínio, principalmente quando o terreno do coração denuncia a presença do escalracho do egoísmo e da ambição, da avareza e da prepotência.

89
Luz do mundo

Vós sois a luz do mundo. Não se pode esconder a cidade edificada sobre o monte.

(MATEUS, 5:14.)

Simbolicamente oculto no ofício com que se identifica neste plano, ainda que qualificado por Jesus por luz do mundo e cidade edificada sobre o monte, o Apóstolo ainda permanece incompreendido pelos seres que o qualificam de "simples pescador".

Por traduzir elevação e solidez, o monte define a estrutura do Cristianismo, traduzida pelos Apóstolos e reconhecida, à sua época, por Eneias, o paralítico que Pedro cura em Lida (ATOS, 9:32); por Dorcas, a discípula que o pescador de almas ressuscita em Jope (ATOS, 9:36 a 40); ou por Cornélio, o centurião de Cesareia, a quem foi consagrado o dom da profecia (ATOS, 10).

Por exemplificarem o Evangelho que divulgam, os Apóstolos também simbolizam o satélite, refletindo a luz suave que procede do coração augusto do Senhor.

Se a boa visão depende dos olhos e da luz, a escuridão espiritual e moral que o mundo ainda denuncia não pode ser atribuída à ausência da lâmpada ou da candeia que, simbolicamente, Jesus e os Apóstolos representam, mas ao simbólico alqueire do orgulho e ao vaso da prepotência, colocados sobre o Evangelho, atualmente sob o candeeiro da Codificação.

Ministros do Senhor, que os reúne na Terra para a continuidade da obra de redenção humana, os Apóstolos se compreendem honrados pela atribuição que recebem, conquanto cientes do calvário que os espera.

Pela compreensiva alegria manifesta na submissão dos Espíritos inferiores que os Apóstolos afastam dos enfermos, Jesus lhes diz: "Alegrai-vos mais por estar o vosso nome escrito no Céu" (LUCAS, 10:20), expressão que, embora vertendo cultura convencional, indica os planos mais elevados onde residem.

Por se referir à missão que o Mestre lhes atribui, convém lembrar o seguinte texto: "Assim como o Pai me confiou um reino, eu vo-lo confio, para julgarem as doze tribos de Israel" (LUCAS, 22:29 a 30).

A autoridade espiritual dos Apóstolos se denuncia ainda na seguinte exclamação:

> Bem aventurados os olhos que veem as coisas que vedes, pois eu vos afirmo que muitos reis quiseram ver o que vedes e ouvir o que ouvis e não conseguiram (LUCAS, 10:23 a 24).

Indiretamente, Jesus ressalta a autoridade dos Apóstolos, quando lhes diz: "Ao entrares numa aldeia ou cidade, indagai quem ali seja digno de vos hospedar", significando honra hospedar o discípulo do Cristo, à sua época chamado de *santo*.

Os Apóstolos exercem a profissão de pescadores por se ocultarem da prepotência das autoridades, visando minimizar as hostilidades de que ainda foram vítimas. Na condição de luz do mundo, conquanto ocultos sob a indumentária de simples pescadores, beneficiam expressiva comunidade, de cujas atividades, por ciúme, as autoridades retiram motivos para condená-los a pesadas cadeias, das quais, por vezes, se libertam somente com o auxílio espiritual.

Compreensivo engano é a superioridade que se empresta ao poder econômico, ou aos títulos politicamente adquiridos, considerando a condição de "mordomo" ou de simples "depositário" dos bens terrenos. Não obstante o compreensivo valor representado pelos títulos acadêmicos, por vezes adquiridos com inusitados esforços, não se podem olvidar os inúmeros diplomas, intelectuais e morais, conquistados no curso de centenas de existências, evidenciados no quadro da autoridade espiritual do missionário.

Entre os Espíritos em regime de expiação e provas, as posições sociais, propostas por seus superiores, compreendem necessárias experiências ou processos de reparação, enquanto, no terreno das missões espirituais, os quadros da existência física definem-se por escolha dos próprios missionários, que compreendem o que convém ao melhor desempenho da missão que o Mestre lhes confia.

Por constituir patrimônio inalienável, a humildade e a pureza de coração asseguram a posse do entendimento espiritual, revelado nas seguintes palavras do Senhor: "Graças vos rendo meu Pai, Senhor do Céu e da Terra, por revelares as coisas celestiais aos simples e pequenos, conquanto desconhecidas dos doutos e prudentes" (MATEUS, 11:25).

90
Toque da fé

> *Certa mulher que por doze anos sofrera de uma hemorragia e que gastara com médicos todos os haveres, veio por trás de Jesus e, tocando-lhe na orla da veste, ficou curada. Mas Jesus disse: Quem me tocou? Alguém me tocou, porque senti sair de mim uma virtude.*
>
> (LUCAS, 8:43 a 46.)

Doze anos de sofrimento, aliados ao esforço de renovação íntima, constituem elevada parcela de crédito espiritual, determinando a cura da mulher que, ocultamente, toca na orla da veste do Cristo.

Ninguém percebe a decisiva contribuição espiritual de Jesus, na inspiração que consagra à mulher, por reconhecer-lhe o quadro de valores morais. Do Mestre provém a intuição, a certeza e a determinação de que ela se reveste para tocar-lhe a indumentária.

Em cada processo de atendimento, Jesus sugere específica lição, seja destinada ao paciente, aos Apóstolos ou aos assistentes.

Por indicar o pecado como origem da enfermidade, diz ao paralítico de Betesda: "Olhe que já estás curado; não tornes a pecar, a fim de que não te suceda coisa pior" (JOÃO, 5:14).

Na cura do moço epiléptico, observando ausência de reajuste moral e a presença de faltas a serem resgatadas, exclama: "Ó geração incrédula e perversa! Até quando estarei convosco; até quando vos sofrerei?" (MATEUS, 17:17).

Enquanto Jesus ressalta a existência de diversas gerações de Espíritos, e consequentes quadros de entendimento, denuncia também a fé do centurião que se admite indigno de recebê-lo em casa, ao que Jesus responde: "Nem mesmo em Israel encontrei tamanha fé" (MATEUS, 8:8 a 10).

Ao cego de Siloé, no entanto, depois de restabelecer-lhe a visão, identifica-se, dizendo: "Crês tu no filho do Homem?", respondendo depois: "Já o tens visto, e é o que fala contigo" (JOÃO, 9:35 a 36). Recorde-se o que diz aos Apóstolos, sobre a enfermidade do cego: *Nem ele pecou, nem seus pais,* catalogando, pois, sua dor à condição de *sublimação* (JOÃO, 9:3).

Curiosamente, é bom lembrar que a mulher de Samaria (JOÃO, 4:26) e o cego de Siloé (JOÃO, 9:37) constituem as únicas pessoas a quem o Senhor se identifica.

Evidenciada na lei de causa e efeito, a Justiça divina é conhecida pelas autoridades religiosas judaicas que, no entanto, desconhecem a existência do sofrimento classificado por *sublimação*. Por isso dizem ao cego de Siloé: "Tu és nascido todo em pecado e queres nos ensinar?" (JOÃO, 9:34).

A enfermidade, segundo Emmanuel, possui raízes nas profundezas do ser. No entanto, a provisória saúde física que se experimenta não revela definitiva imunidade, somente adquirida com a evolução moral e a prática do bem.

São inevitáveis, pois, as diversas experiências de infortúnio, classificadas por evolução, prova ou reparação, como consequência das imperfeições humanas, de cujo quadro os Apóstolos e o cego de Siloé são excluídos, considerando ser *classificado por sublimação* o sofrimento que anotam por amor ao Cristo.

Ainda que admitida como resgate, a enfermidade da mulher significa investimento, considerando extrair dela experiências e lições que ensejam-na aproximar-se de Jesus.

O Senhor atende ao apelo dos seres que, demonstrando comunhão de valores morais, à semelhança da mulher enferma, no gesto de tocá-lo, denunciam íntima aproximação moral, admitindo-se, no entanto, *não ser suficiente o toque ou uma comunhão simbólica.*

91
Boa parte

Ao receber Jesus em sua casa, Maria quedava-se a seus pés, ouvindo-lhe os ensinamentos, enquanto Marta, sua irmã, se agitava de um lado a outro, ocupada nos muitos afazeres. Aproximando-se, pois, de Jesus, pergunta-lhe: Senhor, não te importas que minha irmã tenha deixado que eu fique a servir sozinha? Respondeu-lhe o Senhor: Marta! Andas inquieta e te preocupas com muitas coisas. Entretanto, uma coisa só é necessária, e Maria escolheu a boa parte que não lhe será tirada.
(Lucas, 10:40 a 42.)

Dirigida a Marta, a palavra do Cristo não constitui convite à indolência e à irresponsabilidade, nem discrimina o trabalho que, por sua natureza, indica, na Terra, diferente remuneração. O valor moral do homem, contudo, não se mede, aqui, pelo ofício, conquanto o *status* que a natureza do ofício lhe confere.

No capítulo da evolução, nenhum trabalho deve ser excluído do quadro das atividades impostas pela existência, considerando as exigências da vida física e o imperativo de evolução. Reunindo Espíritos missionários, o colégio apostólico constitui-se de pescadores, conquanto a presença de um coletor de impostos. Paulo elege o ofício de tecelão, em que pese o dízimo que lhe era facultado (I CORÍNTIOS, 9:15), ou a remuneração e a glória que o Sinédrio lhe empresta, antes da visão do Senhor.

Admitido como base à alegria dos seres superiores, o trabalho, para os seres primitivos, define-se por impositivo da vida orgânica, do que estimariam libertar-se. Por isso, àqueles que alegam procurar o inventor do trabalho, devem ser lembradas as seguintes palavras do Senhor: "Meu pai trabalha sempre e eu trabalho também" (JOÃO, 5:17).

Importa admitir, pois, que no terreno da vida orgânica, nenhuma tarefa deve ser discriminada, considerando, não só a transitoriedade da existência, como também a falsidade das aparências.

Abonado por Jesus, o comportamento de Maria não deve ser interpretado como indiferença, comodismo ou desapreço às lides da irmã.

O júbilo e a atenção que Maria dispensa ao Senhor demonstram não só o dever de anfitriã como também o imperativo de recolher-lhe a palavra que alimenta o Espírito, considerando o Senhor como celeste Despenseiro do alimento espiritual.

Entre as tarefas domésticas do cotidiano e a presença do Cristo, destacada por única, no curso dos milênios, sensatamente, a irmã de Lázaro optou pela melhor parte.

A presença do Mestre é tão significativa que Zaqueu, honrado por hospedá-lo, reveste-se de peculiar decisão de destinar aos pobres a metade de seus haveres.

Maria deve ainda ser lembrada na cura de Lázaro, por dizer a Jesus: "Se tu estivesses aqui, meu irmão não teria morrido" (JOÃO, 11:32), e no perfume de raro valor que derrama nos pés do Senhor, que enxuga com os próprios cabelos (JOÃO, 12:3), cometimento que não deve ser interpretado à conta de unção.

Os afazeres com que Marta se preocupa compreendem, simbolicamente, o cerimonial, os rituais, os dogmas e as aparências com que determinadas doutrinas se identificam, ocultando a boa parte, ou a essência da Doutrina Cristã que consiste, unicamente, na conscientização sobre a imortalidade do Espírito e na íntima reforma moral.

Escolhida por Maria e compreendendo a orientação Espírita, a boa parte se identifica também na prática do bem, nas boas obras, considerando representarem a legítima chave que descerra as portas do Céu.

A irmã de Marta define sua caminhada espiritual, aproveitando a claridade que a presença do Mestre denuncia (JOÃO, 9:5), afastando-se do jejum espiritual, em face do sustento que dele recolhe (MATEUS, 9:15) e alimentando-se, na Terra, do pão que desce do Céu.

92
Palavra de Deus

Disse uma mulher, no meio da multidão: Bem-aventurado o ventre que te concebeu e os seios que te amamentaram; ao que Jesus respondeu: Antes, bem-aventurados os que ouvem a palavra de Deus e a guardam.

(LUCAS, 11:27 a 28.)

    Escolhidos por Jesus, em face da elevada missão espiritual, os apóstolos definem a continuidade da divulgação cristã, por três séculos consecutivos.

    Os valores do Espírito, como inteligência e virtude, não compreendem atributos do corpo físico, sendo, pois, conveniente afastar-se de convencionais hábitos, que consistem na veneração do corpo físico ou de objetos definidos por sagrados, como a lança que, por ferir o Cristo, passou a mostrar poderes sobrenaturais, em vez de ser amaldiçoada.

    Por se concentrarem exclusivamente na vida orgânica, as teologias convencionais estacionaram em valores simbólicos, quer reverenciando a estátua do corpo crucificado, quer investigando a veracidade do Santo Sudário, ou pesquisando o paradeiro do Santo Graal e da Arca da Aliança, coberta de ouro, construída por orientação de Moisés, com a finalidade de guardar as tábuas da lei (DEUTERONÔMIO, 31:26), olvidando que a preocupação do homem, no terreno religioso, deve consistir da iluminação íntima, respaldada no Evangelho à luz da terceira revelação. Por isso, acentua Jesus à mulher: "Antes, bem-aventurados os que ouvem a palavra de Deus e a *guardam*".

O texto, no entanto, por anunciar a palavra de Deus, *exprimindo a legítima doutrina*, sugere a existência de palavra ou *religião* que não procede do coração do Pai celestial, à qual, por conveniência, os seres ainda consagram significativo culto.

À orientação de guardar a palavra de Deus, sugere-se que seja acrescentado o advérbio "intimamente", porque a ferrugem alcança os cofres físicos, enquanto as arcas cobertas de ouro os ladrões roubam.

Importa esclarecer que a palavra de Deus, consubstanciada no Evangelho, à luz da Codificação, constitui-se no maior legado do Mestre que, com sacrifício à própria vida, os missionários preservaram durante os três primeiros séculos do Cristianismo.

Guardada apenas na Arca da Aliança, a Lei de Deus foi esquecida, enquanto as religiões oficiais, retratando a palavra do homem, confundidas pela suntuosidade dos templos e convertidas em impérios, alargaram o próprio domínio terreno.

Os Apóstolos possuem seus nomes escritos no Céu (LUCAS, 10:20), símbolo dos planos superiores a que pertencem. Depois da morte física, por imperativo da missão que Jesus lhes consagra, alguns permaneceram em regiões superiores da Espiritualidade, conquanto ligadas à Terra, à semelhança de João, sobre o qual diz Jesus: "Se eu quero que ele permaneça aqui até que eu volte, que te importa?" (JOÃO, 21:22).

Ainda que se atribua ao corpo do Cristo a mais expressiva qualificação, deve-se compreender que o Espírito *transcende* o corpo que, como indumentária, abandona ao ingressar noutra dimensão, devendo-se admitir, com base na oração sacerdotal, a existência de Jesus, anterior à formação da Terra e do próprio sistema planetário a que preside (JOÃO, 17:5).

93
Celestes moradas

Há muitas moradas na casa de meu Pai, onde vou preparar-vos lugar.

(João, 14:2.)

Definida por Aristóteles como vasta planície e centro do universo, por muitos séculos admitiu-se a Terra orbitada pelo Sol e pela Lua, sustentando um firmamento enfeitado de estrelas. Ratificada a teoria por Ptolomeu, as moradas da casa do Pai só poderiam ser localizadas neste mundo, filosofia que deu motivo à seguinte exclamação dos Apóstolos Tomé e Felipe: "Senhor, não sabemos para onde vais; como saber o caminho?" (João, 14:5).

Com elevada sabedoria, o codificador define o universo como casa do Pai, e os planetas como infinitas moradas, habitadas por Espíritos de proporcional evolução.

Não se pode ignorar, todavia, a presença de homens que, no pretérito, demonstraram elevados conhecimentos sobre a matéria, sendo oportuno conhecer o que o codificador diz a respeito:

> Pelo ano de 600 a.C., Tales de Mileto (Ásia Menor) descobriu a esfericidade da Terra, a obliquidade da eclíptica e a causa dos eclipses.
> Um século depois, Pitágoras descobre o movimento diurno da Terra, sobre o próprio eixo, o movimento anual

em torno do sol e incorpora os planetas e os cometas ao Sistema Solar.

As descobertas, no entanto, por ausência de maturidade das criaturas e de melhores fatores de comunicação, levaram perto de dois mil anos para se popularizarem, permanecendo apenas como patrimônio de alguns filósofos.[32]

As pirâmides do Egito, segundo Emmanuel, constituem avançados conhecimentos confiados com exclusividade aos mais graduados sacerdotes que, por isso, se recolhem em ambiente reservado dos templos, mediante os mais severos compromissos dos iniciados em seus mistérios.

Enquanto os egípcios e os maias, mediante respeitáveis faculdades mediúnicas, detinham conhecimentos sobre o universo, Galileu, revelando a esfericidade da Terra, foi questionado por autoridades religiosas, que o condenaram à prisão domiciliar, qualificando suas descobertas de heresia.

Sem desprezar o mérito indiscutível da ciência, os astrônomos da atualidade, equivocadamente, admitem por *acidente* a vida física da Terra e a formação dos mundos que compõem o universo, ignorando a seguinte afirmação do profeta Isaías: "Para serem habitados, o Céu e a Terra foram por mim criados" (Isaías, 45:18).

Compreenda-se a mediunidade como fonte das informações que os seres, no passado, detinham sobre o universo, definindo moradas infinitas na casa de Deus, cuja vida não se revela, exclusivamente, à de natureza biológica ou física, considerando expressar-se, igualmente, em diferente dimensão.

No criterioso exame a que toda revelação mediúnica deve ser submetida, como determina o profeta Jeremias (Jeremias, 23:16 a 33), só o conteúdo determina sua qualidade. Convém esclarecer, contudo, que a presença do animismo, das forças mediúnicas embrionárias, das mistificações ou dos falsos médiuns não invalida a existência da faculdade mediúnica, admitida

---
32 KARDEC, Allan. *A gênese*, cap. V, it. 10.

por futuro de todos os seres, facultando a comunicação com o Além, pátria verdadeira de todos, de onde procedem as revelações de comprovada lógica e de inusitado valor, que não podem ser desprezadas, sem prejuízo ao progresso do homem.

Foi por meio da faculdade mediúnica que os Egípcios obtiveram revelações sobre Capela, no sistema do Cocheiro, de onde migraram como Espíritos, facultando informações de astronomia aos maias sobre as grandes transições anotadas nos evangelhos e orientando Allan Kardec na Codificação do Espiritismo.

Jesus assegura aos Apóstolos que iria preparar-lhes lugar, as moradas celestes ou o Céu, onde seus nomes já estavam inscritos.

Enquanto os planetas são por ele edificados, os Espíritos os conquistam, na proporção de sua evolução moral. Classificam-se, de acordo com o codificador, em cinco categorias de mundos habitados: primitivos; de provas e expiações; regenerados; felizes; e celestes ou divinos.

De extrema valia é a transcrição de alguns trechos do codificador, sobre o assunto:

> Nos mundos superiores, as condições da vida são, significativamente, diferentes da vida terrena. A forma humana é mais aperfeiçoada, embelezada e, sobretudo, purificada. O corpo nada tem de materialidade terrestre e, conseguintemente, não está sujeito às exigências, nem às doenças ou ao envelhecimento. Os sentidos mais apurados são mais aptos a percepções a que a grosseria da matéria obsta. A leveza do corpo permite locomoção fácil e rápida; em vez de se arrastar penosamente pelo solo, desliza, a bem dizer, sobre a superfície, ou plana na atmosfera, sem qualquer esforço, senão o da vontade. Memorizando os traços de suas passadas migrações, os seres se mostram a seus amigos, tais como conhecidos por eles, porém, irradiando luz divina. A morte, recordando o corpo de Jesus, não acarreta os horrores da decomposição, por

considerada transformação feliz. Não tendo a constrangê-la a matéria compacta, expande-se e goza de maior lucidez, quase num estado de permanente emancipação que lhe permite plena transmissão do pensamento. Somente a superioridade moral e intelectual confere supremacia. A autoridade, oriunda, exclusivamente dos méritos espirituais, merece respeito de todos. Numa palavra: o mal, nesses mundos, não existe.[33]

Assegura o Espírito François Nicolas Madalene[34] que a Terra é o corpo biológico e não oferece condições à completa felicidade, somente encontrada em planos mais evoluídos, onde ingressa depois de imunizado contra os estados de culpa que o erro anota à consciência. Vencida a gravidade representada pelas mazelas morais, liberta-se o Espírito da obrigatoriedade imposta pela lei da reencarnação e do consequente esquecimento, podendo-se dizer, parodiando o ensinamento bíblico: "De hoje em diante te alimentarás *sem* o suor do rosto".

Saúde eterna e paz de consciência, isento dos pesados tributos determinados pelos imperadores da Terra, o sofrimento anotado pelo Espírito que alcançou esferas mais evoluídas define-se, apenas, na ausência dos seres amados que, porventura, permanecem à retaguarda evolutiva, em favor dos quais mobiliza planos de auxílio, sem descartar eventuais encarnações.

---

33 KARDEC, Allan. *O evangelho segundo o espiritismo*, cap. III, it. 9 e 10.
34 Id. Ibid., cap. V, it. 20.

94
Oração no monte

Retirou-se Jesus para o monte, onde passou a noite orando a Deus.

(Lucas, 6:12.)

Depois de contemplados por inusitadas orientações do Cristo sobre a prece, admitem-se por estranhas as conhecidas manifestações religiosas sobre a oração, determinando a transcrição de alguns textos evangélicos sobre o nobre ato de fé:

E orando, não procedais como os hipócritas, que gostam de orar nas sinagogas e nas praças, para serem vistos pelos homens. Tu, porém, quando orares, entra no teu quarto e, fechada a porta, ora em secreto ao Pai celestial. E orando, não useis de vãs repetições, como fazem os gentios, que presumem serem ouvidos pelo muito falar; não vos assemelheis a eles, porque vosso Pai sabe o de que tendes necessidade, antes que lho peçais

(Mateus, 6:7 a 8.)

Vem a hora e já chegou em que não será no monte ou em Jerusalém que o Pai será adorado, pois importa seja ele adorado, em espírito e em verdade.

(João, 4:21 a 24.)

O valor da oração, segundo os textos evangélicos, não se mede pelo lugar, nem pela quantidade de palavras, nem por luzes simbólicas, sendo oportuno considerar ainda que "entrar no quarto" compreende o recolhimento íntimo recomendado pelo Senhor.

Quanto à sua extensão e à multiplicidade de palavras, é bom conhecer o que, ironicamente, Elias diz aos profetas de Baal, que, sem resposta, oram a seu ídolo durante toda a manhã: "Clamai em altas vozes porque vosso deus pode estar dormindo" (I REIS, 18:27).

Na ausência de resposta à rogativa, convém examinar, inicialmente, se o coração e os sentimentos se harmonizam às palavras proferidas, considerando que, como veículo da palavra, o pensamento desorientado, como barco à deriva, omite o endereço da oração.

O pedido contido na prece deve guardar coerência à pauta que precede à reencarnação — denunciada nas inclinações inferiores, que dão origem às tentações — ainda assim, na proporção da humildade e da conscientização doutrinária que possui.

Desde que endereçada corretamente, a súplica que tem por alicerce o coração e a mente, sempre contém resposta, ainda que incompreendida pelo homem, que desconsidera a vida espiritual e a Justiça divina.

Não constitui crime pedir o pão de cada dia, como ensina a oração do Senhor, nem a saúde para o corpo físico. sua ausência, contudo, deve ser compreendida por falta de mérito espiritual, determinando continuada submissão às divinas diretrizes, que melhor conhecem as necessidades de cada ser, antes de mencionadas na prece.

É imperioso admitir que a evolução do Espírito não se obtém com regalias materiais, por vezes ausentes do roteiro da existência.

Pedir em nome de Deus, pois, não compreende falta, desde que sob o abrigo da humildade, submetendo-se aos superiores desígnios, considerando conhecer os méritos e as tendências inferiores do Espírito.

Compreenda-se a oração, também, por sustento da alma, quando em harmonia com o Cristo, com seus mensageiros ou com os Espíritos familiares.

Se o lavrador sensato, depois da semeadura que traduz pedido à natureza, ainda confere tempo suficiente ao crescimento da planta e à formação da espiga que antecede as bênçãos da colheita, compreensão idêntica deve embasar qualquer rogativa expressa na oração, o que o Senhor assegura na seguinte lição: "Seja o que for que peçais na prece, em meu nome, crede que obtereis" (MATEUS, 7:7 a 11). *Compreenda-se*, pois, que pedir em nome de Jesus significa sujeitar-se, no tempo, a seus desígnios maiores.

Na ausência de legítima conscientização evangélica, inúmeras criaturas, por não reconhecerem a coragem e a resignação, por benefícios facultados pela oração, alegando desilusões quanto à sua eficácia, abandonam a nobre comunhão espiritual.

Enquanto a prece no monte significa forma distinta de recolhimento, orar a noite toda revelaria ausência de fé. No entanto, por permanecer em constante sintonia com o Pai celestial, a vida do Mestre compreende eterna oração.

No campo íntimo da prece, não se pode olvidar que, além *dos méritos espirituais*, o atendimento *depende do que se pede*. Que se recordem, pois, os pacientes, por vezes contemplados sem qualquer palavra ou por simples toque na veste do Cristo, compreendendo que, incitando a orar, ainda acrescenta: "Tudo quanto quereis que os homens vos façam, fazei-o vós também a eles" (MATEUS, 7:12).

95
Codificação Espírita

> *Tenho ainda muito que vos dizer, mas vós não podeis suportar agora. Quando o Espírito da Verdade vier, vos conduzirá a toda verdade, porque não falará de si mesmo, mas somente do que provém de meu Pai.*
> (João, 16:12 a 13.)

Sob os auspícios do Cristo, a Codificação Kardequiana, recordando sua promessa, traduz-se por mensagem de iluminação interior, definindo seguro roteiro evolutivo ao Espírito imortal. Como doutrina organizada, compreende a seguinte estrutura:

a) Imortalidade do Espírito;

b) Reencarnação;

c) Vida organizada noutra dimensão, com distintas classes sociais;

d) Justiça divina (insubornável), que preside o destino dos seres; e

e) Mediunidade.

Por consultar interesses do Espírito eterno, a Doutrina Espírita recorda os ensinamentos do Senhor, atualizando esclarecimentos sobre incompreendidos textos evangélicos que, no Concílio de Niceia, permaneceram no cânone dos textos sagrados, depois de excluídos os livros admitidos por apócrifos.

Embora respaldada na moral e na prática exclusiva do bem — portanto ao alcance de todos os seres — a Codificação traz estreitos vínculos com a ciência espiritual, por estudar a evolução anímica, os processos alusivos à morte física, à reencarnação e aos complexos obsessivos.

A *imortalidade* é definida por Jesus ao aparecer, mediunicamente, aos Apóstolos, depois da crucificação, cujo fenômeno foi, intencionalmente, traduzido por ressurreição.

A *reencarnação*, admitida por base à lei de evolução, é ensinada a Nicodemos, nos seguintes versículos: "Ninguém pode ver o reino de Deus se não nascer de novo" (João, 3:3 a 7). Convém ainda lembrar o que diz sobre o precursor: "E, se o quereis reconhecer, ele mesmo é o Elias, que estava para vir" (Mateus, 11:14).

A *vida organizada noutra dimensão* compreende tema suficientemente estudado nas obras do Espírito André Luiz, às quais a faculdade mediúnica de Francisco Xavier confere foros de legitimidade.

A Justiça divina, constante do primeiro mandamento do decálogo mosaico e mencionada pelos profetas Ezequiel (18:2 a 4) e Jeremias (31:30), é ratificada pelo Cristo no momento da prisão, depois de restaurar a orelha do soldado Malco: "Embainha tua espada, porquanto todo o que fere com espada, com espada será ferido" (Mateus, 26:52). Recorde-se ainda o que diz ao paralítico de Betesda: "Olhe que já estas curado; não tornes a pecar, a fim de que não te suceda coisa pior" (João, 5:14).

A *mediunidade*, pedra em que o Mestre edifica sua Doutrina (Mateus, 16:18), definida hoje como percepção e como futuro patrimônio de todos os seres, constitui faculdade dos profetas, recordando, igualmente, as pitonisas nos templos de Delfos em Atenas, os grandes iniciados do Egito antigo e o diálogo de Jesus com os Espíritos Moisés e Elias (Mateus, 17:3).

Confundida com magia ou bruxaria, a faculdade mediúnica é contestada pela religião oficial que, erroneamente, julga equacionar processos obsessivos ou expressões mediúnicas embrionárias mediante o exorcismo, cerimônia religiosa que reuniria poderes para expulsar Espíritos insubmissos, admitidos por demônios que, por isso, emprestam ao exorcista compreensiva ironia, por vezes acompanhada de significativas demonstrações de agressividade.

Definida também por mediunidade torturada, a obsessão recorda a enfermidade dos endemoniados, que o Cristo contempla com a saúde, valendo conhecer as anotações dos *Atos dos apóstolos*, segundo os quais o Espírito, depois de subjugar os sete filhos do sumo sacerdote Ceva, que pretendem exorcizá-lo, disse-lhes: "Conheço a Jesus e sei quem é Paulo. Mas vós, quem sois?" (ATOS, 19:13 a 16).

Depois da compreensiva terapia que o Senhor consagra aos enfermos, conhecidos por endemoniados, somente o Espiritismo assegura adequado tratamento aos pacientes da obsessão ou da mediunidade torturada, buscando compreender a origem do drama obsessivo, e definindo como equivocada a justiça representada pelos obsessores, nos caminhos comprometedores da vingança.

A Codificação não mantém compromissos com as liturgias, nem com os dogmas ou tradições determinados por teologias convencionais, considerando anularem o elevado conteúdo moral contido no Evangelho. A reparação do erro, por isso, constitui-se da única terapêutica definitiva, por apagar suas cenas da consciência, em que pesem os benefícios temporários facultados pelo esquecimento a que a reencarnação conduz. O calvário, por isso, para os seres terrenos, compreende fator de redenção, por afastar da consciência o remorso, o maior de todos os sofrimentos que o Espírito livre pode anotar.

De modo idêntico, a morte do Espírito ou o sono eterno não constituem doutrina cristã, conquanto os compreensivos pesadelos a que a alma está sujeita, de acordo com as desagradáveis cenas arquivadas na consciência.

Instituindo *íntima iluminação* ao Espírito imortal e representando o Cristianismo restaurado, a Codificação constitui, na Terra ou na Espiritualidade, a mais importante de todas as aquisições do Espírito.

96
Cura espontânea

> *Com uma multidão de enfermos, no tanque de Betesda encontrava-se um homem enfermo há trinta e oito anos, a quem Jesus perguntou: Queres ser curado? Levanta-te, toma o teu leito e anda. Encontrando-o mais tarde, disse-lhe: Olha que já estás curado; não peques mais, para que não te suceda coisa pior.*
>
> (João, 5:2 a 14.)

    Unidade estrutural básica do organismo físico, a célula, compreendendo a menor unidade da matéria viva, capaz de reproduzir-se, sob influências diversas, pode desenvolver mutações genotípicas, notadamente sob a influência do Espírito que, sob compromissos, lhe alimenta a vida.

    Acusado pelo remorso, o Espírito enfermo pode sugerir às células do corpo em gestação, as lesões anatômicas ou funcionais contidas no perispírito, a menos que diferente plano de resgate figure da pauta de nova existência, prorrogando ou reduzindo manifestações patológicas para fases diversas da vida.

    Identificada nos irracionais, a doença fortuita não reclama a interrupção obrigatória da vida física, conquanto os recursos de que os operários espirituais dispõem para afastar a alma do animal do corpo enfermo.

    Oriunda de defecções morais ou de más ações, no organismo do ser inteligente, a moléstia significa expiação, considerando que, pelas janelas invisíveis da consciência, o homem anota a voz da Justiça divina.

Quando a enfermidade denota quadro corretivo, a medicina deste plano, como divina presença do Cristo, limita-se, atualmente, aos méritos espirituais dos seres, em sua maioria escravos do erro e de mazelas morais, razão por que Jesus apenas promete alívio aos aflitos e sobrecarregados que revelam alguma parcela de brandura e de humildade.

Anotadas por destino, compreendem, pois, as determinações constantes do mapa da existência, até que, edificada pela reparação — emblema do calvário humano —, a harmonia íntima volte a presidir a consciência, denunciando compreensiva espontaneidade no quadro da restauração da saúde, como observado no terreno das próprias anomalias.

Por facultar íntima iluminação e profilaxia à alma, o Evangelho assegura perene equilíbrio íntimo, conferindo à consciência a paz que procede do Cristo, criando imunidade aos imprevistos de origem cármica, transformados que são em adversários sem armas, de harmonia com o seguinte preceito do Cristo: "Se permanecerdes em mim, e as minhas palavras permanecerem em vós, pedireis o que quiserdes, e vos será feito" (JOÃO, 15:7).

Compreendidos por alusão ao tema, dois versículos evangélicos foram acima anotados: o primeiro ("não tornes a pecar para que não te suceda coisa pior") destaca o pecado como origem da enfermidade, enquanto o segundo texto ("perdoados são os teus pecados") identifica a cura como consequência do perdão, por sua vez alcançado pelo resgate e pela íntima renovação.

Adquirido mediante o pagamento do dízimo ou por meio de atos litúrgicos convencionais, o perdão gratuito atribui suborno à Justiça divina, que abonaria o crime, por isso já institucionalizado no mundo, com manifesto desprezo ao direito do ofendido, além de revogar a seguinte prescrição do Cristo: "Quem lança mão da espada, à espada perecerá" (MATEUS, 26:52).

Importa reconhecer que a utopia do sono eterno, significando morte do Espírito, invalida a Justiça divina e, consequentemente, a moral contida no Evangelho, determinando que a dor seja interpretada como acaso e a cura de certas doenças como espontânea.

"Espontânea" compreende a cura, depois de remida a falta, como todo o pecado é perdoado depois de devidamente resgatado (MATEUS, 12:31). Não só pelo que determina a Justiça divina como também igualmente pelo incômodo que se instala na consciência, compreensível se torna o texto evangélico: "Quem comete pecado, dele se torna escravo" (JOÃO, 8:34).

Conquanto oculta aos olhos físicos, a imortalidade do Espírito, por consequência, determina a vida organizada noutra dimensão, revelando em planos elevados, hierarquia respaldada na moral, a cujo quadro, simbolicamente, pertencem os anjos, os arcanjos e os serafins abonados pela igreja romana ou, na mitologia, as parcas que, noutra dimensão, administravam a vida humana.

Por anjo da guarda, a cultura religiosa tradicional reconhece a presença de almas conhecidas na Codificação por mentores espirituais que, promovendo o progresso humano, de perto acompanham a vida do assistido, por quem velam, limitando-se, senão quando autorizados, a amenizar o sofrimento, sugerindo decisões e pensamentos nobres ou facultando resistência e coragem, por compreenderem que afastar gratuitamente o sofrimento de alguém significa prorrogá-lo para futuras vidas, a menos que contabilizando comprovadas parcelas de trabalho junto ao próximo.

Do quadro de enfermos, não se podem afastar os pacientes de processos obsessivos, manifestos ou ocultos, revelando sintomas patológicos dissimulados de doenças físicas que, sem abandonar o convencional tratamento, reclamam paralela assistência espiritual, por contemplar os seres desencarnados — agentes da vingança — e, por vezes, os próprios familiares do paciente.

Resguardados que se imaginam por extensas muralhas da mentira e da crueldade, inúmeros seres procuram se preservar do inevitável remorso, o celestial oficial de justiça que, apoiado na sucessão dos anos e das reencarnações, vence as frágeis fortalezas impostas pela rebeldia, invadindo a cidadela íntima da consciência e facultando a sua companhia.

Compreensivos na *primitividade* da alma, o orgulho, a vaidade, a ambição e o despotismo, na maturidade do *Espírito*, traduzindo doença de erradicação difícil, reclamam dilatadas porções de "tempo".

Admitida por voz divina, a consciência grava o erro, comunicando ao corpo biológico os respectivos efeitos.

Sob o comando da mente equilibrada, não só as células se harmonizam espontaneamente eliminando a doença, como recolhem, dos mentores espirituais, a adequada terapêutica na restauração à saúde.

A falta de fé, traduzindo ausência de méritos espirituais do *paciente*, não deve facultar a presença do pessimismo, considerando que autoridades espirituais podem decidir pelo alívio ou pela cura total, anotados em forma de adiantamento, do que deverá prestar contas, como patrimônio que adiantadamente recebe no terreno da misericórdia celestial, como demonstrado na cura do epiléptico (MATEUS, 17:17 a 18).

Os pecados e respectivas sentenças, gravados na consciência, em proporção à inteligência do ser, virtualmente são anotadas no plano espiritual onde matriculado o Espírito, como ensina Jesus ao dizer: "Tudo o que ligares na Terra será ligado no Céu" (MATEUS, 18:18).

As imagens facultadas pelas ações, sempre arquivadas no vídeo da memória, conquanto ocultas neste plano ao olhar de terceiros, na Espiritualidade, além da possibilidade de serem reproduzidas em tela, igualmente são conhecidas de Espíritos de diversos estados evolutivos, no que os inferiores se respaldam para mover consequentes processos de retaliação, o que explica o seguinte texto do Cristo: "Nada há encoberto que não venha a ser revelado, ou oculto que não venha ser conhecido publicamente" (LUCAS, 12:2).

97
Arrependimento

Arrependei-vos, porque está próximo o reino dos Céus.
(MATEUS, 3:2.)

Embora significando edificação íntima, o reino dos Céus compreende, também, emblema dos mundos habitados por Espíritos superiores, assim considerados os seres dotados da evolução moral.

Como adjetivo, o termo "próximo" significa curta distância no espaço e no tempo, enquanto noutra versão expressa a conquista espiritual, ao "alcance" de todos os seres.

Entre dois pontos, a distância diminui na proporção da reta que se lhe imprime, enquanto a velocidade determina o menor tempo.

Admitido o reino de Deus como aquisição íntima e o Cristo como legítimo caminho, sua escolha define a distância mais curta, por se afastar da lenta marcha coletiva, alinhada aos subalternos interesses terrenos, decidindo em curto tempo o que a coletividade só define com a contribuição dos milênios.

O livre-arbítrio faculta ao homem abreviar ou retardar a conquista do reino do Céu. Optando por acompanhar a legião dos Espíritos prepotentes, conquanto detentores de significativa inteligência, com consequências desagradáveis, procrastina a evolução moral própria, tornando-se, por vezes, voluntário candidato ao exílio, por não acompanhar o processo de evolução facultado por Jesus.

O verbo "arrepender" não quer dizer salvação imediata e gratuita, como se julga sob a versão comodista de doutrinas convencionais. Significando porta de acesso à reparação, o arrependimento, sempre de mãos dadas com o remorso, compreende senda que conduz à redenção, ainda que por meio do calvário, a única vereda que apaga as incômodas cenas, virtualmente demonstradas na tela da consciência.

Por definir edificação própria, e sem depender de terceiros, o reino do Céu se define, então, por íntimas decisões.

98
Visão espiritual

> *Bem-aventurados os olhos que veem as coisas que vós vedes, pois eu vos afirmo que muitos profetas e reis quiseram ver e ouvir o que vedes e ouvis, e não puderam.*
> (Lucas, 10:23 a 24.)

Examinado à luz da Codificação, o texto não se refere à audição ou à visão físicas, nem à luz da inteligência que constitui o quadro de sabedoria que se adquire no curso de infinitas experiências. Reporta-se Jesus à compreensão que repousa na maturidade do Espírito, sem desprezar a visão facultada pela mediunidade.

No círculo dos interesses imediatos, os filhos do mundo desenvolvem outra forma de visão, compreendida por olhos da avareza, da inveja, da ambição ou do egoísmo, responsável pelo desequilibrado quadro socioeconômico, com prejuízo imediato ao semelhante, embora contabilizando quadros de reparação para o próprio destino.

Conquanto raros neste plano, não se podem olvidar os olhos da ternura, da benevolência, da fraternidade e do amor, que constroem as planícies da paz e da harmonia, presidindo a vida em planos superiores.

Embasado no quadro de sabedoria, a visão espiritual de cada ser repousa na estreita relação que mantém com o progresso moral.

Adquiridas no curso de infinitas experiências terrenas, a sabedoria e a maturidade do Espírito, quando isentas das paixões, consagram a perfeita visão, proporcionando o saber inato e o fácil raciocínio.

Dotados de visão e de audição espirituais, os discípulos do Batista anotam o que Jesus determina: "Ide e anunciai a João o que *vistes e ouvistes*".

Aos Apóstolos que lhe solicitam explicação sobre a parábola do semeador, diz o Senhor: "A vós é dado *conhecer* os mistérios do reino dos Céus, enquanto aos demais fala-se por parábolas, porque, *tendo ouvidos, não ouvem* e *possuindo olhos, não veem*".

Em que pese a inteligência e a *visão* que os fariseus demonstram ter para os interesses imediatos, Jesus os qualifica de *cegos* conduzindo outros *cegos*.

À visão sobre o imediatismo da vida física, consagram-se elogios e compreensivos salários, reservando críticas e censuras aos seres que se orientam pela bússola do Evangelho, considerando a inferioridade moral dos seres terrenos.

Ao contrário da visão mencionada por Jesus, convém lembrar as criaturas submetidas às amarras do convencionalismo religioso, com significativo prejuízo à visão espiritual e à liberdade que o progresso moral proporciona.

Finalmente, deve-se admitir por erro de tradução a presença, no texto evangélico sob exame, do termo "profetas", pois os antecessores do Cristo, considerando pertencerem a planos mais evoluídos, eram dotados de idêntica visão espiritual atribuída aos Apóstolos.

99
Obsessão e terapêutica

> *Aos doze Apóstolos enviou Jesus, dando-lhes as seguintes instruções: Curai os enfermos, expeli os demônios.*
> (MATEUS, 10:5 a 8.)

Atribuir aos Espíritos vingativos o adjetivo de "demônio" constitui um dos meios de se preservarem os alicerces das velhas seitas que se respaldam na unicidade da existência.

Citado no Evangelho como "endemoniado", o enfermo ou obsediado é contemplado por Jesus com as bênçãos do tratamento, sendo oportuno destacar, nesse campo, o rei Saul, cujas crises eram acalmadas pela música de Davi (I SAMUEL, 16:23) e o rei Nabucodonosor, subjugado por sete tempos, depois de avisado em sonho, interpretado pelo profeta Daniel (DANIEL, 4:23 a 35).

Na condição de vítima no pretérito, e olvidando o perdão mencionado na oração dominical, com que se tornaria livre, o obsessor recorre à conhecida justiça em causa própria, com o que se enquadra em novo compromisso, enquanto o paciente, por sujeitar-se ao camuflado processo de retaliação, desata lentamente os liames da escravidão a que foi conduzido pela insensatez.

A obsessão indica, por vezes, a participação espiritual fluídica em diversos quadros de enfermidades, admitidas neste plano, exclusivamente, por doenças físicas.

Figuram como fontes de referência os evangelistas Mateus, Marcos e Lucas com três ocorrências:

A primeira refere-se aos gadarenos ou gerasenos, cujos obsessores, furiosos, saem dentre os sepulcros, gritando: "Que temos nós contigo, ó Filho do Altíssimo? Vieste aqui para nos atormentar antes do tempo? Se nos expeles, manda-nos para a manada de porcos" (MATEUS, 8:28 a 32; MARCOS, 5:2 a 13; LUCAS, 8:27 a 33).

Os obsessores alegam-se incomodados antes do tempo, não só com base na extensão do crime, como também porque o ódio e a vingança, exprimindo sentimentos insaciáveis, perdem-se em dilatado labirinto, onde o cronômetro das existências, por vezes, é ignorado.

Contabilizado o mérito que o paciente alcança no campo do resgate ou da renovação íntima, o obsessor se vê constrangido a abandonar a estratégia que manteve por dilatado tempo, anotando, no entanto, a triste feição patológica expressada pela vingança e pelo ódio, dando motivo a se refugiar em lugares obscuros ou entre os porcos a fim de não ser observado.

A segunda ocorrência relaciona-se ao endemoniado cego e mudo, curado pelo Cristo, enquanto os fariseus, contrariados, atribuem a cura ao poder de Belzebu, o maioral dos demônios, ao que o Mestre responde: "Todo reino dividido ficará enfraquecido ou deserto. Se Satanás expele Satanás, dividido está contra si mesmo; como pois subsistirá o seu reino?" (MATEUS, 12:22 a 26; MARCOS, 3:22 a 27; LUCAS, 11:14 a 18).

O terceiro acontecimento, menciona o moço epiléptico, que os Apóstolos não puderam curar. Interrogado sobre o motivo, Jesus atribui à falta de fé, acrescentando: *Esta natureza de Espíritos somente se expulsa com a oração e o jejum* (MATEUS, 17:18, MARCOS, 9:20 a 29; LUCAS, 9:37 a 42). O presente processo é examinado no capítulo seguinte deste livro, onde Jesus trata o Espírito por surdo e mudo.

A falta de fé tem por fator a ausência de méritos espirituais do paciente, caso em que somente uma autoridade maior, como o Mestre, pode decidir sobre o simples alívio ou a cura total, anotada em forma de adiantamento, do que o paciente deve prestar contas, como patrimônio que, adiantadamente, recebe no terreno da dívida, enquanto o jejum manifesta abstinência do alimento espiritual de natureza inferior.

Mateus e Marcos referem-se à mulher cananeia, cuja filha encontra-se horrivelmente endemoniada. Nesse episódio, o Cristo ressalta o significativo quadro de humildade e de confiança de que a mulher se reveste, razão de lhe responder: "Ó mulher, grande é a tua fé! Faça-se contigo como queres" (MATEUS, 15:22 a 28; MARCOS, 7:25 a 29). Importa dizer que a fé, do paciente ou dos agentes, compreende o resultado dos méritos alcançados no campo do resgate ou da reforma íntima, porque onde não existem méritos, não existe fé.

Mateus e Lucas anotam o texto sobre a estratégia de Satanás (MATEUS, 12:43 a 45; LUCAS, 11:24 a 26), melhor examinada no capítulo 29 desta obra.

Marcos e Lucas falam do endemoniado de Cafarnaum, confundido com os enfermos Gadarenos, dos quais diferencia-se pelos dizeres da multidão: "Que vem a ser isto? Uma nova doutrina? Com autoridade ele ordena e os Espíritos imundos obedecem!" (MARCOS, 1:23 a 27; LUCAS, 4:35 a 36). Deve-se notar, ainda, que o presente enfermo aparece numa sinagoga, enquanto os possessos gadarenos vivem nos sepulcros.

Lucas, finalmente, refere-se à mulher encurvada que, por ser curada num dia de sábado, contraria o chefe da sinagoga, dando motivo às seguintes palavras do Cristo: "Se no sábado cada um desprende da manjedoura seu boi ou seu jumento para levá-los a beber, por que motivo não se devia livrar do cativeiro, em dia de sábado, esta filha de Abraão, a quem Satanás trazia presa há dezoito anos?" (LUCAS, 13:11 a 16).

100
Espíritos enfermos

> *Espírito mudo e surdo, eu te ordeno: Sai deste jovem e nunca mais tornes a ele. E ele, agitando-o muito, saiu, deixando-o como se estivesse morto, a ponto de muitos dizerem: Morreu.*
> (MARCOS, 9:25 a 26.)

Alimentar o quadro de ódio e de vingança é abrigar, no perispírito, consequentes efeitos colaterais, que dão origem a deformidades patológicas e a estranhas enfermidades do Espírito, razão por que, por desejarem ocultá-las, os obsessores dos gadarenos rogam ao Cristo permissão para se esconder entre os suínos.

Importa não estranhar o Espírito surdo-mudo ouvindo as determinações do Cristo, considerando o pensamento por veículo de comunicação entre os seres espirituais.

No terreno do atendimento, enfermidade dessa natureza, por vezes, não permite solução imediata, idêntica à operada por Jesus, sem prejuízo à vida do paciente, considerando os estreitos liames de ódio em que os litigantes se sustentam por dilatados períodos, recordando vigorosas raízes de joio entrelaçadas, facultando os ataques epilépticos e o choque que deixou o paciente quase morto.

Por princípio de coerência, o Senhor não olvida o ser que, por vingar-se, torna-se tão enfermo quanto o jovem encarnado, determinando terapêutica que inclui, por vezes, nova experiência terrena.

Os enfermos desencarnados anotam igual atendimento de Jesus, principalmente os que, olvidando a situação patológica a que a vingança conduz, por dilatado tempo, permanecem no equivocado processo de retaliação.

Eis por que o Senhor recomenda o imperativo da reconciliação, que inspira e orienta, a fim de se evitarem semelhantes quadros de sofrimento.

Na condição de desencarnado, o Espírito pode, ainda, anotar reflexos de um suicídio, direto ou indireto ou denunciar sujeição a dependências de que ainda não se libertou, concluindo-se como enganosa a filosofia que descreve a morte física por descanso ou por sono eterno.

Por enfermidades de erradicação difícil, importa ainda destacar o orgulho, a prepotência, a ambição, a avareza, o egoísmo, a falsidade e a traição, cujo tratamento repousa no sofrimento e no tempo de compreensivas extensões.

Admitir a enfermidade do Espírito é reconhecer, consequentemente, a imortalidade, a reencarnação e a imutável Justiça divina, revelando ainda a ineficácia dos dogmas que sugerem perdão, anulando, igualmente, as bases em que as doutrinas convencionais repousam.

101
Lava-pés

Deitando água na bacia, passou Jesus a lavar os pés aos discípulos e a enxugá-los com uma toalha, dizendo a Simão: O que eu faço não o sabes agora. Diante da recusa do apostolo, diz: Se eu não te lavar os pés, não terás parte comigo. Então respondeu-lhe Pedro: Não só os pés, mas também as mãos e a cabeça, ao que o Senhor lhe diz: O que está limpo não precisa ser lavado.

(JOÃO, 13:5 a 9.)

Ingênua e inconsistente a interpretação religiosa sugerida à lição do lava-pés, *quando admitida por demonstração de humildade própria*, tão ilógica como aceitar a versão do açoite empunhado pelo Mestre visando coibir o comércio portas adentro do templo.

Ao contrário das irrefletidas e precipitadas ilações que nivelam o Cristo ao ser humano, Jesus não pretende apresentar qualidades próprias, porém destacar virtudes dos Apóstolos, veladas no manto de simples pescadores, considerando o início próximo de suas atividades apostólicas.

Enquanto o Senhor exemplifica deveres que o mandato dos discípulos iria sugerir (JOÃO, 13:14 e 15), destaca-lhes a limpeza moral e consequente autoridade espiritual.

Por compreender aquisição própria, a iluminação íntima do Apóstolo, proclamada por Jesus, traduz título ou legado de trabalho que lhe anuncia.

Enquanto o *curriculum vitae*, no terreno profissional, compreende carta de apresentação própria, na purificação moral, Jesus identifica o patrimônio dos discípulos, o que Pedro ratifica nas palavras que pronuncia ao curar o paralítico, na porta do templo chamada Formosa: "Não possuo prata nem ouro, mas *o que tenho* [patrimônio moral] isso te dou: em nome de Jesus Cristo, o Nazareno, anda!" (Atos, 3:6).

Oculta na capa da humilde profissão, o discípulo revela a riqueza que a traça não rói e os ladrões não roubam, nem se adquire por osmose, por herança, nem por convenções políticas.

Por traduzir alicerce do Cristianismo, a autoridade do Apóstolo não podia repousar em documentos politicamente adquiridos, mas nos valores morais e nas íntimas aquisições, mencionadas no quadro das bem-aventuranças exaltadas no Sermão do Monte.

Enquanto a autoridade neste plano, por vezes, tem por base os títulos convencionais, o mesmo não se dá com a autoridade espiritual que, por se respaldar na evolução espiritual, torna-se inalienável, não podendo ser deferida por decretos ou acordos.

Por se respaldarem nos convencionais títulos que possuem, os escribas e sacerdotes interrogam o Cristo: "Com que autoridade fazes essas coisas, ou quem te deu essa autoridade?" (Lucas, 20:2).

Se a religião do Senhor possui por alicerce a iluminação íntima e a moral dos ensinos que transmite, não se admite ensinar o bem, exemplificando o mal, divulgar simplicidade, reclamando elogios e distinções ou ainda disputando os primeiros lugares nos banquetes e nas sinagogas, como se observa, ainda nos dias atuais, nos meios que deveriam estar imunes de semelhantes gestos.

Jesus lava a *poeira física* dos pés dos Apóstolos, para destacar a *limpeza moral* de seus Espíritos.

Não se confunda, porém, o sacerdócio organizado, reiteradamente censurado pelo Senhor (MATEUS, 23), com as atividades dos Apóstolos, porquanto, se mediante significativos tributos o homem se escraviza aos dogmas e convenções, gratuitamente (MATEUS, 10) o Apóstolo restitui saúde física e espiritual ao enfermo.

Lavar, simbolicamente, os pés de alguém pode significar exaltação própria, ainda que velada na frágil indumentária das convenções.

Enquanto revela a evolução moral do Apóstolo, Jesus destaca também o término da missão própria e consequente início das atividades apostólicas, por três séculos, exercidas com zelo e pureza, ao preço das próprias vidas.

102
Leis divinas e leis humanas

> *Há, na lei mosaica, duas distintas partes: a lei de Deus, constante do decálogo e a lei civil, decretada por Moisés. A primeira é imutável, enquanto a segunda, apropriada ao caráter e costumes do povo, se modifica com o tempo e a cultura.*
> (KARDEC, Allan. *O evangelho segundo o espiritismo*, cap. I, it. 2.)

Afastado do quadro materialista, em que a mídia e as doutrinas convencionais repousam, onde o túmulo, tomado por destino de todos, sustenta a impunidade e as imperfeições morais do homem, obscurecendo os horizontes que assinalam a vida espiritual, facilmente se compreende o orbe terreno sob a direção de Espíritos superiores — a comunidade de Espíritos puros, a que se refere Emmanuel[35] — em cujas mãos repousa o processo de evolução dos Espíritos matriculados no planeta, devendo-se admitir, igualmente, a existência de Leis divinas, imutáveis, de amor e respeito, mencionadas no Evangelho.

As leis humanas devem ser examinadas em dois distintos quadros: as ordenações que emanam de autoridades religiosas tradicionais, cuja finalidade, outrora, consistia em fiscalizar a

---
35 XAVIER, Francisco Cândido. *A caminho da luz*, cap. 1.

forma de se pensar; e as leis promulgadas por códigos civis, que têm por fundamento a defesa dos direitos sociais.

Convém ainda citar os impérios, os reinados e os regimes de exceção, cuja justiça recorda os príncipes dos sacerdotes que, à revelia condenam o Cristo, tomando por libelo as seguintes palavras do Mestre: "Posso destruir o santuário [referindo-se ao próprio corpo] e reedificá-lo em três dias" (MATEUS, 26:61).

Conquanto instituídas por religiões convencionais, são humanas as leis que sugerem interpretações místicas e moralmente estranhas a determinados textos evangélicos, isentando de culpa e censura o religioso tradicional, que se admite exonerado de qualquer esforço de renovação íntima, olvidando que o calvário, para os seres terrenos, compreende sempre o quadro imposto pela consciência culpada, visando libertar-se do remorso, o sofrimento mais significativo a que o pecado conduz, ainda que contemplado pela terapêutica do esquecimento.

Os princípios dogmáticos de perdão simbólico que se acredita obter mediante atos convencionais institucionalizam o crime e alimentam imperfeições que o homem atribui ao diabo, olvidando escrever, com a tinta das ações próprias, o roteiro de vidas futuras, onde o sofrimento, ingenuamente, será atribuído à vontade de Deus, por se ocultar a reencarnação e a lei de causa e efeito.

São eternas e imutáveis as Leis divinas a que o homem se submete na proporção de sua inteligência e não se modificam de acordo com o tempo, em que pesem as modificações instituídas à Constituição terrena, o que o seguinte texto de Jesus confirma: "Passará o Céu e a Terra, mas nenhuma de minhas palavras passará" (MATEUS, 24:35).

Por isso, assegura Emmanuel que a aquisição do conhecimento religioso, à luz da Codificação, compreende a experiência humana mais significativa, por traduzir processo de iluminação definitiva da alma para Deus.

O misticismo revelado por doutrinas convencionais, a que o homem se afeiçoa, emprestando perdão e salvação simbólica, invalida a moral imposta pelo Cristianismo, retarda o processo de evolução espiritual, comprometendo a lei de amor ao próximo, por desprezar os direitos da vítima que, por vezes, e na condição de desencarnado, alcança o réu, dando origem aos tristes processos de obsessão.

Enquanto os códigos humanos, por vezes complexos, contemplam falsos caminhos e versões distintas, considerando respaldarem-se em laudas que, por vezes, distorcem a verdade, a legislação do Cristo, considerada universal, reveste-se da maior lógica e simplicidade, eliminando qualquer possibilidade de engano ou de omissão, porque, além de gravada virtualmente na Espiritualidade, figura também na própria consciência.

Oportuno conhecer o que Mestre diz sobre o pecado e a reparação:

> Se alguém não guarda minhas palavras, eu não o julgo; porque não vim ao mundo para julgar e sim para salvar. Quem me rejeita e não observa minhas palavras tem a julgá-lo, além da consciência, a própria palavra que tenho proferido. (JOÃO, 12:47 a 48).

Entre as inúmeras tradições evocadas pelo homem à guisa de imunidade, deve-se fazer referência ao sangue derramado de Jesus, tomado por fator de remissão dos pecados, situando a Justiça divina em quadro inferior à justiça terrena.

O primeiro mandamento do Decálogo mosaico, depois das retificações impostas pelos profetas Jeremias e Ezequiel, esclarece:

> A alma que pecar será punida. O filho não levará a iniquidade do pai, nem este o pecado do filho. A justiça do justo ficará sobre ele, enquanto a perversidade do perverso cairá sobre ele (JEREMIAS, 31:29; EZEQUIEL, 18:20).

Todavia, ainda que perdoado pela vítima e pela justiça civil e religiosa, a consciência vigilante denuncia incômodo e sofrimento, originando estados patológicos que reclamam o sedativo da oração, do passe, da reforma íntima, além da consequente reparação.

Na ausência do perdão por parte da vítima, e considerada a extensão dos compromissos a que as ações deram origem, o homem está sujeito a processos de retaliação nos dois planos de vida, apresentando, como encarnado, além do conhecido estado de depressão, manifestações obsessivas que os religiosos tradicionais e os exorcistas atribuem ao diabo ou a Satanás, por não acreditarem nas reencarnações que guardam, sob a cortina do esquecimento, a origem do sofrimento que a vítima de hoje experimenta.

Oportuno recordar o que o Cristo diz aos doutores da lei, que indagam sobre o maior mandamento da lei divina:

> Amarás ao Senhor teu Deus, de todo o teu coração e de todo o teu entendimento. Este o primeiro mandamento. O segundo, semelhante a este, é: Amarás ao teu próximo como a ti mesmo. Toda a lei e os profetas se acham contidos nos dois mandamentos (MATEUS, 22:36 a 40).

Enquanto Moisés conserva no decálogo as leis divinas e, nos parágrafos de sua autoria, as leis humanas, nos dois mandamentos citados, o Cristo resume o código divino e a legislação terrena.

Alimentar, pois, a crença na vida única, atribuída ao corpo físico, retratando o destino da alma como sono eterno — por vezes eivado de pesadelos — compreende um dos itens da agenda religiosa terrena. Inspirar o perdão simbólico que alimenta a falsa liberdade sem censura compreende o segundo item, alargando, por consequência, o domínio do orgulho e do despotismo, admitidos por inteligência e habilidade, ignorando o prejuízo ao próximo e o imperativo do resgate determinado pela lei divina, mais conhecida por lei de causa e efeito.

103
Vinha dileta

> *Um homem houve que, num fertilíssimo outeiro, e com vides escolhidas, plantou uma vinha, que cercou com uma sebe, nela edificando uma torre um lagar, esperando produzisse uvas boas. No entanto, apesar do zelo do homem, a vinha só produziu uvas bravas. Observai moradores de Jerusalém e de Judá o que pretendo fazer. Demolirei sua sebe para que sirva de pasto que, na ausência de chuva, só produzirá espinhos e abrolhos. Compreendei, ainda, que a vinha do Senhor é a casa de Israel e os filhos de Judá, sua planta dileta.*
> (Isaías, 5:1; Mateus, 21:33; Salmos, 80:8.)

Exilados da Capela, os Espíritos que vieram a constituir a nação judaica são recebidos espiritualmente por Jesus, o Patrono do Sistema Solar, que os exorta à edificação da consciência, no domínio da própria regeneração, com base nos deveres de solidariedade e amor, mostrando-lhes os campos imensos de luta que haveriam de desdobrar no terreno da autoevolução, tendo por base as imperfeições que deram motivo ao exílio neste plano.

Como Anfitrião espiritual, o Cristo promete visitá-los, depois da orientação a ser-lhes facultada pelos diversos profetas, no curso dos séculos, dando motivo a ser esperado, por vários povos, durante seguidos milênios.

O fértil outeiro, além do plano terreno, compreende as ricas oportunidades de trabalho e regeneração e a orientação espiritual a ser-lhes consagrada por seus mensageiros.

O zelo se define na assistência e na orientação espiritual que, por séculos e sem proveito, os profetas facultam à nação, consumando-se com a presença do dono da vinha e de seu precursor, que experimentam as simbólicas uvas bravas das imperfeições morais humanas.

Sob protesto da natureza, manifesto nas trevas e nos tremores de terra, posteriores à crucificação, Israel comemora, festivamente, o calvário de Jesus e, enquanto os habitantes de Jerusalém declaram a Pilatos não possuírem outro rei senão César (JOÃO, 19:15), insensatamente, ainda exclamam: "Caia o seu sangue sobre nós e os nossos filhos" (MATEUS, 27:25).

Pelo desapreço, a nação se priva da presença dos profetas, a partir de Joel e, por quase dezenove séculos, condenada a viver sem pátria, pela crucificação do grande Esperado que, em vão, o povo aguarda até hoje.

Ainda que evocando o esquecimento determinado pela reencarnação, deve-se reconhecer que as qualidades íntimas não se escondem, revelando-se no ódio ou no amor, nas empatias ou aversões espontâneas, manifestas em sucessivas encarnações, mesmo no campo consanguíneo.

Não se podem subestimar os sentimentos que procedem do poço escuro do orgulho ou da fonte cristalina da humildade, bem distintos, portanto, assinalando presença nas organizações sociais e nos agrupamentos fraternos, religiosos ou empregatícios, considerando as forças invisíveis da simpatia ou do ódio.

Por se afastar do campo da humildade, Israel não reconhece a supremacia de Jesus, admitida até por Espíritos vingativos, não obstante os ostensivos sinais que lhe dão testemunho.

Convém reconhecer, pois, que as fortificações da cidade santa, simbolizando a sebe da vinha eleita, tenham sido derrubadas na invasão romana, reduzindo a cidade a muros de lamentação — o simbólico pasto — enquanto seus habitantes, no curso de quase dezenove séculos, experimentam a dispersão mencionada pelo profeta e pelo oráculo de Zacarias, extinta possivelmente depois do holocausto nazista.

A libertação, sem armas, do Egito revela o zelo do Senhor à dileta planta, que Moisés contempla com as tábuas da lei, cujo conteúdo deveria ser recolhido à arca do coração. Sem bússola e sem o simbólico leme, compreendidos nos profetas, o barco da nação vagou ao sabor das ondas bravias das paixões e dos interesses imediatos da vida física, chocando-se nos recifes de significativas provas, a exemplo do singular cativeiro na Babilônia, de que é libertado por Ciro, previsto no oráculo de Isaías, com dois séculos de antecedência (ISAÍAS, 45:13).

Preocupado exclusivamente com a vida física, o homem não anota qualquer apreço às orientações que procedem do Céu, desde as profecias, nos dias de Noé, ao Evangelho, no atual período de transição.

Com sete séculos de antecedência, o oráculo de Isaías decreta juízo contra a vinha — símbolo de Israel — porque o amor que Jesus consagra a todos os povos não exclui os infinitos recursos sugeridos no processo da evolução espiritual.

Assegura Emmanuel, todavia, que novos recursos dimanam do Céu para a alma dos patriarcas, esperando-se para breve o povo judeu, admitindo a missão do sublime Embaixador e do Cristianismo redivivo atualmente na Codificação, aliando-se aos povos que, igualmente, deverão retificar íntimas diretrizes religiosas, na decisiva edificação de um mundo melhor.

104
Grão de mostarda

> *O reino de Deus é semelhante a um grão de mostarda plantado na horta; que cresceu e fez-se árvore e as aves do céu se aninharam em seus ramos.*
>
> (Lucas, 13:19.)

Por facultarem melhor entendimento à parábola, alguns símbolos lhe são sugeridos, antes do respectivo estudo:

a) Reino de Deus: edificação fundamentada no Evangelho;

b) Horta: gleba fértil onde se cultiva alimento espiritual;

c) Grão de mostarda: palavra ou semente simbólica do Evangelho, traduzindo fundamento do celeste Reino;

d) Árvore: doutrina do Cristo, intimamente edificada;

e) Aves do céu: habitantes do mundo extrafísico;

f) Aninhar: fazer morada.

g) Ramo da árvore: faculdades diversas, entre as quais, a mediúnica.

O reinado de Deus ou dos mundos superiores, por fundamentar-se no Evangelho à luz da Codificação, tem origem no minúsculo e simbólico grão de mostarda.

A horta ou canteiro, no presente texto, simboliza o elevado quadro de formação intelectual e moral do homem que, por representar terreno fértil, acolhe a semente do Evangelho, facultando colheita na proporção de cem, sessenta ou trinta por uma, como explica a Parábola do Semeador.

Por "aves do céu", compreendem-se os habitantes do plano extrafísico, especificamente os que já se decidiram pela proteção da divina árvore, considerando que a grande porcentagem de seres, denunciando inferioridade moral, ainda prefere abrigar-se à sombra de árvores silvestres, ou de humanas religiões.

Sugerindo um dos ramos da árvore, a faculdade mediúnica, quando afastada da orientação espírita (horta), compreende apenas comunicação vulgar entre duas dimensões.

Cultivada, porém, à luz da Codificação, a mediunidade torna-se produtiva, identificando-se como o ramo onde se aninham as aves do céu, os bons Espíritos mensageiros do Senhor.

Como simples janela de comunicação, a paranormalidade, sem a orientação facultada pelo Espiritismo, reduz-se a vulgar comunicação entre dois planos, além de contabilizar, por vezes, possíveis compromissos espirituais assumidos pelo médium no terreno de imediatos interesses.

Importa lembrar que, além do ninho, cada ave elege alimento de acordo com a própria natureza. Enquanto o abutre se alimenta do despojo, o colibri dá preferência ao mel que extrai das flores, representando, para a ave do céu, a palavra que sai da boca de Deus.

A mostarda constitui, pois, a árvore do Evangelho, à luz da Codificação Espírita, cuja semente, apesar de proceder das mãos generosas do Cristo, é zelada por Kardec, em canteiro adequado, conhecido como Terceira Revelação.

105
Parábola do semeador

Aquele que semeia saiu a semear. E semeando, uma parte da semente caiu à beira do caminho, e vieram as aves do céu e as comeram...
(MATEUS, 13:3 a 4.)

Quem tem ouvidos, ouça.[...] Atendei vós à Parábola do Semeador. A todos que ouvem a palavra do reino, e não a compreendem vem o maligno e arrebata o que lhe foi semeado no coração.
(MATEUS, 13:9, 18 a 19)

  Sem desprezar as tradicionais versões atribuídas a Jesus, sobre as diversas qualidades de terreno, distinta interpretação deve ser destacada à semente que caiu ao longo do caminho que, de acordo com o versículo 4 do texto, foi comida pelas "aves do céu", enquanto, na explicação da parábola, citada no versículo 19, foi arrebatada do coração, pelo maligno.

  Na presente lição, admitindo-se "semente" e "palavra" por Doutrina, e os "pássaros do céu", por Espíritos, conclui-se que a primeira parte da semente tornou-se alimento dos Espíritos, para os quais Jesus também comparece a este plano, considerando o "caminho" da evolução que, paralelamente, percorrem.

  Por "pássaros do céu", portanto no plural, o Senhor faz menção aos Espíritos que se alimentam da semente lançada por suas abençoadas Mãos, enquanto na explicação da parábola, e no singular, Jesus estaria se referindo ao maligno que retirou a semente encontrada no coração alheio.

Seja, no entanto, mencionando o Espírito maligno, seja referindo-se às aves do céu, a parábola e sua respectiva explicação simbolizam os seres que residem no plano invisível, considerando que, no plano físico, os ovíparos são conhecidos, simplesmente, por aves ou por pássaros.

Utilizada como alimento, ou furtada do solo dos corações alheios, a semente lançada pelo Mestre, na presente lição, possui o endereço dos seres espirituais, simbolicamente mencionados por pássaros ou aves do céu, por se admitir que sua missão não teve por limites as fronteiras da vida física.

Admitir a existência de uma comunidade organizada noutra dimensão, para a qual Jesus tenha dirigido igualmente sua palavra, expressa doutrina que destrói as bases materialistas em que se fundamentam as religiões oficiais, dando origem, pois, às versões que transferem para o maligno a responsabilidade de retirar a semente do coração de seres imprudentes, preocupados, com exclusividade, com a vida física.

Embora admitindo a presença de pássaros espirituais inferiores — o maligno —, influenciando o comportamento dos seres encarnados ou desencarnados, não se pode negar a existência de inúmeros Espíritos que, por alimento, elegem a divina semente lançada pelas mãos do Senhor.

Importa, pois, reconhecer, no seio das diversas comunidades, inclusive as de natureza religiosa, a presença de Espíritos moralmente inferiores, conquanto detentores, por vezes, de compreensiva inteligência, compromissados, no entanto, com o tradicional reinado da vaidade e da prepotência que, no emblema do "maligno", sugerem versões equívocas e convencionais aos sagrados textos, ocultando, com opiniões próprias ou mediante o termo "mistério", o legítimo pensamento do Cristo, retirando, simbolicamente, a divina semente de inúmeros corações.

106
Cadeira de Moisés

> *Na cadeira de Moisés assentaram-se os escribas e os fariseus. Fazei e guardai tudo o que eles vos disserem, porém não os imiteis nas suas obras; porque ensinam e não fazem.*
> (Mateus, 23:2 a 3.)

A cadeira de Moisés, simbolicamente, retrata a autoridade da religião mosaica que tem por base o Decálogo, as tábuas da lei recebidas mediunicamente pelo profeta no monte Sinai, traduzindo a primeira Revelação divina no Ocidente, representada, à época do Cristo, pelos escribas e fariseus.

Guardadas na Arca da Aliança, embora a obrigatoriedade de serem recordadas de sete em sete anos (Deuteronômio, 31:10), a alma do Decálogo foi sendo aniquilada juntamente com as diretrizes da moral, da justiça e da humildade proclamadas por Moisés, enquanto a religião se converte em símbolo do poder, cristalizando-se nas tradições, algumas contrárias à própria justiça terrena, como os holocaustos instituídos pelo pecado do príncipe, do sacerdote (Levítico, 4:3 e 22) e do sumo pontífice (Levítico, 16:11) que, a exemplo de leis atuais, contemplam autoridades políticas, em desacordo com o preceito do Cristo, que determina: "muito será pedido ao que muito recebeu".

De nada valeram as orientações dos profetas, desde Moisés até João Batista, por vezes perseguidos por autoridades eclesiásticas, que Jesus censura ao dizer-lhes:

Raça de víboras, como escapareis da condenação? Eis que vos envio profetas e sábios; a uns matareis e crucificareis; a outros açoitareis nas vossas sinagogas e perseguireis de cidade em cidade (MATEUS, 23:34).

Representante do poder religioso, o sacerdote se admite zeloso da lei que aplica ao povo, afastado que se considera de qualquer obrigação. Coloca, por isso, fardos pesados nos ombros do próximo, nos quais nem de leve toca o dedo. Recebe o dízimo facultado por leis convencionais, esquecendo a parte que pertence ao órfão, à viúva e ao estrangeiro. Desprezando valores mais expressivos, paga o tributo sobre a hortelã, o endro e o cominho, negligenciando os preceitos mais importantes da lei, traduzidos na justiça, na misericórdia e na fé. Amam os primeiros lugares nos banquetes e os primeiros assentos nas sinagogas (MATEUS, 23:6 a 7).

Já se disse que os representantes religiosos, de todos os tempos, dividem-se em dois distintos grupos.

Exaltados na pureza de coração, os *convidados* emprestam alívio e dominam enfermidades, expondo-se à condição de perseguidos.

Por interessados no prato das honras e das gratificações humanas, proposto pelo reinado da Terra, o segundo grupo se constitui dos que se *autoconvidam,* convertendo-se, por vezes, em perseguidores.

Enquanto a cadeira de Moisés e o Cristianismo têm por desígnio reconduzir as ovelhas desgarradas aos verdes prados da Terra Prometida, a cátedra dos sacerdotes consistia nas regalias pessoais asseguradas pelo título e pelo Sinédrio.

Emblema da prepotência que conduz Jesus ao calvário, o farisaísmo revela sua presença em todos os setores da vida, porque o orgulho, como patologia da alma, embora espontâneo no cetro, denuncia-se também no círculo da pobreza e da enfermidade.

107
Sorte e destino

Certamente que tua posteridade será peregrina em terra alheia, e reduzida à escravidão, por quatro séculos.
(GÊNESIS, 15:13.)

Na mitologia, o destino dos seres pertencia às Parcas — as deusas Clotos, Láquesis e Átropos —, cuja atividade caprichosa consistia em fiar, dobar e cortar o fio da vida, enquanto as doutrinas convencionais definem o destino por obra do acaso, o que constitui sinônimo de anarquia.

Conquanto a parcela de verdade que a mitologia denuncia, o destino ou a sorte humana, divorciada da compreensão espírita, permanece em terreno abstrato.

Em verdade, o homem é sempre autor da própria sorte, considerando ser livre na semeadura e escravo na colheita. Valendo-se do direito de plantar, semeia espinhos no solo do próprio destino, considerando a imortalidade do Espírito.

Por se louvarem nas íntimas edificações de cada ser, as Parcas, simbolicamente, representam a justiça espiritual, lavrando sentenças, seja no terreno da submissão ou da redenção.

Imunizar-se à má sorte é consagrar, por isso, seriedade às ações de cada instante, selecionando a semente que lança no terreno das ações e dos próprios anseios.

Importa, por isso, recordar o oráculo recebido por Abraão, sobre o destino de sua descendência: "Peregrina em terra alheia, com certeza, a tua posteridade será reduzida à escravidão, por quatro séculos".

Arquivadas na consciência dos seres migrados da Capela, as ações que deram motivo ao degredo resultaram no cativeiro dos Espíritos que haveriam de constituir a futura descendência do patriarca, anunciado com dois séculos de antecedência.

À semelhança das Parcas, e respaldando-se no coletivo carma, Abraão profetiza o triste destino dos Espíritos que, pelas portas da encarnação, constituiriam sua futura descendência, sem olvidar a libertação adquirida, nos quatro séculos de reparação, razão de anunciar: "Mas eu julgarei a nação a que tem de sujeitar-se, de onde sairá com grandes riquezas".

Enquanto a penalidade imposta por leis humanas se prescreve no curso do tempo, nos tribunais da espiritualidade somente a esponja do resgate e do íntimo reajuste moral afasta da consciência e das tábuas da lei divina, as faltas ali consignadas, modificando entrementes a sorte ou o destino, no livro de futuras vidas.

Representantes da imutável Justiça, as parcas elegem o destino dos homens, não aleatoriamente, como ainda se julga, mas com base na lei revelada por Jesus no ato de sua prisão, por dizer a Pedro: "Embainha tua espada, pois todos os que lançam mão da espada, à espada perecerão".

108
Fuga

> *Quando vos perseguirem numa cidade, fugi para outra; pois vos digo que não acabareis de percorrer as cidades de Israel, até que venha o Filho do homem.*
> (MATEUS, 10:23.)

Descendentes do tronco migrado da Capela, no sistema do Cocheiro, os filhos de Israel, como pedras de uma coroa (ZACARIAS, 9:16), resplandecem no mundo físico, por revelarem significativa inteligência diante de povos incultos, conquanto a ausência de valores espirituais que demonstram, reclamando a presença dos profetas, dos Apóstolos e dos missionários, por vezes perseguidos e torturados, constrangidos a fugir para diferentes localidades.

Israel representa, ainda, as ovelhas desgarradas, a serem procuradas, de preferência, pelo Apóstolo (MATEUS, 10:6), ou o campo a ser coivarado pelos seareiros de Jesus que comparecem periodicamente à Terra, velados nos diferentes trajes físicos e nas humildes profissões.

Desconhecido no mundo da economia, o servidor do Mestre, como cidade edificada sobre o monte, ou como candeia sobre o candeeiro, sempre transparece aos olhos dos Espíritos maduros, consagrando-se, neste plano, por expulsar Espíritos imundos e por curar enfermidades.

A elevada conscientização que possui sobre a vida espiritual e o apreço que atribui ao Evangelho, contudo, não justificam permanecer na cidade onde é perseguido, por aborrecer as prepotentes autoridades terrenas, que não anotam remorso nas torturas ou nas mortes que determinam.

Fugir para outra cidade, contudo, não significa escapar da obrigação proposta pelo Senhor, mas adequar-se a novo capítulo da divina missão, admitindo-se o mundo por extensa seara do Mestre.

Conquanto a reencarnação, comumente, se processe no seio da família espiritual, compreende-se a possibilidade de os Espíritos viverem em diversos países, aos quais podem ser reconduzidos por vias diversas, inclusive pelas portas de nova experiência terrena.

Revelada a extensão da seara do Mestre, a tarefa do Apóstolo não tem por limite os muros de uma cidade, ou os extremos de uma existência.

Pela dimensão do legado, os missionários retornam, por vezes, noutros corpos, à semelhança do precursor a quem Jesus delega a futura incumbência de *restaurar todas as coisas* (MATEUS, 17:11 a 12).

Estudado à luz da Codificação, o texto estende a missão do Apóstolo de uma existência para dilatados séculos.

A expressão "até que venha o Filho", sugere também a permanente assistência do Cristo nas atividades do Apóstolo, ressaltando que nada passa despercebido à sua suprema autoridade, não obstante o escoar dos milênios.

O retorno do Cristo, ainda que admitido somente nas esferas espirituais mais elevadas deste plano, compreende alusão ao processo seletivo a ser implantado na Terra, podendo ser admitida por sinônimo do grande julgamento.

109
Coivara

Já está posto o machado à raiz da árvore que não produz bom fruto, que será cortada e lançada ao fogo.
(MATEUS, 3:10.)

A qualidade do terreno a que, simbolicamente, Jesus atribui quatro distintas naturezas (MATEUS, 13:3 a 8), traduz o estado de maturidade espiritual e de consequente compreensão espiritual de cada homem.

O solo da primeira espécie, como sinônimo de senda ou de caminho, faculta o alimento ao pássaro, emblema dos seres que vivem noutra dimensão.

A segunda classe, indicando solo rochoso, recebe a semente com alegria, abandonando a planta ao sabor da canícula, por ausência de profundidade das raízes.

Produzidos pela terceira espécie, os espinheiros significam os cuidados do mundo e o fascínio pelas riquezas que sufocam a planta de origem divina.

Finalmente a quarta parte, representando terreno fértil, coivarado, arado e adubado, simboliza o campo íntimo que acolhe a celeste planta, onde produz na proporção de cem, de sessenta ou de trinta por uma.

Em algumas espécies, o solo não conheceu o preparo que antecede o arado. Na quarta parte, além da reconhecida fertilidade, a colheita denuncia o preparo a que o terreno foi

submetido, antes de arado, por se recolherem os galhos apodrecidos e os troncos de árvores, destinados ao processo de incineração, onde as cinzas se convertem em adubo.
Precioso símbolo revela a parábola.

Por ausência de coivara, no terreno da compreensão religiosa, observam-se os troncos e as raízes das tradições e das liturgias convencionais, alguns vigorosos por sustentados pelo adubo do condicionamento milenar. Simbolizando criações humanas e não do Cristo, impedem a presença do arado, exigindo antecipado processo de coivara, sucedida de respectiva incineração.

Convém mencionar os troncos ainda vivos, de humanos interesses que abafaram a tenra planta transplantada pelas mãos abençoadas do Senhor ao solo palestino, interesses idênticos aos que ainda acenam com "salvação" ao pecador, mediante confissões, ou pelo sangue derramado do Cristo.

Insegura, pois, compreende-se qualquer sementeira no terreno religioso, antes da coivara a ser imposta, simbolicamente, no grande juízo, considerando o solo da compreensão humana eivado de convencionais raízes, exceção feita aos seres, cujo berço, adubado pela Codificação, constitui-se de compreensiva coivara, por reduzir a cinzas a pretérita cultura.

Sinônimo da árvore que o Pai celestial não plantou, as organizações e seitas de origem humana, desprezando a iluminação e a conscientização do Espírito imortal, por legítima finalidade da religião, estacionaram no campo da simbologia, transformando em dogmas e liturgias a moral e a imortalidade em que se fundamenta o Cristianismo em suas origens.

Dotado de significativa faculdade mediúnica e denunciando compreensiva evolução moral, o precursor já informava que o machado — emblema da grande transição — já constava do futuro de semelhantes árvores, desde o plantio condenadas ao corte pela raiz e à consequente incineração, por consideradas, espiritualmente, estéreis para os frutos de que se alimenta o Espírito eterno.

110
Candeia sob o alqueire

> *Ninguém acende uma candeia para cobri-la com um vaso ou para colocá-la debaixo do alqueire.*[36] *Ao contrário, põe-na sobre o candeeiro para iluminar a todos; assim, nada há secreto que não venha a ser descoberto, nem oculto que não venha a aparecer publicamente.*
>
> (Lucas, 8:16 a 17.)

Simbolizada por candeia apagada, a ignorância espiritual recorda o estado primitivo da alma, denunciando, no emblema das cinco virgens imprudentes, negligência no processo de aquisição do combustível, com o que se autoiluminariam.

Enquanto a luz física se traduz na candeia, ou atualmente, na lâmpada, a sabedoria e o quadro de virtudes simbolizam a luz do espírito que o Senhor pretende revelar, dando motivo às seguintes palavras endereçadas aos Apóstolos: "Bem-aventurados os vossos olhos, porque veem e os vossos ouvidos, porque ouvem" (Mateus, 13:16).

Além do símbolo de candeia sobre o velador, os Apóstolos são admitidos pelo Cristo como "luz do mundo" ou "cidade edificada sobre o monte", razão de não se ocultarem, ainda que velados sob o ofício de pescadores.

---

36 Antiga unidade de medida de capacidade para secos, equivalente a 36,27 litros (*Dicionário Aurélio*).

O presente texto faz profética alusão ao futuro do Evangelho, símbolo da candeia por ele acesa para iluminar o mundo, e oculta pelo homem sob o alqueire de transitórios interesses, por dezessete séculos.

Que não se olvide o condicionamento religioso emprestando versão estranha ao Cristianismo, bem como a exclusão do livro, ocultando, por imenso período, a luz do saber, como candeia sob o vaso.

À semelhança do que ocorre com a Arca da Aliança, edificada para guardar as tábuas da lei, os textos evangélicos, a pretexto de preservação, por seguidos séculos ficaram ocultos sob convencionais arquivos, ou sob o manto de idiomas oficiais estranhos ao povo, convertidos, assim, em patrimônio exclusivo da religião oficial.

Que não se esqueça, igualmente, a forma de pensar, imposta por autoridades eclesiásticas, empanando a transparência dos ensinos do Mestre, sob o alqueire das tradições que vieram a substituir a alma do Cristianismo de origem, compreendida na imortalidade do Espírito, vida organizada depois do túmulo, reencarnação, justiça divina e mediunidade.

A publicação dos textos sagrados, por Lutero, significa contribuição da "reforma religiosa" às futuras lides do codificador, por recordar a candeia que volta ao velador, não obstante ligeiros equívocos de traduções, denunciando o condicionamento religioso dos tradutores e dos exegetas tradicionais.

A sentença evangélica, contudo, não determina que a verdade seja anunciada, sem qualquer critério, considerando que o ensinamento deve ser facultado na proporção da inteligência do ser que se deseja instruir, considerando que as gerações possuem sua infância, sua juventude e sua maturidade.[37]

O progresso científico atual, no entanto, manifestando a presença do homem no quadro de compreensiva sabedoria, anuncia também a candeia sobre velador. Ainda que sob o imperativo do condicionamento que experimenta no campo

---
37   KARDEC, Allan. O evangelho segundo o espiritismo, cap. XXIV, it. 4.

religioso, à semelhança do vegetal que se ergue na direção do sol, a despeito da inclinação do terreno, importa ao homem alçar-se à luz que compreende o Cristo, assegurando o afastamento definitivo do processo reencarnatório, a que ainda está submisso, no presente patamar de sua evolução espiritual.

111
Transe mediúnico

> *Pedro e seus companheiros se achavam premidos de sono; mas, conservando-se acordados, viram a glória de Jesus e os Espíritos que conversavam com ele.*
> (LUCAS, 9:32 e 22:46.)

Sem olvidar ostensivas manifestações mediúnicas de singular clareza, um estado intermediário existe entre o sono e a vigília, que indica ligeiras situações mediúnicas, traduzidas como cochilo e confundidas com sonho.

Dotados de extraordinárias faculdades mediúnicas, os apóstolos Pedro, Tiago e João, conduzidos ao monte, observam a transfiguração do Cristo que, além de resplandecer como o Sol, conversa com os Espíritos Moisés e Elias. A seguir, envolvidos numa nuvem mediúnica, anotam o fenômeno da voz direta, dizendo: "Este é o meu filho amado em quem me comprazo. A ele ouvi" (MATEUS, 17:5).

Mediunicamente, o Cristo foi visto, no seu esplendor, por Abraão, dezenove séculos antes, do que muito se regozijou (JOÃO, 8:56).

Igualmente, o profeta Isaías viu sua "glória" e falou a seu respeito, oito séculos antes (JOÃO, 12:41).

Identificar o Cristo — como Abraão e Isaías, que observam seu "esplendor" — é fenômeno que mostra não só a presença de singulares faculdades mediúnicas como também de elevada iluminação espiritual do patriarca e do profeta.

Enquanto as visões mediúnicas de Abraão e de Isaías ratificam a origem do Cristo, nos idos da eternidade (MIQUEIAS, 5:2; Salmos, 90:2), as visões dos Espíritos Moisés e Elias, dialogando com Jesus, confirmam a imortalidade do Espírito, não como fantasmas, como admitem as doutrinas clássicas, o que as seguintes palavras do Senhor esclarecem: "O Pai celestial não é Deus de mortos e sim de vivos" (LUCAS, 20:38).

Antecipando a prisão do Mestre, outro transe mediúnico verifica-se no horto, mostrando os Apóstolos sob o domínio do sono, enquanto Jesus ora adiante deles, dando motivo à interrogação: "Então, nem uma hora pudestes velar comigo?" (MATEUS, 26:40).

No transe mediúnico do horto, por ausência de vigilância, os olhos dos Apóstolos demonstram-se pesados, por irresistível sono, impedindo sua comunhão com as orações do Cristo, denunciando influência espiritual estranha, conhecida, atualmente, por hipnose ou por sono fluídico.

No entanto, o apóstolo Pedro já havia anotado sugestões mediúnicas de natureza inferior ao desaprovar a profecia de Jesus a respeito de sua crucificação, dando origem às seguintes palavras: "Afasta-te de mim, Satanás, tu és para mim pedra de tropeço" (MATEUS, 16:23).

Entendida como censura aos Espíritos que ocultamente influenciam a faculdade de Pedro, a palavra do Senhor compreende também advertência ao Apóstolo, por não anotar a lição contida no verbo "vigiar".

Por ausência de vigilância, no campo mediúnico, o patriarca Abraão prepara-se para oferecer, em holocausto, o próprio filho (GÊNESIS, 22:2), cuja morte deixa de cometer, mercê da advertência de seu mentor espiritual, que lhe brada: "Não estendas a mão sobre o rapaz" (GÊNESIS, 22:12).

Apesar de o gesto do patriarca ser atualmente abonado por seitas diversas, sob a justificativa de um testemunho de fé, o comportamento do patriarca, deixando de examinar a procedência da mensagem, demonstra ausência de conhecimento sobre a faculdade mediúnica, abonando, com isso, holocaustos humanos, com muito acerto condenados mais tarde por Moisés (DEUTERONÔMIO, 18:10 a 12).

Por isso, com propriedade advertia João Evangelista:

> Meus bem amados, não deis crédito a qualquer Espírito; antes, provai se os Espíritos procedem de Deus, porquanto muitos falsos Espíritos se têm levantado no mundo (I JOÃO, 4:1).

Importa, contudo, não confundir magia com mediunidade, exaltada por Moisés, quando se refere às faculdades de Eldade e Medade (NÚMEROS, 11:29), e designada por Jesus como pedra sobre a qual restabeleceria sua Doutrina.

Além do conteúdo com que se conhece a qualidade da produção mediúnica, os Espíritos superiores facultam sempre meios que comprovam sua procedência.

112
Etérea morada

> *Ouvindo as palavras do precursor, André e seu companheiro, seguem o Mestre, perguntando-lhe: Rabi, onde assiste? Respondeu-lhes Jesus: Vinde e vede. Seguindo-o, viram onde Jesus morava, e ali permaneceram aquele dia.*
>
> (JOÃO, 1:38 a 39.)

Além do espaço e do tempo que compreendem a lei da relatividade, anotando distâncias físicas imensuráveis entre dois planos, o amor cristão, respaldado na pureza dos sentimentos, traduz distinto caminho, anulando as distâncias do cosmo descritas por ano luz.

Mediante os recursos da oração, e com base nas qualidades morais próprias, os missionários definem permanente sintonia com o Mestre, não obstante a significativa distância entre a Terra e a sublime morada.

Aos homens de bem, Jesus assegura lugar em moradas nobres, indicando, indiretamente, os mundos inferiores em que permanecerão os seres moralmente inferiores, carentes de evolução moral e, por vezes, sujeitos a processos de reparação.

No terreno das aquisições espirituais, enquanto o caminho denota escolha, a morada íntima significa edificação própria, razão de não ser adquirida com a moeda de César.

Animado pelo amor, o pensamento, como veículo da oração, determina o endereço desejado, ainda que vencendo as distâncias físicas e dimensionais mais significativas do cosmo.

No entanto, são ainda raros os seres que, zelosamente, se dispõem a localizar o Cristo, revelando maior interesse aos valores do Espírito.

Por um grupo de pessoas o Senhor foi procurado para ser proclamado Rei, dando motivo a retirar-se sozinho para o monte (JOÃO, 6:15).

Pela multidão que comera do pão que havia multiplicado no Tiberíades, Jesus foi procurado em Cafarnaum, dando motivo às seguintes palavras:

> Vós me procurais, não porque vistes os celestes sinais, mas porque comestes dos pães e vos fartastes. Trabalhai, não pela comida que perece, mas pela que subsiste para a vida eterna (JOÃO, 6:26 a 27).

À interrogação de André, que deseja saber onde Jesus assiste os seres de hoje, demonstrando significativo condicionamento religioso, responderiam ser no *Céu*, o mesmo local para onde teriam sido arrebatados, no próprio corpo, Enoque (GÊNESIS, 5:21 a 24), Elias (II REIS, 2:9 a 12) e Jesus (LUCAS, 24:51).

Importa, no entanto, não confundir o céu simbólico da compreensão religiosa atual com as moradas celestes anunciadas por Jesus (JOÃO, 14:2).

A despeito, pois, da religião a que se vincula, não se deve olvidar que, no Dia do Juízo, a celeste Justiça estará atribuindo a cada ser uma morada superior ou inferior, etérea ou física, de conformidade com as ações e com a evolução espiritual adquirida.

Se as virtudes do homem pertencem apenas ao campo da simbologia, é compreensível que o Céu seja, igualmente, simbólico.

Importa, pois, localizar o Cristo portas adentro do coração, não se olvidando a morada etérea que ele, por vezes, troca pelas montanhas onde repousa à luz das estrelas, revelando a eterna união com o Pai celestial.

113
Odre

Ninguém põe vinho novo em odres velhos, pois o vinho novo, em face de sua fermentação, rompe os odres. Ao contrário, vinho novo em odres novos.

(Lucas, 5:37.)

Composto do couro inteiro de animais, o odre destinava-se, na Antiguidade, ao transporte de líquidos, antes da existência dos modernos vasilhames.

O presente texto sugere interpretações iniciais, a fim de que a palavra do Cristo se revista de compreensivo entendimento:

a) Vinho velho: cultura religiosa tradicional;

b) Vinho novo: essência do Cristianismo, em sua origem e contida na Codificação Espírita;

c) Odre velho: entendimento condicionado por culturas tradicionais;

d) Odre novo: mente e raciocínio livres, antes de influenciados por recordações de pretéritas existências, ou pela clássica educação religiosa.

No terreno da cultura, o raciocínio do homem indica sempre o patrimônio intelectual e moral que procede de pretéritas existências, ao que adiciona o aprendizado atual, idêntico por muitos séculos, no domínio da religião.

Exceção do pecado original, de que se julga isentar pelo simbólico batismo, *sob a falsa alegação de ser a alma criada com o nascimento do corpo*, a criança é o símbolo da pureza absoluta, por se esquecer do acervo cultural e moral em que o Espírito edificou o próprio caráter, devendo-se, por isso, compreender que não é à criança que Jesus promete o reino do Céu, mas aos seres que a ela se assemelham, no capítulo da pureza íntima (MARCOS, 10:14).

A obediência, a moral e a legítima religião cristã, constituem, pois, disciplinas a serem cultivadas nos primeiros anos da vida, antes das espontâneas manifestações que, na adolescência, recolhe do pretérito acervo, oculto sob o manto da reencarnação.

Aguardar a fase adulta para o plantio de tais disciplinas consiste em remendar a roupa velha com tecido novo, ou colocar vinho novo em odres velhos.

De erradicação difícil, ainda que oculto em odres novos, o vinho velho se denuncia na cultura que recorda seitas pretéritas. *Definir, pois, a religião legítima como iluminação íntima e definitiva da alma para Deus*,[38] *facultada apenas pela Codificação, e opor-se a que a Doutrina Espírita seja considerada religião, é manifestar o estreito vínculo que mantém com a ascendência religiosa, a menos que, discordando de Emmanuel, se defina religião por tradições e fantasias.*

Ainda que migrando para odres novos, não é fácil abandonar a bagagem a que se vincula por fortes laços do condicionamento milenar.

Emblema da Codificação Espírita, o vinho novo pede odres novos, compreendendo Espíritos maduros, embora ocupando temporariamente corpos infantis, antes de manchadas as páginas brancas da existência atual pelo velho vinho da cultura convencional que, apesar de milenar, até agora, nada

---
38 XAVIER, Francisco Cândido. *Caminho, verdade e vida*, lição 22.

propôs para erradicar do mundo os fantasmas da hipocrisia, da ignorância, da apropriação indébita, da pobreza e da dor, só possível depois do processo de aferição de valores, programado para o presente século.

Dotadas de conteúdo idêntico às doutrinas convencionais de que descendem, as seitas ultimamente criadas, embora acrescidas do dízimo, apenas mudaram de rótulo, pelo que podem ser definidas, também, por vinho velho.

114
Prolongamento da vida

> *Naqueles dias Ezequias adoeceu de uma enfermidade mortal. Veio ter com ele o profeta Isaías que lhe disse: Põe tua casa em ordem, porque diz o Senhor que certamente morrerás. Então ele orou dizendo: Lembra-te, Senhor, de que andei diante de Ti com fidelidade e inteireza de coração. E chorou muito. Veio a Isaías a palavra do Senhor dizendo: Volta e diz a Ezequias: Ouvi a tua oração e anotei tuas lágrimas. Eis que eu te curarei, e das mãos do rei da Assíria te livrarei, acrescentando aos teus dias quinze anos. Disse mais: Colocai a pasta de figo sobre a úlcera. E o Senhor fez retroceder dez graus à sombra lançada pelo sol declinante no relógio de sua vida.*
> (II Reis, 20:5; Isaías, 38:2.)

No quadro da infinita hierarquia que alcança o eterno Pai, todos os seres permanecem sob a orientação de inteligências superiores às suas, ainda que ocultas sob dimensão diferente, não obstante o livre-arbítrio que, por seu mau uso, pode ser afastado, temporariamente, à semelhança do que prevê o código terreno que admite livre todo homem, até que seus atos provem o contrário.

Previamente planejada sob o patrocínio de Espíritos superiores, a existência anota os capítulos mais significativos, entre os quais a extensão aproximada, os fatores econômicos e a saúde, tendo por base a reparação de faltas porventura existentes e o imperativo da lei de evolução.

Com base nas diretrizes impostas à existência, a programação está sujeita a compreensivos ajustes, por se admitir que o amor, definido como trabalho, renúncia e dedicação, modifica o quadro de valores espirituais existente, concluindo-se, igualmente, que a rebeldia e a persistência, no círculo de pretéritos erros, acentuam significativo acréscimo ao quadro cármico.

Resguardados os direitos de todos os que o cercam, principalmente no campo familiar, os mentores espirituais podem decidir pela dilatação do tempo de vida, por fortalecerem expressões morais existentes, o que não significa favores do Céu, porque o Espírito evoluído interpreta a morte física como libertação e não castigo, naturalmente depois de estruturada a vida dos descendentes.

A Medicina pode também diferir a existência, desde que não altere o mecanismo do relógio da vida, espiritualmente regulado. Do exposto, compreende-se que o prolongamento da existência depende de fatores distintos, administrados por autoridades que, de outra dimensão, acompanham os seres terrenos.

A saga de Ezequias assegura que sua enfermidade era de morte, razão do oráculo que lhe diz: "Põe em ordem tua casa, porque certamente morrerás".

Recolhendo-se ao campo da oração, o príncipe, em abundantes lágrimas, recorda as boas obras com que orientou a vida, que toma por base à súplica.

Convém anotar que a resposta à prece pode não corresponder ao pedido, ainda que endereçado em harmonia com os sentimentos.

Antes de deixar a parte central da cidade, o profeta anota a segunda mensagem:

> Volta e diz a Ezequias: Ouvi tua oração e vi tuas lágrimas; eis que eu te curarei e ao terceiro dia subirás ao templo.

> Acrescentarei aos teus dias, quinze anos e, das mãos do rei da Assíria livrarei a ti e a tua cidade.

No desempenho da faculdade a que sempre confere prioridade, o bom médium nada promete sem respaldo espiritual, nem alega cansaço, chuva ou canícula, por fatores de impedimento.

Importa esclarecer que a pasta de figo indicada espiritualmente como medicamento, à semelhança do fel do peixe, na saga de Tobias,[39] compreende mero pretexto visando apenas despertar a fé do príncipe, considerando que o legítimo tratamento procede da esfera espiritual, a exemplo do cego que Jesus ordena lavar-se no tanque de Siloé, depois da lama que aplica em seus olhos.

---

39 Nota do autor: Ver capítulo correspondente, no livro *Profetas*, do mesmo autor.

115
Temor da morte

Não temais os que matam o corpo e não podem matar a alma; temei, antes, aquele que, contribuindo para a morte do corpo, faz perecer a alma na Geena.
(MATEUS, 10:28; LUCAS, 12:4 a 5.)

A distintos gêneros de morte, o presente texto faz alusão. Refere-se o primeiro, à morte física que os Apóstolos vieram a conhecer, por professarem, sem receio, a legítima doutrina de Jesus, razão por que se recusam a abjurá-la, na pureza de origem, embora ao preço da própria vida.

Por compreender a eternidade da alma e por classificar os bens morais acima dos bens terrenos, o adepto da Codificação, quando consciente e imunizado de qualquer sentimento de culpa, igualmente, não teme a morte física, então interpretada por fenômeno natural de libertação do Espírito.

Admita-se, pois, a primeira lição do texto endereçada aos Apóstolos e aos raros seres que sugerem prioridade à vida espiritual, considerando que, somente elevada conscientização evangélica faculta suficiente coragem para sofrer ou morrer, por não abjurar seus legítimos postulados.

Convém esclarecer, contudo, que, apesar do despotismo revelado pelo imperialismo religioso de outrora, que depois de crucificar o Cristo, persegue os que o seguem, nenhum Apóstolo morreu antes de cumprida a missão que o trouxe à Terra.

O segundo quadro sugerido pelo texto refere-se à morte moral, à qual o homem é induzido, mediante crimes de várias naturezas que pratica, destruindo a própria felicidade, que só recupera depois do resgate exigido pelas leis divinas e pela própria consciência; no mesmo quadro, convém incluir o suicídio, principalmente quando decorre do uso de dependências, considerando os efeitos nocivos das substâncias alucinógenas que matam o corpo, deixando a alma enferma, por esse motivo, sujeita a surpreendentes e extensos quadros de sofrimento em regiões da espiritualidade, cujo vício, por sugestão de almas inferiores, ou espontaneamente, sustenta, por vampirizar seres encarnados, igualmente dependentes, recordando o quadro de experiências que anotou, quando encarnado, até que autoridades espirituais determinem seu recolhimento a hospitais especializados e seu encaminhamento, quando necessário, a novo corpo, conquanto propenso a reincidir nos pretéritos hábitos, cujos vestígios conserva na alma.

Os fabricantes de substâncias tóxicas e respectivos traficantes, temporariamente situados em rico quadro econômico-social, desconhecem qualquer sentimento de remorso ou de piedade para com as vítimas, de cujas vidas se afiguram por instrumentos de destruição, não só pela extrema ambição à riqueza terrena, como também por amparados na falsa orientação religiosa, de que tudo termina com a confissão ou senão com a morte.

Se falsear interpretações sobre o legítimo sentido de alguns textos evangélicos, constitui pecado contra o Espírito Santo, o "pecado sem perdão" (MATEUS, 12:31; LUCAS, 12:10), ou seja, de "resgate de longa duração", considerando induzir o homem aos falsos caminhos da evolução, fácil compreender a extensão do quadro de resgate que aguarda aos seres que, lembrando o texto, matam o corpo, fazendo o Espírito enfermo vergar, por dilatado tempo, na Geena de indescritíveis sofrimentos, em regiões do plano extrafísico.

Importa, finalmente, esclarecer que, a despeito do quadro de sabedoria, a cultura religiosa tradicional, cultivada desde o batismo, ratificando dezessete anos de condicionamento, mantém o homem submisso à ortodoxia religiosa de berço, ainda que transferindo-se de bandeira religiosa, para o que os sucessivos séculos de vivência litúrgica significam elevada contribuição.

116
O filho chamado do Egito

> *Para que se cumprisse o que fora dito pelo Senhor, por intermédio do profeta: Do Egito chamei meu filho.*
> (Mateus, 2:15; Oseias, 11:1.)

Mediunicamente orientado a partir de Abraão, Israel compreende, simbolicamente, o menino amado, chamado do Egito pela faculdade de Moisés.

Depois da escravidão no Egito, mencionada no oráculo do patriarca, Moisés consagra ao povo inusitada orientação espiritual, conduzindo-o à Terra Prometida, onde se estabelece sob a estratégia de Josué.

Dotado de significativa faculdade mediúnica, Abraão anota a voz espiritual que lhe diz: "Sai da casa de tua parentela e vai para a terra que eu te mostrar. De ti farei uma grande nação, abençoando-te e engrandecendo o teu nome" (Gênesis, 12).

Em plena caminhada, o Senhor lhe fala: "Ergue os olhos para o norte e para sul, para o oriente e para o ocidente, porque toda a terra que vês eu a darei a ti e a tua descendência, para sempre" (Gênesis, 13:14).

Embora a esterilidade de Sara, sua esposa, o Senhor lhe diz: "Olha para os Céus e conta as estrelas, se é que o podes. Será assim a tua posteridade" (Gênesis, 15:5).

Sobre o futuro de sua descendência, diz o Senhor ao patriarca:

> Tua posteridade, com certeza, será peregrina em terra alheia, onde será reduzida à escravidão, afligida por quatrocentos anos. Mas eu julgarei a nação a que tem de sujeitar-se, de onde sairá com grande riqueza (GÊNESIS, 15:13 a 14).

Outras profecias são anotadas por Abraão, entre as quais a destruição de Sodoma e de Gomorra e o nascimento do filho Isaque.

Para se cumprir o oráculo sobre a escravidão a que sua descendência seria reduzida, José, o filho amado de Jacó, bisneto de Abraão, como primeiro-ministro do Egito, no período dos sete anos de fome, convida Jacó, seu pai, que ingressa no Egito, onde sua descendência viria a conhecer a escravidão profetizada.

O Senhor, no entanto, não olvida a jovem nação, figuradamente, o *filho dileto* que, como escravo, *vivia no Egito*, de onde o chama pela faculdade mediúnica de Moisés (ÊXODO, 3:9 a 10).

A palavra de Oseias, que viveu em torno de oito séculos a. C., não constitui oráculo sobre o retorno de José e de Maria, refugiados no Egito, mas alusão ao povo hebreu que, quanto mais o Senhor o chamava, mediante exortações de Moisés, mais se afastava de sua presença, queimando incenso a imagens e prestando sacrifícios a baalins, o que o Apóstolo da primeira revelação presencia quando regressa do monte com as primeiras tábuas da lei (ÊXODO, 32). Por isso, diz ainda: "Por meio de um profeta [Moisés] fez subir a Israel do Egito, e por um profeta Israel foi guardado".

Importa esclarecer que o filho chamado do Egito, a que o oráculo se refere, compreende, pois, o povo hebreu, na sua infância espiritual, e não Jesus, como interpretado pelas religiões convencionais. Por isso diz o profeta: "Quando Israel era menino, eu o amei; e do Egito [o chamei], chamei o meu filho".

Atribuir a Jesus, no presente *oráculo*, a condição de filho, significa dizer também que, quanto mais era chamado, mais se afastava da presença de Deus, queimando incenso a imagens e prestando sacrifícios às esculturas, prática condenada por Moisés e pelos profetas, mais tarde ressuscitada, com outros dogmas, por doutrinas humanas.

Composta de Espíritos jovens, a nação se considera esquecida do Senhor, dando motivo às seguintes palavras de Isaías: "Acaso, pode uma mulher esquecer o filho que ainda mama? Mas ainda que viesse a esquecer dele, eu, todavia, não me esquecerei de ti, Israel" (ISAÍAS, 49:15)

Ao eleger Israel por filho, não discrimina outros povos a quem estende igualmente o manto de sua divina proteção, por meio dos missionários que, neste plano, comparecem em seu nome, a exemplo de Buda e Maomé, conquanto os enxertos com que mesclam a mensagem do divino Mestre, de quem foram mensageiros, no campo da religião.

Jesus comparece à Terra emprestando prioridade aos mais carentes de valores morais, não obstante as aquisições intelectuais que Israel demonstra possuir.

Direta ou indiretamente, no entanto, todos os povos são conduzidos pelo sagrado cajado do Cristo e, como ovelhas de seu aprisco, podem se admitir por bem-aventuradas, principalmente quando ouvem e cumprem sua palavra, na edificação do próprio destino.

117
O sábado

Lembrai-vos de santificar o dia de sábado.
(Êxodo, 20:8; Deuteronômio, 5:12.)

    Compreensivo nos primeiros degraus da escala evolutiva, o apego demasiado à vida física traz significativo prejuízo espiritual, a que se submetem muitos povos cultos, por ausência de conscientização sobre a imortalidade, além de desconhecerem a função do corpo biológico, admitido por berço do Espírito em evolução.

    Por imunizar-se da incômoda pobreza material, os povos se submeteram ao domínio da riqueza terrena, desenvolvendo habilidades exclusivas à vida física, olvidando a afirmativa do Cristo, que descreve o corpo como veste do Espírito e a vida orgânica como seu alimento.

    Moisés apresenta compreensivo entendimento ao determinar um dia, o último da semana, ou o primeiro, na atualidade, por considerar a fração mínima de tempo destinada aos valores do Espírito.

    A contribuição do tempo e da dor, contudo, desenvolve no Espírito ambições que transcendem a matéria, propondo alimento espiritual mais frequente, traduzido na oração e na palavra que sai da boca de Deus, por afrouxar os liames à vida física, conquanto as exigências do corpo orgânico, que não podem ser desprezadas.

Por conseguinte, os valores do Espírito, outrora recordados uma vez por semana, são agora, reclamados diariamente, consagrando santificação a todos os dias da semana, não por meio do ócio, mas pelo trabalho sério que edifica o saber, a saúde e a paz.

Importa recordar que o Pai celestial trabalha sempre e que Jesus, fazendo-lhe a vontade, também trabalha, inclusive aos sábados, considerando que sua atividade, voltada exclusivamente para o amor do próximo, sempre denota religião.

A evolução moral do homem sugere prioridade aos valores espirituais, não por meio da vida monástica, mas na seriedade que empresta às lides diárias, à semelhança dos Apóstolos que, da prática do bem, recolhem o *alimento que consiste em fazer a vontade de Deus* (JOÃO, 4:34).

Convém recordar algumas curas que o Senhor realiza nos sábados, por demonstrar que o "sábado foi feito para o homem e não o homem para o sábado":

> Num dia de sábado, entrou Jesus numa sinagoga, onde se achava um homem que tinha uma das mãos ressequida; e eles, com o intuito de acusá-lo, perguntaram: É lícito curar no sábado? Ao que o Senhor respondeu: Qual dentre vós que, tendo uma ovelha e, num sábado esta cair numa cova, não fará todo esforço, tirando-a dali? Ora, quanto mais vale um homem que uma ovelha? Logo, é lícito, nos sábados, fazer o bem. A seguir, disse ao homem: Estende a mão. Estendo-a, ela ficou sã como a outra. Por isso, os fariseus conspiravam contra ele, visando tirar-lhe a vida (MATEUS, 12:9 a 14; LUCAS, 6:6 a 11).

> Ora, ensinava Jesus, no sábado, numa das sinagogas. E veio ali uma mulher possessa de um Espírito de enfermidade, havia dezoito anos; andava ela encurvada sem poder endireitar-se. Vendo-a, Jesus chamou-a, dizendo-lhe: Mulher, estás livre de tua enfermidade; e, impondo-lhe as

mãos, imediatamente se endireitou. O chefe da sinagoga, contudo, indignado de ver a cura no sábado, disse à multidão: Seis dias há em que se deve trabalhar; vinde pois, nesses dias, para serdes curados e não no sábado. Disse, então, Jesus: Hipócritas, cada um de vós não desprende da manjedoura, no sábado, o seu boi ou o seu jumento, para levá-los a beber? Porque motivo não devia livrar deste cativeiro, em dia de sábado, esta filha de Abraão, a quem Satanás trazia preza há dezoito anos? Ouvindo essas palavras seus adversários se envergonharam, enquanto o povo se alegrava pelos feitos de Jesus (LUCAS, 13:10 a 17).

Censurado pelos fariseus, pelas espigas que os discípulos colhem, em dia de sábado, o Senhor lhes diz:

Não lestes o que fez Davi, quando ele e seus companheiros, entraram no templo, comendo os pães da proposição que pertenciam, exclusivamente, aos sacerdotes? Ou não lestes na lei que, aos sábados, os sacerdotes, no templo, violam o sábado e ficam sem culpa? Pois eu vos digo: Aqui está quem é maior do que o templo. Sabei também o que significa: Misericórdia quero e não holocaustos, e não tereis condenado inocentes. Porque o Filho do Homem é senhor do sábado (MATEUS, 12:1 a 8).

As bênçãos que se atribuem a determinados dias não devem ser reconhecidas pela presença do homem no templo, nem por mãos postas, nem por palavras de beatitude que pronuncia, nem por respeito às tradições religiosas, mas simplesmente pelos deveres bem cumpridos e pelo respeito ao próximo, por externarem a vontade de Deus.

Rejeitado pelas raças primitivas do planeta, o trabalho, para os povos mais evoluídos, quer dizer terapia, facultando ao Espírito imortal alegria e paz. Por isso, diz o Senhor: "Meu Pai trabalha até agora e eu trabalho também" (JOÃO, 5:17).

118
O dízimo

> *No final de cada três anos, tirarás o dízimo do fruto do terceiro ano e o recolherás em favor do levita, do estrangeiro, do órfão e da viúva.*
>
> (DEUTERONÔMIO, 14:22, 28 e 29.)

    Procedem de Moisés as anotações sobre o dízimo, ratificadas por Malaquias nos seguintes dizeres: "Trazei todos os dízimos à casa do tesouro" (MALAQUIAS, 3:10).
    Importa recordar, contudo, o dízimo que Abraão consagra a Melquisedeque, rei da justiça e de Salém, também conhecido por eterno sacerdote, feito à semelhança do Filho de Deus, sem genealogia e sem fim, por havê-lo abençoado, revelando a presença do dízimo anterior às recomendações impostas por Moisés (HEBREUS, 7:2)
    Instituído em favor do levita, do estrangeiro, da viúva e do órfão, estes últimos compreendiam significativo número, por ausência de medicina e pelos constantes conflitos existentes entre os povos da Antiguidade.
    Além de compreender gratidão, por se libertar do cativeiro no Egito, o dízimo significava evocação das divinas bênçãos à terra que o Senhor prometera para sempre a Abraão.
    Em favor do pobre, a lei determinava ainda a respiga, sobre a qual Moisés diz:

Quando segares a messe do teu campo e nele esqueceres um feixe de espigas, não voltarás a tomá-lo; ao estrangeiro, ao órfão e à viúva destina-se, para que o Senhor te abençoe em toda obra de tuas mãos. Lembra-te de que foste escravo no Egito. (DEUTERONÔMIO, 24:19 a 22).

Importa recordar, contudo, o que o Senhor diz sobre a vigência da lei: "A lei e os profetas vigoram até João. Desde esse tempo, vem sendo anunciado o Evangelho do reino de Deus, e todo o homem deve se esforçar para entrar nele" (LUCAS, 16:16).

Recebido mediunicamente por Moisés, o decálogo compreende a lei que Jesus não veio derrogar, mas ensinar os homens a cumpri-la (MATEUS, 5:17). Admitida por divina, a lei não pode ser confundida com os decretos instituídos pelo grande legislador.

Apesar do significativo valor das leis instituídas por Moisés, em favor dos carentes, faz-se necessário conhecer as instruções consagradas por Jesus aos Apóstolos, por instruí-los na divulgação do evangelho: "Dai de graça o que de graça recebestes" (MATEUS, 10:8); "Não vos provereis de ouro ou prata em vossos cintos, nem de alforje para o caminho; porque digno é o trabalhador de seu salário" (MATEUS, 10:9 a 10).

Por justificar a cobrança do dízimo, ninguém faz referência ao que preceituam os versículos 8 e 9, apoiando-se, com exclusividade, no versículo 10, por dizer que "digno é o trabalhador de seu salário".

Confundido o salário espiritual, prometido por Jesus, o *patrão dos Apóstolos*, com o salário deste mundo, a pretexto de assegurar o reino do Céu, mais um tributo é instituído contra o fiel, já sobrecarregado de impostos pelo terreno reinado.

Importa não confundir, também, o temporário abrigo que o digno hospedeiro emprestava ao Apóstolo, peregrino divulgador do Evangelho, com o tributo instituído atualmente, que significa viver às expensas do apostolado.

Convém anotar o que Paulo de Tarso fala sobre o tema:

> Sabeis que os que prestam serviço ao templo, do templo se alimentam; e quem serve ao altar, do altar tira o seu sustento. eu porém, não me tenho servido dessa lei e não escrevo para que assim se faça comigo, pois, melhor me fora morrer, antes que alguém me anule essa glória. (I CORÍNTIOS, 9:14 a 15).

Oportuno informar que o versículo 14 (citado em diversas expressões), atribuído ao apóstolo Paulo, deve ser admitido por "versão de conveniência", considerando abonar a dependência do sacerdote, e o comércio portas adentro do templo.

Proferidos também pelo Apóstolo, outros textos são adiante citados, aos quais, por conveniência, não se fez qualquer referência:

"Pela terceira vez estou pronto a ir ter convosco e não vos serei pesado. Se vos procuro, não estou atrás dos vossos bens" (II CORÍNTIOS, 12:14).

"Nem jamais comemos pão à custa de outrem; pelo contrário, em labor e fadiga, dia e noite, trabalhamos a fim de não sermos pesados a nenhum de vós" (II TESSALONICENSES, 3:8).

Respaldado na elevada conscientização que adquire do Evangelho, afirma Paulo: "O que para mim era lucro, considerei perda, depois do Cristo. (FILIPENSES, 3:7).

No campo da religião, não se deve tomar por base apenas as interpretações que consultam interesses próprios, considerando as versões convencionais, sugeridas a determinados textos. Importa compreender que Jesus e os Apóstolos nunca viveram a expensas de outrem. Aos tradutores e exegetas devem ser atribuídas as versões evangélicas que não correspondem à verdade e ao bom senso.

Sem desprezar as instruções criadas por Moisés, indicando finalidades específicas ao dízimo, respaldadas em princípios de justiça e de caridade, deve-se lembrar que, *pela salvação da alma, o dízimo não constitui doutrina de Moisés, nem dos profetas,* traduzindo apenas significativa conveniência de alguns seguimentos, considerando que a salvação espiritual traduz conquista própria, no capítulo da renovação íntima e da prática do bem.

Alega-se que o dízimo compreende uma dívida para com Deus, sobre a qual o Filho do Altíssimo nenhuma referência fez ao instruir os discípulos na jornada apostólica. Para quem não aceita a reencarnação, a dívida compreenderia um débito coletivo instituído antes do próprio nascimento.

O Senhor não delega autoridade para ninguém recolher tributos, que nunca lhe foram repassados, nem isenta o discípulo do sofrimento a que sua missão o conduz, mencionado no quadro das admoestações:

> Eis que vos envio como ovelhas no meio de lobos; sede, portanto, prudentes como as serpentes e simples como as pombas. Sereis odiados por todos, por causa do meu nome" (MATEUS, 10:16 a 22).

Enquanto o tributo pertence ao reino terreno, o Evangelho traduz o reino de Deus, conquistado pelo amor e pela renovação íntima.

A promessa de salvação, mediante dízimos, perdões simbólicos ou pelo sangue derramado do Cristo, anula toda a moral contida no Evangelho, além de relaxar o esforço de renovação íntima, desobrigando o homem da aquisição da humildade, excelsa virtude que não pode ser confundida por ignorância e pobreza.

Convém repetir que o dízimo não expressava promessa de salvação. Os seres de antanho, como os atuais, não estavam preocupados com o futuro da alma, por emprestarem prioridade às fartas colheitas que, por dilatado tempo, haveriam de recolher na Terra Prometida, como define o final do quarto mandamento mosaico: "a fim de viveres longo tempo na terra que o Senhor vosso Deus vos dará".

Jesus nada exige do paciente, nem mesmo a conversão religiosa, recomendando apenas "vai e não tornes a pecar", mostrando, no pecado, a origem do sofrimento. Por isso, ao ex--endemoniado que lhe solicita permanecer ao seu lado, responde: "Vai pra tua casa, para os teus e anuncia-lhes tudo o que o Senhor te fez e como teve compaixão de ti" (MARCOS, 5:19)

Finalmente, convém recordar: a César a moeda que recorda o seu reinado, e a Deus o tributo da renovação moral íntima, somado à prática do bem e do amor ao próximo.

119
A respiga

Quando segares a messe, não rebuscareis o campo, nem colhereis espigas caídas ou esquecidas da sega, para que o Senhor teu Deus te abençoe em toda obra de tuas mãos; para o estrangeiro, para a viúva e para o órfão as deixareis.
(Levítico, 23:22; Deuteronômio, 24:19 a 21.)

Conquanto aconselhada por Noemi a regressar à casa paterna, situada nas terras de Moabe, Rute lhe responde:

> Onde quer que fores, eu irei, e onde quer que pousares, ali pousarei; O teu povo é meu povo e teu Deus, o meu Deus. O Senhor faça à sua serva o que lhe aprouver, se outra coisa que não seja a morte me separar de ti (Rute, 1:16 a 17).

Depois de eleger Israel como seu povo e suas terras como morada, a viúva moabita dirige-se à seara de Booz, após a permissão que obtém para respigar. Mais tarde o proprietário do campo fala-lhe, conselheiro:

> Se te aprouver, não te afastes daqui, mas junta-te às minhas servas e segue-as, de perto, no campo onde ceifarem. Se tiveres sede vai à bilha e, à hora de comer, vem e come a tua parte de pão (Rute, 2:8 a 16).

A seguir, recomenda aos servos que deixem cair de seus feixes, como por descuido, algumas espigas para que ela as apanhe.

Vedada ao proprietário, a respiga, como remanescente à sega, representa *revisão de colheita*, por lei assegurada ao estrangeiro, à viúva e ao órfão.

Se orientado por Booz, o ceifeiro, intencionalmente, deixa cair espigas para Rute, igualmente, os pretéritos segadores eleitos, sugerem significativas interpretações sobre determinados textos evangélicos, simbolizando as espigas, propositadamente esquecidas na lavoura.

Conquanto coligida por sábias mãos, a vinha do evangelho, sob inspiração dos segadores, indica feixes de espiga, como se ofertados pelos ceifeiros do Cristo.

Convém esclarecer que o Senhor da Seara, além da respiga, ainda faculta a água da bilha e a parte de pão que desce do Céu, assegurando vida eterna aos que dele se alimentam, como diz o Evangelho: "Este é o pão que desceu do Céu, em nada semelhante àquele que vossos pais comeram no deserto e, contudo, morreram" (João, 6:58).

Caído do Céu, o maná compreendia alimento do corpo, de que os judeus se alimentam no deserto. De modo idêntico, algumas seitas converteram, simbolicamente, em físico, o pão da alma, de que Jesus é despenseiro.

A determinação de Rute de permanecer em Belém, recusando-se retornar às terras de Moabe, conquanto afastada dos ascendentes, deve compreender decisão idêntica do obreiro espírita, por se afastar dos sítios, onde por muitos séculos estagiou, em que pese o convite sugerido pela retaguarda.

Importa esclarecer que o Senhor da vinha somente assalaria os seres que já se afastaram de qualquer compromisso com os velhos campos, o que Rute comprova ao dizer a Noemi: "Não me instes a deixar-te, nem me obrigue a não seguir-te, porque, onde quer que fores, eu irei".

A união proposta por Booz a Rute (RUTE, 4) manifesta a comunhão de valores e o consórcio espiritual do Cristo com a humanidade, a que alude a parábola do festim das bodas (MATEUS, 22:1).

120
O Dilúvio

Porquanto, assim como nos dias anteriores ao dilúvio comiam e bebiam, casavam-se e davam-se em casamento, até o dia em que Noé entrou na arca, e não o perceberam, senão quando veio o dilúvio e os levou a todos, assim será também a vinda do Filho do Homem.
(Mateus, 24:38 a 39.)

Os grandes fenômenos sísmicos ou cósmicos, registrados na evolução do orbe, lembrando linhas diretivas e assinalando períodos evolutivos do homem, são conhecidos por Jesus e seus núncios que, por via mediúnica, os revelam aos seres terrenos, quando necessário.

Se a morte do corpo físico significa Dia de Juízo parcial no mundo de cada ser, determinando o porvir da alma na própria Terra, o Juízo Final decidirá o futuro do Espírito, neste plano ou em planeta que corresponda à sua evolução moral.

Do Egito, depois da construção das pirâmides, e da Palestina, após os dias do Cristo, muitos Espíritos, denunciando segura edificação íntima, segundo informação de Emmanuel, regressaram a Capela, no sistema do Cocheiro, de onde migraram.

Mortes coletivas, pelo intenso choque que produzem ao Espírito, significam, no símbolo de ressurreição, vigorosos capítulos determinados pelo processo evolutivo, visando o despertar da alma do "sono eterno" da acomodação ou de velhos condicionamentos religiosos a que por vezes se entrega, por milênios.

As profecias não têm por finalidade isentar o homem da morte física, já que o chão do planeta não se configura como domicílio permanente do homem. Admitida por futuro de todos os seres, a morte física não deve implicar preocupação, mas advertência permanente por assegurar a própria evolução espiritual.

Os habitantes da Atlântida e da Lemúria, pela faculdade mediúnica de Noé, foram informados a respeito da grande transição. Mas, como nos dias atuais, nenhum apreço emprestaram aos avisos, razão de serem surpreendidos pelo dilúvio.

As profecias, recordando recados de Jesus, não conseguem mudar a índole ou o caráter dos seres, cuja evolução exige renovadas parcelas de tempo e de sofrimento.

Se os habitantes da Atlântida consagrassem credibilidade às profecias de Noé, certamente que não temeriam a morte, considerando que a arca da evolução humana não tem por finalidade preservar o corpo da morte física, mas resguardar o Espírito do exílio em planos inferiores do universo, por facultar-lhe indispensável progresso moral.

A arca que, em dias de juízo, assegura a ressurreição do Espírito para a vida (João, 5:29), no próprio planeta, constitui-se do Evangelho.

Do exposto, compreende-se a existência de duas modalidades das simbólicas embarcações: a primeira espécie, que tem por base a educação e o amor ao próximo; e a segunda categoria, que se respalda no materialismo e na prepotência.

Para o presente século, as profecias anotam, em linguagem sibilina, grandes acontecimentos, compreendidos por último juízo, indicando novo destino aos Espíritos que não se afeiçoaram às verdades do Senhor. Os brandos herdarão a Terra, como encarnados ou não, enquanto os Espíritos belicosos, egoístas e avaros, ambiciosos e imorais, responsáveis pelos bolsões de miséria do orbe, pelas guerras, pelas dependências e pelo meretrício, por etéreas e desconhecidas arcas, serão transferidos a planeta inferior, compelidos à ascendência espiritual de que, neste mundo, negligenciaram, por milênios.

121
Pecado e perdão

Todo o pecado vos será perdoado, menos o que for feito contra o Espírito Santo.
(MATEUS, 12:31; LUCAS, 12:10.)

A presente lição destaca distintos detalhes sobre a Justiça divina, conquanto já examinados por Emmanuel.[40]

O Espírito Santo, numa versão, compreende a plêiade de Espíritos elevados, vinculados às hostes do Senhor, que o assessoram na direção da vida planetária, como também no processo evolutivo do homem.

Na lição proposta, o Espírito Santo compreende o Evangelho do Senhor ou a própria Justiça divina.

Espiritualmente examinado, o pecado compreende toda falta consigo e contra o próximo, incluindo o bem que se deixa de fazer.

Contabilizado na proporção da razão alcançada, a reparação constitui-se de terapêutica, por exonerar a consciência do remorso, o sofrimento mais significativo que o Espírito *livre* pode experimentar.

Todo pecado, pois, devidamente resgatado, na proporção da dívida cometida, é perdoado, não só pela eterna Justiça como igualmente pela consciência, podendo ser amenizado

---
[40] XAVIER, Francisco Cândido. *O consolador*, it. 303.

pelo amor que cobre a multidão dos pecados, medido também, na proporção do bem feito ao próximo.

Um pecado existe, no entanto, que foge aos conhecidos parâmetros de resgate. *Fundamentado na falsa orientação que, em nome do Evangelho ou de Deus, se consagra ao fiel, acenando-lhe com falsa impunidade, institucionaliza-se o crime, facultando liberdade para se acomodar às próprias imperfeições.*

Por não guiar a ovelha pelas veredas da justiça, o pastor que não dá a vida por ela, é sempre culpado, por deixar que se extravie ao vale da sombra e da morte (SALMOS, 23). *Ainda na proporção da conscientização, neste âmbito, somente os superiores espirituais anotarão o montante do compromisso e o débito a ser resgatado.*

Traduzido o sacerdote por guia, e o fiel por cego, no domínio da compreensão espiritual, convém citar a condenação proclamada por Moisés: "Maldito o que fizer o cego errar o caminho, ao que o povo respondia: Amém" (DEUTERONÔMIO, 27:18).

À mesma sentença estão submissos os seres que, a pretexto de amor, negligenciam dos deveres impostos pela paternidade, deixando de consagrar educação moral à criança, invariavelmente necessitada de orientação ou mesmo de fixação de novas diretrizes.

Convém, pois, admitir que, virtualmente a vida escreve o que se faz ou se deixa de fazer ao próximo, ainda que a pretexto de justiça em causa própria, como procedem os Espíritos nos processos de obsessão ou de retaliação espiritual.

122
Reconciliação e presença do Cristo

> *Se teu irmão pecar contra ti, vai argui-lo, pessoalmente. Se ele te ouvir, ganharás o teu irmão. Digo-vos que onde estiverem duas ou três pessoas reunidas em meu nome, ali estarei no meio delas.*
>
> (Mateus, 18:15 a 20.)

A palavra do Cristo, no presente texto, possui o endereço daquele que, de alguma forma, deu motivo à ofensa recebida, considerando que, "numa dissensão que começa por uma alfinetada e acaba por uma rotura, tenha sido autor do primeiro golpe, ainda que traduzido por simples palavra injuriosa."[41]

Importa, pois, excluir da lição do Cristo, as vítimas de gratuitos adversários que, notadamente, surgem no campo religioso.

Estranho seria Jesus procurando Anás e Caifás, ou os legítimos cristãos torturados procurando os inquisidores, a fim de propor-lhes reconciliação, nesse caso, exigida somente da consciência culpada, depois da compreensiva reparação, impondo-se à vítima, por preservar a própria paz, o imperativo de varrer, da sala íntima, eventuais manifestações de animosidade.

---

41 KARDEC, Allan. *O evangelho segundo o espiritismo*, cap. X, it. 15.

Quadro patológico de significativa gravidade, o ódio e a vingança, por vezes, impõem mutações no corpo astral, de que o Espírito procura se ocultar, depois de realizado o processo de retaliação, como se verifica com os obsessores dos gadarenos que, por isso, pedem ao Senhor para se esconderem entre os porcos.

Por imunizar o homem do sofrimento, o divino Terapeuta usa de métodos curativos sem olvidar a profilaxia, como esclarece ao paralítico de Betesda: "Olhe que já estás curado; não tornes a pecar a fim de que não te suceda coisa pior" (JOÃO, 5:14).

Se, na condição de ofendido, a terapêutica consiste do perdão incondicional, convém admitir o imperativo de não figurar do quadro de ofensor, ao qual se transfere se não usar a profilaxia do perdão, compreendendo o tributo a ser pago, ainda que perdoado pelo inimigo e pela justiça terrena.

Importa, pois, não denunciar ofensa ao próximo que dê motivo às reações sugeridas pelo ódio, pela vingança e pelo consequente remorso que antecede o resgate, considerando converter-se, com a vingança, de credor em escravo do pecado.

Admitido por imunidade, o perdão deve ser uma constante na vida do homem, não só por sete vezes, mas por tempo indeterminado, ou por setenta vezes sete.

Na presente lição, a expressão "reunir-se em nome de Jesus", não traduz culto religioso, nem sugere o templo por local, como interpretado até agora, sob compreensivo condicionamento, considerando o texto que diz, "onde estiverem".

Oportuno esclarecer, também, que a companhia dos bons Espíritos, significando a presença do Cristo, não exige a presença coletiva de pessoas, até porque seria olvidar as orações que, sozinho, Jesus faz no deserto, no horto ou na montanha.

Pela magnitude do cometimento, e por constituir-se de profilaxia e garantia de paz, à reunião de duas ou mais pessoas, com o elevado propósito de reconciliação, o Mestre assegura sua presença, sendo oportuno considerar ainda que a própria disposição de reatar superiores laços, expressando nobre inspiração, revela a presença do Senhor, ainda que nos lugares mais distantes do planeta.

Importa, pois, não confundir a reunião destinada à reconciliação com o adversário, normalmente constituída de duas ou três pessoas, com as habituais reuniões de estudo e oração efetuadas nos diversos templos.

123
O cuidado de se enterrarem os mortos

> *Respondeu-lhe então o moço: Consente, Senhor que primeiro eu vá sepultar meu pai. Jesus lhe retrucou: Deixa aos mortos o cuidado de enterrarem seus mortos.*
>
> (Lucas, 9:59.)

Por força de um condicionamento secular, o homem habituou-se a interpretar a morte do corpo físico por definitiva extinção da vida, o que invalida qualquer mandamento do Senhor, mesmo que tutelado pelas liturgias religiosas, sugerindo, por consequência, exclusivo apreço à vida física.

Convém lembrar, por isso, que a missão do Cristo na Terra não teve por escopo curar corpos nem a de multiplicar pães, porém a finalidade de iluminar os infinitos horizontes da vida espiritual, mediante elevada conscientização das lições de imortalidade contidas no Evangelho, dando motivo à orientação que sugere aos Apóstolos: "Não temais os que matam o corpo físico e não podem matar o Espírito" (Mateus, 10:28).

Importa compreender a existência de organizações que, no símbolo de alqueires, obscurecem a luz destinada a clarear os eternos caminhos da evolução da alma, considerando situarem a vida na curta senda, medida entre berço e túmulo.

Por destacar a limitada visão espiritual, sugerindo exclusividade ao físico patrimônio, o homem figura-se ao "morto", a que Jesus se refere no seguinte texto: "Deixa aos mortos, o cuidado de sepultar seus mortos".

Sem olvidar, contudo, a significativa lógica anotada na versão do codificador, distinta interpretação se obtém, atribuindo ao segundo termo "morto", o significado de delitos sem resgate. Com a substituição do citado termo, por "cadáver", obtém-se a seguinte tradução: ao morto (o Espírito culpado) o cuidado de enterrar seus espectros, ou ainda, *ao culpado, a obrigação de reparar suas faltas,* considerando que ninguém responde por crimes alheios.

Por desprezar o direito do próximo, a quem fere ou prejudica, na condição de delinquente, réu ou "morto", o homem sujeita-se a futuros quadros de sofrimento, oriundos de pretéritos crimes sem resgate, emblema de *cadáveres insepultos,* porque é da lei que aos autores dos crimes compete reparar suas faltas.

Convém, pois, esclarecer que o perdão simbólico ou o sangue derramado do Cristo, além de abonarem o crime, não excluem o processo de correção, o que comprovam os diferentes quadros de sofrimento, inclusive as anomalias físicas que procedem de berço, insensatamente atribuídas à vontade de Deus, por se esquecer que *simbolizam os cadáveres insepultos de pretéritas existências.*

Assim, pois, ainda que o homem manifeste preferência aos velhos cajados dos dogmas religiosos, a que se encontra condicionado, importa decidir-se pela exclusiva prática do bem, excluindo da pauta da existência as ações desabonadas pelo Evangelho, por traduzirem indesejáveis cadáveres, exigindo sepultura ou reparação.

124
Deixar pais e filhos

Aquele que houver deixado, pelo meu nome, casa, terras, pais, filhos, cônjuge ou irmãos, receberá o cêntuplo de tudo isso e terá por herança a vida eterna.
(Mateus, 19:29.)

Então disse Pedro: Quanto a nós, vês que tudo deixamos e te seguimos.
(Lucas, 18:28.)

Examinada em sua tradicional interpretação, a lição sugere exclusividade ao quadro dos que se *dedicam à vida monástica*, não obstante o exemplo dos discípulos que nunca abandonaram o ofício e a família, em que pese o verbo "deixar" utilizado na frase do Apóstolo: "Quanto a nós, tudo deixamos e te seguimos".

O texto, no entanto, pode denunciar ilações mais consentâneas ao pensamento do Cristo, contemplando a todos que o seguem espiritualmente, sem abandonarem a família e o trabalho. Para isso, os verbos "deixar" ou "abandonar", devem ser acrescentados de termos que compreendam *interinidade*, considerando que, na ausência de recursos que traduzem subsistência, o servidor do Evangelho, por não ser pesado a ninguém, somente pode consagrar à divina Seara o tempo de que pode dispor, traduzido por horas de repouso ou de lazer.

Ausentar-se das obrigações devidas à sociedade e à família, constitui fanatismo ou negligência, à que a própria justiça terrena sugere adequadas medidas de reparação. Se o Pai celestial trabalha até agora (João, 5:17), não há por que abandonar as lides, que traduzem terapia e aprendizado, além de facultarem o pão de cada dia.

O codificador esclarece que há deveres que sobrelevam outros, à semelhança dos filhos que se afastam do lar paterno por formarem, com os cônjuges, novos lares, conquanto os vínculos de solicitude e ternura que continuam mantendo com os pais.

Consagrar o tempo disponível a serviço do Evangelho sem abandonar a casa, a família e as obrigações impostas pela vida física, revela elevação moral e vocação para as atividades messiânicas, vivendo distintas obrigações na mesma existência e exercendo atividades inerentes à vida física, sem olvidar o Espírito imortal.

As horas de lazer o homem as consagra em campos distintos, sejam no descanso, nos esportes ou na religião.

A frase abandonar os pais, noutra versão, consiste em se afastar da cultura religiosa e dos costumes dos ascendentes, por se considerarem os valores do Espírito sobre os interesses transitórios da vida física.

Educados na religião judaica, e constituindo, mais tarde, a estrutura do Cristianismo, os Apóstolos não possuíam alternativa senão a de se afastarem da família, no campo da cultura religiosa, a menos que seguidos por ela.

Por se afastar da cultura e dos hábitos de seu país, Rute elege Israel por pátria, definindo novo futuro, assinalado na seara de Booz.

Importa recordar a dedicação de alguns discípulos que, *sem serem pesados a ninguém,* se afastavam da família, por divulgarem o Evangelho em localidades afastadas, como explica o Apóstolo dos Gentios:

> Eu porém não me valho dessa faculdade e não escrevo para que assim se faça comigo, porque melhor me

fora morrer, antes que alguém me anule essa glória (I CORÍNTIOS, 9:15).

Eis que, pela terceira vez, estou pronto a ir ter convosco e não vos serei pesado, porquanto não vou atrás de vossos bens (II CORÍNTIOS, 12:14).

Nem jamais comemos pão à custa de outrem; pelo contrário, em labor e fadiga, de dia e noite, laboramos por não sermos pesados a nenhum de vós (II TESSALONICENSES, 3:8 a 10).

Compreenda-se por desprendimento a palavra de Pedro, afirmando que tudo deixara, mesmo sem se afastar da família e do ofício de pescador, de onde recolhe o sustento, o que comprova a pesca que empreende depois da crucificação de Jesus, da qual recolhe, por divina orientação, cento e cinquenta e três grandes peixes.

125
Odiar ou aborrecer os pais

> *Como nas suas pegadas caminhasse grande massa de povo, Jesus voltando-se disse-lhes: Se alguém vem a mim e não odeia (ou aborrece) a seus pais, a sua mulher e a seus filhos, não pode ser meu discípulo.*
>
> (Lucas, 14:25 a 27.)

Em suas manifestações embrionárias e sob a denominação de instinto, forças de natureza biológica se denunciam entre os irracionais, não só na atração sexual, responsável pela expansão da espécie, como também no sustento e na proteção às crias, enquanto os seres terrenos, enfatizando as forças da libido, nos laços de família alargam o primitivo sentimento.

Sem menosprezo às compreensivas demonstrações de amor, eivadas de orgulho, vaidade e egoísmo, neste plano limitadas nos laços de consanguinidade, importa destacar o *elevado sentimento*, sancionado pelo evangelista Mateus (22:34), no "amor ao próximo como a si mesmo", por único *certificado de habilitação exigido por Jesus, daquele que se candidata às suas pegadas.*

Por destacar ausência de egoísmo e de ambição, *o transcendental amor*, equacionando todos os problemas, afasta do mundo os atuais quadros de miséria, facultando ainda sua promoção à condição de planeta de regeneração.

Expressa no verbo "odiar", *por compreender tradução literal*, a *exigência do Cristo* sugere estranho sentido, se confrontado à sua atual definição, tornando-se, contudo, mais compreensível com o significado de "amar menos", que lhe fora atribuído.

Por isso, enquanto o verbo "aborrecer" aparece nas versões dos três mais conhecidos tradutores da *Bíblia*, a Codificação, abonando a tradução de Sacy, utiliza o verbo "odiar", por mais coerente talvez com a seguinte transcrição evangélica: "Aquele que ama a seu pai, a sua mãe ou a seu filho mais do que a mim, de mim não é digno" (MATEUS, 10:37).

Por mencionar a *sublimada expressão de sentimento*, distante ainda do entendimento humano, conclui-se que somente os Apóstolos correspondiam à exigência de Jesus, considerando serem Espíritos vinculados a planos de maior evolução — o Céu onde seus nomes estão inscritos (LUCAS, 10:20) — razão de serem aqui apresentados, na condição luz do mundo ou cidade edificada sobre a montanha.

Respaldados, pois, na segura conscientização cristã, sobre as funções da vida orgânica e da consequente morte (MATEUS, 6:25), sob nenhum pretexto, os Apóstolos vieram a abjurar o nome do Filho do Altíssimo, ainda que para salvar a vida física, preservando até Constantino a pureza do Evangelho.

Por seguidos séculos a orientação religiosa esteve a cargo da religião universal, cujos representantes arbitravam a forma de se pensar, a que todos obedeciam, por não conhecerem os rigores de suas ordenações.

Seguir o Mestre, na visão dos missionários, sem o aval do poder Eclesiástico, significava, pois, assinar a própria condenação, comprometendo a família, pelo arresto dos bens conduzida à mendicância, quando não levada à morte, concluindo-se, por isso, a impossibilidade de se seguir o Mestre sem aborrecer e prejudicar os entes mais próximos.

Por consequência, na ausência de conscientização religiosa e do transcendente amor, ninguém se deixaria conduzir à morte se, para tanto, só dependia abjurar o próprio conceito religioso.

Com base no elevado respeito ao Cristo, a quem tributava compreensivo amor, *por conhecê-lo antes da existência*, o missionário se afastava de determinados cânones impostos por doutrinas oficiais, pelo que vinha a ser afligido por seus representantes, preocupando e aborrecendo a família, exposta que ficava à mesma perseguição, o que abona, por muitos séculos, a presença do verbo "aborrecer".

Condição sempre expressa, então, para alguém seguir-lhe as pegadas, o *transcendente sentimento* não significa, como se supõe, amor egocêntrico, com exclusividade reclamado para si. Ao contrário, traduzindo amor universal, indistintamente consagrado a todos os seres, à semelhança do bom médico ou do bombeiro que visita furnas, que desce em águas profundas ou que se infiltra no fogo, expondo a vida, por salvar seres desconhecidos, assim também, o Apóstolo se afasta do Céu onde reside, por socorrer, em planos inferiores, seres desconhecidos, no que destaca a honra de ser digno do Senhor.

Por confundirem o apostolado do Cristo com o conhecido sacerdócio terreno, e ambicionando as gratificações que os títulos conferem, ainda que no exclusivo terreno dos elogios, diversas categorias de candidatos se destacam, como dito na lição 52, sendo lícito esclarecer que os Apóstolos, pertencendo a planos mais evoluídos, não foram aqui encontrados por acaso, porque convidados por Jesus, em planos mais evoluídos, onde matriculados (LUCAS, 10:20).

As diversas opiniões religiosas, revelando atualmente apenas modestas antipatias, excluindo, porém, a família das perseguições gratuitas, a que no pretérito se expunha, por consequência, não mais reclamam a presença do verbo "aborrecer".

A livre migração religiosa atual não exclui, contudo, o elevado amor, *exigido de quem se propõe a seguir as legítimas pegadas do Mestre*, não só *por revelar aptidão e idoneidade para o exercício do apostolado* — distante do conhecido sacerdócio instituído por religiões humanas — como também por facultar a identificação do grande Esperado, o Filho do Deus Altíssimo, criador de estrelas e do sistema a que a Terra pertence.

Sob atualizadas interpretações bíblicas, à luz da Codificação, então afastadas de *convencionais versões estranhas ao pensamento do Senhor*, sua exigência pode agora compreender a seguinte redação: "Aquele que vem a mim, sem amar o próximo como a si mesmo, ainda que alegando amar a Deus, de mim não é digno".

Os ostensivos quadros de miséria, destruindo corpos, e o império das drogas arruinando almas, denunciando criminosa insensibilidade de uma sociedade dita cristã, além de traduzirem ironia à palavra do Mestre, revelam também que estranhos conceitos de cunho egoístico, sugeridos a determinados textos evangélicos, anularam a lei de amor universal neles contida.

Se, no passado, o *transcendente amor ao próximo* sugere resistência do discípulo, por não abjurar o nome do Cristo, depois da Codificação, *representa certificado de habilitação ao apostolado do Senhor* ou atestado de evolução moral para se ingressar em mundos mais evoluídos.

Na ausência, pois, do sublimado amor, destacando o quadro de inferioridade moral do homem, o Cristo foi reduzido a vulgar condição humana, vencido na cruz, no conceito de alguns ou, na versão de subjetivo "código", retirando-se ocultamente por consorciar-se longe de Jerusalém, porque o habitante deste plano, além de julgar o próximo por si próprio, ainda recorda o barro que, apesar de manuseado pelo oleiro, nada de sobrenatural lhe reconhece.

126
Última ceia

E digo-vos que, desta hora em diante, não beberei do fruto da videira, até aquele dia em que o hei de beber, novo, convosco no reino de meu Pai.
(MATEUS, 26:29.)

Assim como o meu Pai me confiou um reino, eu vo-lo confio, para que bebais à minha mesa, no meu reino.
(LUCAS, 22 29 a 30.)

Emblema da videira, Jesus consagra ao Pai celestial o título de "agricultor" (JOÃO, 15:1), enquanto o evangelho e as obras que realiza em nome de Deus, traduzindo o fruto da vide, emprestam testemunho à sua condição messiânica.

A ultima ceia, recorda o ágape espiritual do Mestre com os Apóstolos, de cujo convívio físico se despede, depois de consagrar-lhes derradeiras instruções.

Se a bebida, simbolicamente, compreende a essência do Evangelho, o cálice recorda a ânfora da alma, onde se recolhe a água viva, a que Jesus se refere, dizendo à mulher de Samaria: "Aquele que beber da água que eu lhe der, nunca mais terá sede" (JOÃO, 4:14).

Importa recordar as palavras do anjo Gabriel a Zacarias, pai de João Batista, ao anunciar a gestação de Isabel: "Ele será grande diante do Senhor, não beberá *vinho*, nem *bebida forte*" (LUCAS, 1:15), concluindo-se que, não usar bebidas fortes, constitui virtude e profilaxia, segundo Salomão (PROVÉRBIOS, 20; I TIMÓTEO, 3:3) e o Espírito Gabriel.

Enfermidade de erradicação difícil, o alcoolismo, como dependência, alcançando o Espírito, denuncia-se na espiritualidade, nos tristes processos de vampirismo sobre os encarnados viciados, podendo ainda manifestar-se nas tendências de futuras encarnações, donde concluir-se que Jesus não facultaria nenhum exemplo que pudesse influenciar alguém ao domínio de bebidas, a menos que isentas de teor alcoólico.

As alegrias que os Apóstolos denunciam não podem ser atribuídas ao fruto da videira terrena, considerando não se admitir a existência de videiras físicas no reino espiritual, como sugerem as palavras do Senhor, quando admitidas segundo a letra: "... até o dia em que o beberei, novo, convosco, no reino do meu Pai".

O memorável ágape, assinala o final da missão de Jesus e consequente início das atividades dos Apóstolos, enquanto o adjetivo "novo", traduzindo simbolicamente a letra da Codificação, destaca também o júbilo maior que haveriam anotar, ao retornarem às moradas celestes, após concluídas as tarefas a eles confiadas.

As versões atribuídas a determinados textos evangélicos e ao comportamento do Cristo, correspondem à cultura religiosa, e às próprias conveniências dos tradutores, por atribuírem ao Mestre os hábitos inferiores dos seres terrenos.

O evento que recorda sua despedida do convívio físico com os Apóstolos não deve, por isso, constituir endosso ao uso de bebidas fortes.

Edificado no cumprimento fiel dos deveres, santificando simbolicamente todos os dias, o reino dos Céus define-se por estado íntimo de paz, sem olvidar o pleno domínio imposto às mazelas morais, que traduz conquista própria.

Noutra versão, o Reino divino compreende os planos nobres que definem as celestes moradas dos Espíritos superiores, que os Apóstolos já haviam alcançado, como comprovam as seguintes palavras de Jesus: "Alegrai-vos mais por estar o vosso nome escrito no Céu".

Confiado pelo Pai celestial a Jesus, o reino a que a lição se refere compreende o legado evangélico que transferia aos Apóstolos, dos quais se despedia, fisicamente, com o singelo evento sucedido pela crucificação.

127
Semblante do Cristo

> *Ao se completarem os dias em que devia ser assunto ao Céu, Jesus manifestou, no semblante, intrépida resolução de ir para Jerusalém.*
>
> (LUCAS, 9:51.)

Estranho o roteiro que Jesus elege para o seu regresso ao Céu, sua morada celeste, depois de completar sua missão na Terra, onde Jerusalém e o calvário traduzem estações finais.

Aos Apóstolos perseguidos, o Mestre recomenda a fuga para outra localidade, não só pela extensão da seara, como também por não provocarem as autoridades terrenas, não obstante a deferência que consagram à vida espiritual e o zelo demonstrado ao Evangelho.

Para ele, no entanto, a morte física não constitui preocupação e, ao contrário do homem, somente foge, por escapar do povo que pretende proclamá-lo rei. (JOÃO, 6:15).

Aos fariseus que o aconselham a fugir da perseguição de Herodes, responde: "Ide dizer a essa raposa que, hoje e amanhã, expulso demônios e curo enfermos e, no terceiro dia, terminarei" (LUCAS, 13:32).

Por assinalar o terceiro dia simbólico, Jesus revela firme resolução de ir a Jerusalém, de onde se conduz ao Calvário, apresentando-se, antecipadamente, não só a Herodes, que deseja ceifar-lhe a vida, como também a Anás, a Caifás e a Pilatos, mostrando que *ninguém vai ao Céu senão pelo caminho do Calvário*. Por isso diz a Pedro: "Mete a espada na bainha. Não beberei o cálice que o Pai celestial me confiou?" (João, 18:11).

Terminada sua missão neste plano depois de curar os enfermos e expulsar os demônios — o que o texto traduz —, Jerusalém e o Calvário compreendem a senda do Cristo, antes de se elevar ao Céu, consagrando ao homem mensagem de redenção espiritual, sem olvidar a lição de imortalidade que a visão mediúnica sugere aos Apóstolos.

O regresso do Cristo à sua morada celeste, por Jerusalém, tendo a cruz por última estação, compreende roteiro por ele escolhido, conquanto percorrido anteriormente pelos profetas, seus mensageiros.

Por isso, com lágrimas, profetiza à sua porta:

> Ah! se conheceras, ainda hoje, o que é devido à paz! Mas isso está agora oculto aos teus olhos. Sobre ti virão dias em que os teus inimigos te cercarão de trincheiras e, por todos os lados, te apertarão o cerco, arrasando-te e aos teus filhos dentro de ti; não deixarão em ti pedra sobre pedra, porque não reconheceste a oportunidade de tua visitação (LUCAS, 19:41 a 44).

Conquanto a desolação que Israel anota depois de 36 anos da crucificação e a perseguição que sofre do nazismo, no século passado, o povo, por aguardar outro Messias, revela não haver reconhecido o Cristo por grande Esperado, olvidando a compreensiva visita de Jesus, anotada somente por gente simples, com manifestações de júbilo, previstas no oráculo de Zacarias (9:9), com cinco séculos de antecedência.

Terminado, pois, o tempo de visitação a este plano, Jesus demonstra intrépida resolução de dirigir-se a Jerusalém, onde, de forma estranha, termina sua missão, regressando ao Céu nos braços da cruz, o sublime enviado que ingressara na Terra pelas portas de uma estrebaria.

128
Entrada triunfal

Chegando ao monte das oliveiras, enviou Jesus dois discípulos, dizendo-lhes: Ide à aldeia que aí está adiante de vós e achareis presa uma jumenta e com ela um jumentinho. Desprendei-a e trazei-os.

(MATEUS, 21:1 a 2.)

Alegra-te muito, ó filha de Sião; exulta, ó filha de Jerusalém: Eis que aí te vem o teu Rei, justo, humilde e salvador, montado num jumentinho, cria de jumenta.

(ZACARIAS, 9:9.)

  Escrito por Zacarias cinco séculos antes do Cristo, o oráculo descreve calorosas manifestações de júbilo, com que o povo de Jerusalém haveria de receber o grande Esperado, revelando desconhecidas anotações da saga do homem, constantes dos arquivos da Espiritualidade.
  Portador divino da Boa-Nova, a presença do Senhor compreende promessa que faz aos Espíritos proscritos do planeta Capela, em recuadas eras recebidos em seu reinado espiritual e que, na vida física, vieram a constituir o grupo dos árias, a civilização do Egito, as castas da Índia e, finalmente, o povo de Israel.

O encontro do Mestre com o precursor, nas águas do Jordão, ainda é interpretado por batismo pelas doutrinas convencionais, por desconhecerem que o criador de estrelas, natural dos mundos de primeira geração, glorificado por Deus antes da formação da Terra (João, 17:5), ainda que admitisse qualquer valor à tradição do batismo, não possuía pecado original, e nada tinha de que se arrepender que justificasse o simbólico batismo de João.

Identificado pelo precursor aos trinta anos, ao povo Jesus se faz reconhecido na multiplicação de pães, na saúde que consagra aos enfermos e, finalmente ao entrar em Jerusalém, a última estação de seu ministério na Terra, quando inspira as multidões que recordam e cantam o hino, cuja letra compreende oráculo de Zacarias.

Enquanto os fariseus reclamam sinal no céu, por virtudes próprias — os olhos da alma — os Apóstolos reconhecem o Mestre, razão das palavras que dirige a Tomé: "Bem-aventurados os que não viram e creram" (João, 20:29).

Sob a inspiração do Cristo, à entrada da cidade, o povo recorda o profeta, nos hinos de louvor, enquanto, sob a bandeira do orgulho e da ingratidão, dias depois, a mesma gente o abandona, dizendo: "Não temos outro rei senão César" (João, 19:15).

Munido da espada da infinita sabedoria e mantendo o alforje do coração abastecido da paz que ele recomenda à missão dos Apóstolos (Lucas, 22:35), Jesus penetra à cidade, exclamando, por conhecer o futuro do povo: "Ah! se ainda agora conheceras o que é necessário à paz. Mas isso está agora oculto aos teus olhos" (Lucas, 19:42).

Irônico deve ser admitido o adjetivo "triunfal", considerando que o termo denuncia a existência de competição, ou comemoração por uma vitória alcançada que, na missão do Cristo, seria a do bem sobre o mal, êxito ainda não alcançado, considerando que seu reino ainda não é daqui.

Por triunfo próprio, pode ser considerado o comportamento de Zaqueu, que propõe dar aos pobres a metade de seus bens, pela alegria de hospedar o Mestre na casa física e no coração, enquanto assinala sua conversão à condição de mordomo do Senhor.

Observada na expressão "jumentinho, filho de jumenta", a redundância constitui prova da condição física do animal, sugerindo autenticidade ao cometimento, por afastá-lo do quadro das fantasias.

Ingressar oficialmente numa cidade, montado num jumentinho, por compreender "cometimento que jamais homem algum realizou", é traduzido, mediante a metáfora "animal que jamais homem algum montou".

Importa admitir que, príncipes, reis ou imperadores não escolheriam humilde animal de serviço em demonstração pública de triunfo. A história não recorda nenhum monumento de asno erguido em homenagem a grandes vultos políticos, na demonstração de poder e força.

Com as armas do Céu e, sob hosana do povo simples, Jesus entra na cidade, com destino ao calvário, propondo libertação espiritual, pela íntima iluminação.

Com as armas de César, no ano de 69, as forças romanas invadem Jerusalém, impondo a dispersão de seus habitantes.

Dando de graça o que de graça recebem, com sacrifício da própria vida, nos três primeiros séculos posteriores ao Cristo, os Apóstolos penetram aldeias e cidades, propondo segura compreensão da imortalidade, enquanto devolvem saúde aos enfermos.

À sombra de estandartes e apoiando-se nas armas de César, no quarto século, Diocleciano apossa-se do trono de Roma, reduzindo o Cristianismo a cinzas de dogmas e de sacramentos, porque o reino do mundo, preservando as próprias bases, ainda exige que a verdade seja apagada do cenário terreno.

Seguindo-lhe o exemplo, as cruzadas, os templários, com cruzes e flâmulas, igualmente invadem cidades e dominam povos.

O ministério do Cristo não consiste no domínio de físicos territórios, nem de reinados exteriores, mas na conquista do terreno íntimo das almas, ainda assim, sem manifestações de violência.

Ainda que para propor o endereço do Céu, o Cristo e seus mensageiros não invadem cidades nem cerceiam a liberdade do homem, que esperam libertar com a flâmula da brandura.

Símbolo das imperfeições humanas, Barrabás ainda conserva plena liberdade entre as nações do mundo, considerando sua causa sempre advogada por tradições e dogmas religiosos, enquanto o Cristo, símbolo da virtude, pelos caminhos da cruz se afasta do mundo, permanecendo ainda vigiado e perseguido nos missionários que tentam introduzi-lo na aldeia das consciências.

Utilizado nas tarefas mais simples, o jumentinho — emblema da humildade — conduz o Cristo à cidadela íntima das almas.

Simbolicamente, as modestas páginas desta obra, traduzem o jumentinho, conduzindo o Cristo à aldeia do coração, pelo esclarecimento espiritual que consagram àqueles que as manuseiam.

Importa, contudo, não subestimar a força dos íntimos adversários que, recordando Anás e Caifás, ainda propõem liberdade a Barrabás, substituído pelo Cristo que, incompreendido e sem o abrigo dos corações humanos, nas asas da cruz, regressa ao Céu, sua etérea morada.

129
Crucificação

Traspassam-lhe as mãos e os pés.
(João, 19:37; Salmos, 22:16.)

Sem desprezar significativas considerações sobre a impossibilidade de um corpo sustentar-se na cruz, exclusivamente sob pregos, há de se admitir que, as conhecidas esculturas do Cristo crucificado, instituídas pela Igreja depois de 1870,[42] tenham sido inspiradas no presente salmo. Emmanuel refere-se à escultura, dizendo:

> A Igreja que nunca se lembrara de dar um título real à figura do Cristo, vendo desmoronarem-se os tronos do absolutismo, com as vitórias da República e do Direito, construiu a imagem do Cristo-Rei para o cume de seus altares.[43]

Pregado à cruz, no meio de dois ladrões, as autoridades religiosas mosaicas impunham não só a morte, mas extenso processo de humilhação ao Cristo, sob o libelo de dizer-se Filho de Deus. Disputando primazias e louvores e inquietando-se por conservar o título de intérpretes da lei, os sacerdotes não conseguem entender que apenas se destacam,

---
42 Nota do autor: Ano que assinala a declaração da infalibilidade papal (Pio IX).
43 XAVIER, Francisco Cândido. *A caminho da luz*.

com responsabilidade, por instrumentos voluntários ao cumprimento de decisões espirituais.

Deve-se admitir que o episódio do Calvário não ocorre ao sabor do acaso, nem se define apenas por arbitrariedade de Anás e Caifás, porque escrito por Jesus, na sede espiritual de seu governo, com antecedência de significativos milênios.

No Calvário, o Senhor possui por única companhia o bom ladrão, a quem faculta compreensivas esperanças, como a esclarecer que, em qualquer situação, ainda que pregado à cruz, o homem dispõe sempre de recursos para auxiliar o semelhante, além de ensinar que, apesar dos esforços que mobilizara na edificação de um reino coletivo de paz, esse nobre reinado somente é conquistado, individualmente, pelos seres que demonstram manifesto esforço por alcançá-lo.

Com pés e mãos afixados à cruz, a estátua configura o estado a que sua Doutrina seria reduzida, imobilizada no contexto das convenções religiosas. A alma, ou o conteúdo com que o Cristianismo inicialmente se destacou, resistiu à crucificação e animou as atividades apostólicas por cerca de três séculos, ausentando-se depois do consórcio imposto pelo Estado.

Além de ratificar o dogma do sono eterno, a estátua, traduzindo também advertência, ainda empresta soberano culto à morte, sustentada também por fariseus e sacerdotes que, defendendo o império próprio, determinam a guarda do sepulcro, depois de selarem a pedra, providencialmente removida, revelando, no túmulo vazio, vitória da vida sobre a morte, até agora tão cultuada por religiões clássicas, apesar das palavras dos anjos às mulheres que visitam o jazigo do Cristo no domingo de páscoa: "Por que buscais entre os mortos ao que vive? Ide, pois, e dizei aos seus discípulos que ele vai adiante de vós à Galileia, onde o vereis" (Lucas, 24:5 a 10).

Pregadas à cruz, somente para o prepotente reinado terreno as mãos do Cristo permanecem imobilizadas, considerando que, generosamente, a serviço do Pai celestial e de um mundo melhor, jamais deixaram de trabalhar.

130
Estrutura do Cristianismo

Preservam-me todos os ossos. Nenhum deles sequer será quebrado.
(João, 19:33; Salmos, 34:20.)

Reconhecido nas mãos de Jesus o leme que orienta a vida das comunidades planetárias,[44] devem ser considerados, no drama do Calvário, os limites que definem as ocorrências relacionadas à sua crucificação, divisa que o homem não poderia transpor, ainda que apoiado na autoridade que os títulos e as convenções, transitoriamente, lhe atribuem.

Emblema da estrutura do Cristianismo, que se respalda na imortalidade do Espírito, na vida organizada noutra dimensão, na reencarnação e na insubornável Justiça divina, compreende-se por que nenhum de seus ossos poderia ser lesado.

Se a estrutura do Cristianismo e do futuro Consolador deveriam ser preservadas, outro seria o propósito dos representantes religiosos, inicialmente manifesto na crucificação do Cristo e depois na perseguição aos Apóstolos.

---

44 XAVIER, Francisco Cândido. *A caminho da luz*, cap. 1.

Implantados depois do consórcio determinado pelo Estado, os sacramentos e os dogmas, vieram a definir a estrutura da religião universal, ou os ossos secos da visão de Ezequiel (EZEQUIEL, 37:1), com o que asseguram, por seguidos séculos, o reino da prepotência e do dinheiro.

A humildade com que Jesus surge na manjedoura, as lições do Sermão da Montanha, a Justiça divina ensinada a Pedro quando fere a orelha do soldado Malco e a imortalidade manifesta na "ressurreição", compreendem a estrutura que, se não demolida, permaneceria oculta sob a vegetação de interesses do império terreno que, numa imagem, revela o Cristo na condição de vencido e imobilizado à cruz.

131
Túnica do Cristo

Repartem entre si minhas vestes e sobre minha túnica deitam sortes.
(Mateus, 27:35; Salmos, 22:18.)

Diante da cruz, soldados dividem valores de menor valia, deitando sortes sobre a túnica de Jesus, com manifesto desapreço às riquezas imperecíveis do Espírito, copiando exemplos de soldados de todos os tempos que saqueiam cadáveres, furtando-lhes, sem qualquer escrúpulo, os bens, as armas e o próprio uniforme, como se atendessem às leis de Moisés, sobre a repartição dos despojos (Números, 31:25 a 27).

Identificando forte condicionamento à limitada vida orgânica, e negando a eternidade do Espírito, a teologia clássica estacionou em valores simbólicos, configurados como religião, quer reverenciando a estátua do Cristo crucificado, quer investigando a veracidade do Santo Sudário ou pesquisando o paradeiro do Santo Graal — cálice que dizem ter sido usado pelo Senhor na última ceia.

Que se recorde a arca de Noé, de 12 mil anos, que, traduzindo recursos sugeridos pela Espiritualidade, na defesa de uma coletividade, deve agora ser configurada no Evangelho, única arca de salvação moral, no momento de transição ao grande Julgamento. Discute-se igualmente o desaparecimento da Arca da Aliança, coberta de ouro puro, construída por orientação de Moisés, com a finalidade de proteger as tábuas da lei (Deuteronômio, 31:26; I Reis, 8:9), olvidando que a preocupação do homem, no terreno da religião, deve consistir no conteúdo das tábuas da lei e não do ouro que recobre a arca (Mateus, 23:16 a 17).

A preferência que se atribui aos valores simbólicos, denuncia sempre a ausência de maturidade e compreensão espiritual, à semelhança dos soldados que, depois da morte do Senhor, deitam sortes sobre o seu manto.

Se alguém possuía direitos sobre a túnica de Jesus, seria Maria, sua mãe e os Apóstolos que mais de perto seguem a Jesus. Para estes, porém, a maior herança ou o maior tesouro que, com inusitado interesse, buscaram assegurar, encontrava-se no Evangelho, com significativo zelo guardado na memória e, mais tarde, nos pergaminhos.

Dotados de transitória autoridade, os seres terrenos ainda disputam a posse de singulares túnicas, com as quais se identificam neste plano, denunciando ostensivos títulos e transitórias grandezas, conquanto as reconhecidas mazelas da alma ocultas no manto físico que, obrigatoriamente, será devolvido à Terra.

Se a indumentária, no plano físico, revela a riqueza transitória, noutra dimensão, a evolução intelectual e moral da alma, como legítimo patrimônio, apresenta-se no próprio perispírito, o que o Senhor revela quando se transfigura diante dos Apóstolos, onde seu rosto resplandece como o Sol e suas vestes se tornam brancas como a luz (Mateus, 17:2).

Recordando, finalmente, o opróbrio que se atribuía aos reis vencidos, de quem se usurpavam o cetro e a vida, simbolicamente, o manto do Cristo, poupado sem qualquer dano, compreende a flâmula de sua doutrina e de seu reinado espiritual eterno que não seriam destruídos, apesar da intenção dos doutores da lei.

132
Fel e vinagre

Por alimento me deram fel e na minha sede me deram a beber vinagre.
(JOÃO, 19:28; SALMOS, 69:21.)

Por anseios de justiça e compreensão traduzem-se a fome e a sede do Cristo, quando diz: "Minha comida consiste em fazer a vontade daquele que me enviou e realizar sua obra". (JOÃO, 4:34).

No entanto, o Cristo, que multiplicou pães e peixes, matando a fome a milhares de seres, não podia agasalhar a esperança de ser compreendido, experimentando a fome ou o jejum espiritual, pela impossibilidade de fazer germinar, no solo árido e pedregoso dos corações humanos, as sementes do amor, da justiça e da verdade, ali lançadas à guisa de semeadura.

Noutra versão, se o alimento espiritual consiste na empatia e nas vibrações amigas que recolhe entre os seres que respiram na mesma frequência moral e evolutiva, onde situa a fonte de sua alegria, pode-se compreender o jejum que o Cristo anota, conhecendo a significativa inferioridade dos Espíritos que adota por descendentes nos caminhos da evolução espiritual.

Pertence à imensa família do orgulho, vulgarmente conhecida por *ingratidão*, a faculdade de o homem relegar, ao domínio do esquecimento, o bem que recebe ou o mal que faz. No entanto, alimentado pela vaidade, não se permite esquecer o bem que faz ou o mal que recebe. Por isso, a profecia de Daniel, com seis séculos de antecedência, já informava que nenhuma voz amiga, no dia do calvário, se levantaria em defesa do Grande Ungido (DANIEL, 9:26), apesar das significativas obras de amor que destacaram sua presença na Terra.

Deve-se admitir que toda expressão de gratidão, para o orgulhoso, significa manifesto reconhecimento de inferioridade. As autoridades religiosas sentiam-se diminuídas, no quadro fugitivo das apreciações levianas do plano terreno, por considerarem as extraordinárias obras que lhe conferiam pleno testemunho.

Se o homem de bem, no dizer do Cristo, retira boas coisas do tesouro do coração, facilmente pode-se medir, na escala das conquistas morais, o degrau inferior em que estagiam os seres que, do alforje do coração, só retiram fel e vinagre.

Considerando, pois, a inferioridade das criaturas terrenas, os homens de bem e os missionários que procedem de planos superiores sabem que não devem esperar qualquer demonstração de justiça ou de reconhecimento, senão o fel da ingratidão e o vinagre do desprezo, que o Mestre e seus Apóstolos experimentaram sem revolta, considerando que os seres da Terra, desprezando a humildade, ainda confundida com pobreza, e olvidando a moral por caminho único da paz, ainda conferem exclusiva preferência ao alimento dos corvos.

Bem-aventurado, pois, aquele cuja fome constitui-se, igualmente, dos nobres anseios de Justiça divina.

133
Armas da ironia

Confiou em Deus, pois que venha livrá-lo, se de fato lhe quer bem.
(MATEUS, 27:43; SALMOS, 22:8.)

Diante da cruz, os principais sacerdotes, com os escribas e anciãos, escarnecem de Jesus, dizendo: Confiou em Deus, pois que venha livrá-lo agora, se de fato lhe quer bem; porque disse: "Sou Filho de Deus".

Tomando por insaciáveis os subalternos sentimentos de inveja e despeito e, incomodados diante da serena postura que a própria autoridade Lhe consagra, embora o Cristo já estivesse sobre a cruz, as autoridades religiosas, na sua prepotência, recorrem às armas da ironia e do sarcasmo.

Se, com expressivos recursos de sua autoridade, fez soldados caírem por terra no ato da prisão (JOÃO, 18:6), poderia também imobilizá-los, descer da cruz, conforme, ironicamente, lhe propunham, ou simplesmente, deixar de ir ao encontro de Judas que sabia estar no seu encalço.

Importante lembrar a façanha do profeta Eliseu que, mobilizando recursos de sua mediunidade, vence o exército inimigo, sem se ausentar de casa (II REIS, 6:16 a 23). Igualmente, Moisés manda descer fogo do Céu sobre seres que admite por insubmissos (NÚMEROS, 16:32; LEVÍTICO, 10:2). Essa cultura que ainda orienta o relacionamento humano, foi admitida por

Moisés na lei do olho por olho, que o Mestre veio modificar dizendo: a qualquer que te ferir uma face, volta-lhe a face do amor e do perdão (MATEUS, 5:39).

Considere-se, ainda, que o Senhor não veio ao mundo fazer demonstrações hilariantes de glória ou de poder, próprias das criaturas terrenas, preferindo o silêncio que guardou diante dos que o ironizavam.

Os seres terrenos ainda admitem o sofrimento do Cristo na dor dos pregos ou na cruz, cujo peso divide com o cireneu. Todavia, deve-se ponderar a dor moral configurada na coroa de espinhos, no caniço que à guisa de cetro lhe colocaram à mão, no manto escarlate com que o escarneceram antes de crucificado ou na ironia dos sacerdotes, depois de erguido à cruz.

Convém esclarecer, ainda, que a dor mais significativa, pela qual verte lágrimas à entrada de Jerusalém, consiste na cegueira espiritual que ocultava a seus habitantes o extenso quadro de sofrimento que a Lei divina anotava, por seu comportamento, para futuro resgate. Eis porque exclama, em lágrimas: "Ah! Se conheceras ainda agora o que é devido à paz!" (LUCAS, 19:42).

Utilizadas pelo homem na conquista de outros seres, ou na obtenção de riquezas da Terra, das quais se constitui apenas de usufrutuário, as armas que ferem ou matam o corpo físico, podem realmente ser qualificadas de irônicas, considerando não só o imperativo do resgate sinalizado na lição do calvário, como também a seguinte lição de Jesus: "Não temais o que mata o corpo e não pode matar a alma; temei, antes, aquele que pode conduzir a alma a sítios de maior sofrimento".

Desprezando, pois, as armas que matam o corpo, Jesus dá pleno testemunho às lições consignadas no Evangelho. Podendo descer da cruz, prefere o silêncio, bebendo até o fim o cálice que Deus lhe confiou. O Pai celestial poderia enviar-lhe doze legiões de anjos para defendê-lo, como diz a Pedro. No entanto, como se cumpririam as escrituras que recordam as superiores decisões por ele mesmo anotadas em pretérito distante? (MATEUS, 26:53 a 54).

134
Judas

Até o amigo que comia do meu pão, levantou contra mim o calcanhar.
(João, 13:18; Salmos, 41:9.)

Emblema da traição, Judas denuncia sua presença no seio das comunidades terrenas, alcançando, por vezes, a área da religião, onde portas deveriam se abrir exclusivamente aos melhores anseios do Espírito imortal.

Embora configurado no quadro da patologia espiritual, como Judas, o homem habilmente evita a transparência dos próprios traços de inferioridade.

Ainda na simbólica condição, os seres se admitem por candidatos permanentes a quaisquer promoções, sejam na política, no trabalho, no comércio, nos templos, nas escolas e até nos esportes, transformando a vida em desonesta competição.

Respaldados em aparente humildade e em boas maneiras adrede estudadas, asseguram a confiança irrestrita dos que os cercam, mediante estudados elogios, no que definem continuadas gratificações.

Por intermédio de Judas, a traição se identifica no apostolado de Jesus, mostrando-se como Brutos, no reinado de Júlio César, como Joaquim Silvério dos Reis, na Inconfidência Mineira, e como delator, nos tribunais do Santo Ofício.

Escravo de interesses subalternos, no emblema de Judas, o homem manifesta grande habilidade para elaborar investigações doentias, desabonando a imagem dos próprios amigos, por ambição aos quadros efêmeros da vida física.

Se pequeno é o número de pessoas que não se deixam dominar pela influência de tais seres, deve-se admitir, igualmente, a reduzida parcela de criaturas que não se deixam vencer por bom incenso.

Por revelar a existência de um governo espiritual que a tudo preside, importa lembrar o oráculo de Zacarias, referindo-se às trinta moedas utilizadas na aquisição do campo do oleiro, então convertido em cemitério de forasteiros (ZACARIAS, 11:12).

Recorde-se ainda o que o Senhor disse aos Apóstolos, por identificar o que o havia de entregar: "Não vos escolhi eu em número de doze? Contudo, um de vós é diabo" (JOÃO, 6:70). Na última ceia com os discípulos, mostrando tudo saber, embora afastado de qualquer insinuação de censura, o Cristo identifica o que, na mesma noite, o haveria de trair, dizendo: *Em verdade vos digo que, o que mete comigo a mão no prato, esse me trairá.* (MATEUS, 26:21 a 23).

Os maiores adversários da Codificação, por vezes, figuram entre os próprios companheiros. De olho no prato dos interesses farisaicos e sem aguardar o convite, identificam-se pela permanente disputa por títulos relacionados à direção ou o quadro de expositores, objetivando os primeiros lugares no festim dos louvores sociais, ferindo, se necessário, a imagem de companheiros da mesma seara, principalmente os que denunciam a posse de maior idoneidade.

No emblema da atividade de Judas, escusos expedientes se denunciam, ainda hoje, no exercício de qualquer mandato religioso, convindo, pois, destacar, nesse terreno, a falsa orientação religiosa, por pecado de difícil perdão. Que não se olvide, igualmente, a vaidade, por vezes, de mãos dadas com a falta da cultura espírita, transformando a Codificação em colcha de retalhos de anteriores doutrinas. Finalmente, não se podem olvidar os templos transformados em cômicas escolas de arte, ou em palcos da insensatez, cujos dirigentes, à semelhança de Judas, figuradamente também vendem o Cristo, olvidando o consequente campo de sangue das existências reparadoras.

Por compreender patrimônio exclusivo do Cristo, a Doutrina Espírita não pode se subordinar a particulares concepções oriundas da ausência de maturidade e de compreensiva conscientização espírita, que recordam os estreitos vínculos com pretéritas religiões.

135
Dimas

Deus meu, Deus meu, por que me desamparaste?
(Mateus, 27:46; Salmos, 22:1.)

Autores de reconhecida idoneidade asseguram que a exclamação deve ser atribuída ao bom ladrão, ao perceber a morte do Cristo que, minutos antes, lhe abonara esperanças de conhecer o paraíso, o que comprova o seguinte versículo, atribuído a Dimas: Nossos pais confiaram em ti e os livraste. Mas eu sou um verme, o opróbrio dos homens, desprezado do povo (Salmos, 22:4 a 6)

Dimas duvidava de qualquer expressão de misericórdia, por se considerar um verme desprezado por todos. Ao contrário de seu companheiro de infortúnio que, diante da morte, não ocultava expressivas manifestações de ódio e revolta, o bom ladrão se reveste de humildade e arrependimento, conquistando a promessa da assistência que iria encontrar ao adentrar o mundo espiritual, com a morte do corpo físico.

É bom lembrar que a imortalidade e o conceito de vida organizada no plano espiritual, com imensa escala evolutiva, constituem cultura espírita, mais divulgada no século XX. Paraíso, à semelhança do que ensinam as doutrinas tradicionais, compreendia um único termo a definir os diversos estados felizes, assim como a palavra inferno traduzia as diferentes condições de sofrimento.

A promessa de Jesus a Dimas não compreende perdão gratuito, nem esponja milagrosa destinada a apagar faltas do quadro da consciência, mas elevado gesto de estímulo, num convite ao esforço de renovação íntima que Dimas empreendia na senda evolutiva.

Três Espíritos, representados no mesmo quadro, revelam distintos estados evolutivos e, por isso, diferentes destinos. O Cristo que, segundo Emmanuel, responde pela evolução dos seres que habitam o sistema solar que criou e dirige. O mau ladrão, que não esconde a revolta íntima que, na Terra ou na espiritualidade, retarda qualquer proposta de atendimento, enquanto Dimas, admitindo sem revolta as defecções próprias, enquadra-se à proteção divina, iniciada por Jesus no calvário, ao infundir-lhe sentimentos de resignação e de humildade.

A lição de Dimas deve ser anotada por quantos se encontram em regime de provas ou expiações, recordando que, depois de conduzida ao calvário, a cruz, sob a bandeira da resignação, enquadra-se à proteção facultada pela divina misericórdia.

Importa lembrar também que, por mais distante esteja o barco da evolução espiritual, o Pai celestial nunca esquece nem abandona o filho, que alcança na quarta vigília da noite (MATEUS, 14:25), ainda que, a exemplo de Jonas, navegando em águas contrárias (JONAS, 1:3).

Deve-se convir, finalmente, que a súplica de Dimas, porque anotada com dez séculos de antecedência, denuncia a qualidade superior da faculdade mediúnica de Davi.

136
I.N.R.I.

> *Pilatos escreveu um título que mandou colocar em cima da cruz, escrito em três idiomas, que dizia: Jesus Nazareno, Rei dos judeus.*
>
> (João, 19:19)

Depois do título que Pilatos manda escrever, em latim, hebraico e grego, traduzindo, "Jesus Nazareno Rei dos Judeus", os principais sacerdotes, solicitam ao imperador a retificação da frase, esclarecendo que Jesus é que se dizia o rei dos judeus, ao que Pilatos responde: "O que escrevi, escrevi".

Ainda que denunciando ironia, o imperador romano revela a verdade, porque, diretamente, foi para eles que o celeste Rei se fez presente neste plano, embora atendendo, indiretamente, a todos os povos.

Enquanto os obsessores dos gadarenos mencionam a majestade do Senhor, ao chamá-lo de Filho do Deus Altíssimo, os sacerdotes, por ciúme, discordam do título, I.N.R.I., que Pilatos ainda ratifica, noutra expressão: "Logo, tu és Rei" (João, 18:37).

Sobre a designação de Rei, convém recordar o que o Espírito Emmanuel diz a respeito do Cristo e de sua presença neste plano:

Ao acolher os Espíritos migrados da Capela, *em seu reinado de amor*, Jesus os exorta à edificação da consciência falando-lhes de sua vinda junto deles, no porvir".[45]

Oportuno mencionar, também, algumas profecias que confirmam seu *reinado* e sua presença neste plano:
"Alegra-te muito, ó filha de Sião; exulta, ó filha de Jerusalém; eis aí vem o teu *Rei*, justo e salvador, humilde, montado num jumentinho, cria de jumenta." (ZACARIAS, 9:9; MATEUS, 21:5).

Ainda que a encarnação oculte o longo passado dos capelinos, *fazendo esquecer, também, a extensão do reinado do Anfitrião*, ela não esconde os sentimentos inerentes ao estado evolutivo de cada ser, denunciados nas simpatias ou nas aversões.

Estivesse Jesus vinculado à legião dos anjos decaídos, falando a linguagem da prepotência e do dinheiro e seria compreendido e homenageado pelos mesmos seres que o condenaram à crucificação. Não teria entrado em Jerusalém sobre o dorso de um animal de serviço, mas sobre carruagens romanas, nas quais os poderosos se exaltavam.

Não menos significativo o orgulho que deu origem ao exílio a que Israel foi condenado pelas autoridades espirituais, como esclarece o Espírito Emmanuel, nas seguintes palavras:

> As comunidades espirituais, diretoras do Cosmos, deliberaram localizar aquelas entidades pertinazes no crime aqui na Terra longínqua, onde aprenderiam a realizar, na dor e nos trabalhos penosos, as grandes conquistas do coração, de que se faziam extremamente carentes.

O imperador romano, por isso, apresenta Jesus à multidão, dizendo: "Eis aqui o vosso *Rei*", ao que, orientado pelos sacerdotes, o povo exclama: "Não temos outro rei senão César" (JOÃO, 19:15).

---
45 XAVIER, Francisco Cândido. *A caminho da luz*, cap. 3, it. 3 a 7.

Se entre o Cristo e César, a nação dá preferência ao imperador romano, é natural que encontre apenas os muros de lamentação que permaneceram à destruição de Jerusalém.

Sob o imperativo da prepotência, curva-se o homem diante dos títulos que recordam máscara e tirania, inerentes aos reinados terrenos, enquanto reclama a cruz para o Criador do sistema planetário, opondo-se ainda aos valores morais por ele exemplificados, substituídos que foram por tradições, os remendos de que se constituem as religiões convencionais.

137
Pedra angular

A pedra que os construtores rejeitaram, veio a constituir-se de pedra angular.
(MATEUS, 21:42; SALMOS, 118:22)

A evolução moral do homem deve compreender, simbolicamente, expressivo monumento a ser erguido, exigindo solidez à sua base, também conhecida por alicerce, para cujos ângulos selecionam-se os melhores blocos, conhecidos antigamente por pedras angulares ou de escanteio.

Na edificação moral-religiosa, a pedra angular recorda o Cristo ou o Evangelho, na versão em que é divulgado pelo Espiritismo.

Por se atribuir aos profetas, discípulos e missionários, o título de construtores contratados por Jesus, importa admitir a presença de falsos construtores que, por não terem sido convidados, rejeitam a pedra fundamental, de que o Senhor se constitui por símbolo.

Tomando-se a educação moral íntima, respaldada na vivência do Evangelho, por estrutura do edifício da paz e da felicidade eternas, e observando a presença das imperfeições humanas impedindo ainda mencionado estado, conclui-se que os monumentos, até agora erguidos, confundem-se com mausoléus, que repousam sobre bases de areia movediça, ocultando corpos em decomposição das convenções humanas, condenadas ao descrédito, com a evolução científica e espiritual do homem.

O Evangelho, à luz da Codificação constitui, atualmente, a indestrutível pedra de escanteio, habitualmente rejeitada por pretensos construtores, outrora representados por Anás e Caifás, que entregam Jesus à crucificação, sob o libelo de chamar-se Filho de Deus.

Convém esclarecer finalmente que, na interpretação do presente texto, Evangelho e Jesus, devem ser admitidos por sinônimos.

138
Ascensão do Cristo

> *Estando os Apóstolos com os olhos fitos no Céu, enquanto Jesus subia, eis que dois varões vestidos de branco se puseram ao lado deles, dizendo-lhes: Esse Jesus que dentre vós foi assunto ao Céu virá do mesmo modo como o vistes subir.*
>
> (Atos, 1:11.)

Assinalada pelos Apóstolos depois da crucificação, a visão do Cristo deve ser admitida de natureza mediúnica, considerando que, segundo informação consagrada por Chico Xavier, Jesus teria desmaterializado o próprio corpo, logo após o sepultamento, motivo de não ser encontrado no túmulo, onde fora colocado por José de Arimateia.

Mediunicamente, o Senhor foi visto por Madalena, junto à entrada do túmulo onde, antecipadamente, anota a presença de dois Espíritos, com quem dialoga. No mesmo dia, o primeiro da semana, sem se identificar, o Mestre acompanha dois discípulos no caminho de Emaús, só se dando a reconhecer na hospedaria, ao partir e abençoar o pão; aos discípulos reunidos, por duas vezes aparece no cenáculo, com as portas fechadas, a segunda vez identificada pela presença de Tomé; comparece ainda à pesca milagrosa, confiando a Pedro, pela segunda vez, a responsabilidade de apascentar suas ovelhas; e, finalmente na ascensão, quando dois anjos esclarecem aos Apóstolos que, da mesma forma que viram Jesus ascender aos Céus, seria visto em seu retorno.

Admitida por mediúnica a visão anotada pelos Apóstolos, depois da crucificação de Jesus, logicamente que, de acordo com a afirmação dos *anjos*, que também se mostram por *via mediúnica*, o Senhor seria visto, em seu retorno, da mesma forma, ou seja, por via mediúnica, exigida a condição de os médiuns possuírem evolução moral idêntica à dos Apóstolos.

Importa anotar a referência sobre a vinda do Cristo, recebida do Espírito Emmanuel, pelo médium Chico Xavier, em agosto de 1938: Espíritos abnegados e esclarecidos falam-nos de uma nova reunião da comunidade das potências angélicas do Sistema Solar, da qual é Jesus um dos membros divinos.

A reunião das potências angélicas, segundo Emmanuel, daria-se na atmosfera terrestre, por referir-se aos planos elevados da Espiritualidade, mencionados nas obras de André Luiz ou sobre as nuvens do Céu, como citado nos Evangelhos, a respeito da vinda do Mestre (MATEUS, 24:30).

Enquanto o Senhor ascende ao Céu, sua etérea morada, os seres terrenos, à semelhança dos obsessores dos gadarenos, por força da própria inferioridade, se refugiam entre os suínos, em busca da terapêutica para as próprias imperfeições espirituais.

139
O eterno Senhor

Glorifica-me, ó Pai, contigo mesmo, com a glória que tive junto de ti, antes que houvesse mundo.
(JOÃO, 17:5.)

De significativo valor o exame de um dos versículos da oração sacerdotal do Cristo, por denunciar sua glória com o Pai celestial, desde os perdidos milênios que precedem a criação do sistema solar, a cujos destinos preside.

Enquanto Miqueias (5:2) mostra as origens de Jesus nos distantes dias da eternidade, o Salmo 90 assegura que, antes da formação do mundo, de eternidade em eternidade, ele é o Senhor.

O Salmo 147 usa de termos diferentes para conferir-lhe igual majestade, afirmando que o Senhor conta o número de estrelas, chamando-as todas pelo nome, o que o profeta Isaías ratifica, dizendo: "Ele faz sair o seu exército de estrelas, todas bem contadas, às quais chama pelo nome" (ISAÍAS, 40:26).

Fazer sair estrelas é sinônimo de criar os sóis que constituem os sistemas planetários, as galáxias e o próprio universo.

Emmanuel recorda o assunto, dizendo que, apesar das referências anotadas por Mateus e por Lucas, a genealogia do Mestre confunde-se com a poeira dos sóis que rolam na imensidão do universo. Ele dilata o quadro de sua magnitude, dizendo que Jesus faz parte de uma comunidade de Espíritos puros que, eleitos por Deus, dirigem os fenômenos da vida de "todas as coletividades planetárias".

Esclarece o autor do livro, como já se disse, que, ao receber no plano espiritual os Espíritos exilados de Capela, o Senhor lhes assegurou comovedora e permanente orientação nos difíceis caminhos que haveriam de percorrer no mundo, no curso dos milênios, alimentando-lhes seguras esperanças com a promessa de sua futura presença na Terra, embora conhecendo a extensão da inferioridade moral daqueles seres, que bem depressa olvidariam as exortações que vinham de receber, principalmente depois de mergulharem no oceano da vida física, sob o imperativo da lei do esquecimento.

Sem desconsiderar a contribuição de seus mensageiros, os profetas que o antecedem no curso dos séculos, incluindo o Espírito que vivera 800 anos a. C. como Elias e, mais tarde, como João Batista, considerado pelo Mestre o maior dos nascidos de mulher (MATEUS, 11:11), prefere atender pessoalmente ao reclamo de corações que o esperam no desenrolar dos milênios, estabelecendo, desde então, diretrizes ao drama imorredouro do Calvário, a mais expressiva de suas lições, assinalando para sempre sua presença entre os seres terrenos.

Sua presença, constituindo profecia indesejável para reis e imperadores, prisioneiros de inferiores preocupações, é anotada com inusitado júbilo por desconhecidos magos, detentores de singulares faculdades mediúnicas e de elevados dotes morais.

Utilizando por cenário o quadro simples da natureza, aos 30 anos sinaliza o início de suas atividades messiânicas, com o Sermão do Monte, dirigindo-se a povos de diversos idiomas, pelos quais é entendido, como se sua oração fosse traduzida em vários idiomas, significando que sua doutrina deveria configurar-se por base à cultura religiosa de todas as nações.

No curso de sua curta e abençoada jornada terena, destaca sua preferência às ovelhas desgarradas da casa de Israel — os Espíritos migrados da Capela — para as quais se fez presente no mundo, anunciando o reino dos Céus aos que sofrem o império do reino da Terra, curando enfermidades físicas e espirituais ou multiplicando, pães e peixes.

Na última ceia, identifica o discípulo que o haveria de trair, alheio a qualquer manifestação de julgamento, por ensinar que nada fugia ao domínio de sua autoridade e de seu saber.

Em sua derradeira oração no horto, por constituir-se de lição à humanidade, e não por temor, pede ao Pai que, se fosse possível, afastasse dele o cálice do Calvário, o batismo por que teria de passar, ao qual algumas vezes fizera alusão, acrescentando, no entanto, que se cumprisse a determinação de Deus, lembrando que, para aquela hora, viera ao mundo (JOÃO, 12:27).

Um capítulo de sua messiânica existência que exige cuidadosa meditação consiste na lição inolvidável do Calvário, mencionada nas profecias e nos salmos. Deve-se esclarecer que Jesus poderia escapar ao mandato de prisão, depois de fazer os soldados caírem por terra (JOÃO, 18:6) ou descer da cruz, como ironicamente a multidão propõe. O Unigênito de Deus, porém, pergunta como se cumpririam as escrituras, mediunicamente recebidas com antecedência de milênios? (MATEUS, 26:54). Escreveria ele uma página de medo e de contradição, depois de indicar o caminho da cruz aos que buscavam suas pegadas?

Para os Espíritos imperfeitos, a cruz traduz programa de resgate a que se submetem, quando escravos do erro, considerando o remorso como o quadro mais expressivo de sofrimento no plano espiritual e o calvário por única terapia.

Determinando a Pedro embainhar a espada, depois de ferir a orelha do soldado Malco, o Cristo revela a Justiça divina que preside os destinos de todos os seres em evolução.

Na longa caminhada ao Calvário aceita, com humildade, o concurso do cireneu, como a ensinar o auxílio mútuo que deve presidir a lei de solidariedade.

Finalmente, a lição de imortalidade, ao se apresentar no cenáculo aos Apóstolos tristes e desanimados, ainda no domingo de Páscoa, depois do regresso de Pedro da aldeia de Emaús. Pode-se assegurar que o Cristianismo, ferido de morte com a crucificação de Jesus, renasce com seu regresso do túmulo, identificando-se, mediunicamente, aos discípulos, com o que anuncia a imortalidade e ratifica as mensagens que consagram o Evangelho, determinando rumo certo à frágil embarcação do homem na senda de sua evolução eterna.

É compreensível, pois, entender por que os autênticos cristãos de todos os tempos, alicerçados na conscientização profunda da imortalidade e sustentados por Jesus, que lhes infunde renovadas energias, sentiram-se honrados por conduzirem ao Gólgota a cruz de seu testemunho, não à semelhança do cireneu que a isso se vê obrigado, mas resignadamente, à semelhança de Paulo e de Pedro, por não abjurarem o Cristo que, sendo o Alfa ou o berço da vida na Terra, é igualmente o Ômega ou o objetivo da viagem evolutiva de todos os seres.

140
Assento à direita

Disse o Senhor ao meu Senhor: Assenta-te à minha direita, enquanto ponho teus inimigos debaixo de teus pés.
(MATEUS, 22:44; SALMOS, 110:1.)

Fariseus e religiosos tradicionais, analisando equivocadamente o salmo 110, anotado também por Mateus, atribuem a Davi a condição de ascendente do Cristo, por admitirem Jesus e Deus a mesma pessoa, equívoco que o Senhor procura corrigir com as seguinte palavras: Que pensais vós sobre a genealogia do Cristo? De quem é filho? De Davi, responderam eles. Retrucou-lhes Ele: Como pode ser seu filho se, no Salmo, Davi o chama de Senhor?

Admitindo-se por equivocada a interpretação que se possui sobre o texto, convém emprestar-lhe a seguinte redação: "Disse o Senhor Deus a Jesus, meu Senhor: Assenta-te."

A referência sobre a genealogia do Cristo, presente nos Evangelhos de Mateus e de Lucas, recordando talvez o condicionamento religioso dos tradutores, também sugere Davi por seu ascendente. No entanto, o Espírito Emmanuel assegura que a "genealogia de Jesus confunde-se com a poeira dos sóis que rolam na imensidão do universo".

O profeta Miqueias anota que a origem do Senhor compreende os dias da eternidade (MIQUEIAS, 5:2), enquanto o salmo 90 informa que antes que houvesse mundo, de eternidade em eternidade ele é o Senhor, o que Jesus confirma, na oração sacerdotal, ao referir-se à glória que possui com o Pai, antes que houvesse mundo (João, 17:5). Deve-se, pois, inferir que o salmo de Davi teve por exclusiva finalidade localizar a presença do Mestre junto aos filhos de Israel, considerando ser esperado por outros povos da antiguidade.

Assentar-se à direita de Deus, honra exclusiva atribuída ao Cristo, é demonstrar sua grandeza espiritual, que precede à fundação do sistema solar a que preside.

Jesus também faz alusão aos profetas Abraão e Isaías, que viram a sua glória, pelo que muito se regozijaram (João, 8:56 e 12:41). Conhecer a glória do Cristo é configurar, igualmente, a própria evolução espiritual, admitindo-se por raros os seres que, na Terra, já alcançaram a subida honra de ver o Senhor.

Por inimigos do Mestre (e não de Davi) que ficariam sob seus pés, devem ser catalogados os seres ou organizações que laboram contrariamente aos ditames do Evangelho, abonando a guerra, a corrupção e a fome, institucionalizando a mentira, a apropriação indébita e a dissolução dos valores morais ou ainda impondo distorcidas interpretações a textos evangélicos.

Colocá-los debaixo dos pés significa desprezá-los, em que pese o elevado patamar econômico em que se situam ou os títulos que possuem, considerando o processo de saneamento ao qual, brevemente, a sociedade terrena será submetida, quando proscreverá do planeta os contumazes inimigos e perturbadores da paz e da felicidade humanas.

141
Retorno do Cristo

Seguindo-se à grande tribulação, com poder e grande glória, o Filho do Altíssimo virá sobre as nuvens do Céu.
(MATEUS, 24, 29 a 30; LUCAS, 21 a 27.)

Admitida a existência de edificações espirituais de diferentes categorias, algumas situadas sobre as nuvens do Céu, onde o Espírito, livre do corpo físico, prossegue o processo de evolução, o presente texto, construído com a preposição "sobre" sugere compreensivo destino do Cristo que, na condição de Espírito, e oculto aos olhos físicos, dirige-se a moradas etéreas de maior evolução, conquanto vinculadas à Terra, vencendo o firmamento, à semelhança do que fez aos olhos dos discípulos que, deslumbrados, o consideram caminhando sobre as águas do oceano.

Emmanuel ratifica a acepção, ao dizer:

> Espíritos superiores falam de uma nova reunião da comunidade das potências angélicas do sistema solar, da qual Jesus é um dos membros divinos. Reunir-se-á de novo a sociedade celeste, pela terceira vez, na atmosfera terrestre, desde que o Cristo recebeu a sagrada missão de abraçar e redimir a nossa humanidade, decidindo novamente sobre os destinos da Terra.[46]

---
46 XAVIER, Francisco Cândido. *A caminho da luz*, cap. 24, it. 7.

Estivesse o texto construído com a preposição "sob" — coerente às humanas propostas — a Terra compreenderia o futuro roteiro de Jesus onde materializado, portanto ao olhar do homem, a ela estaria propondo seu retorno.

Importa, pois, admitir por mediúnicas, não só a visão dos Apóstolos, como também o retorno do Filho de Deus, de acordo com as seguintes palavras dos anjos: "Assunto, dentre vós, ao Céu, o Cristo virá *do mesmo modo* como o viste subir" (ATOS, 1:11).

Afastadas do Cristianismo, então transformado em sacramentos, por se rejeitar o elevado conteúdo do Evangelho, as doutrinas convencionais referem-se ao retorno do Senhor em corpo físico, enquanto o judaísmo, deixando de reconhecê-lo por "grande Esperado", ainda aguarda o privilégio de receber, das mãos de outro Enviado celeste, o cetro da supremacia sobre outros povos, olvidando que, no reino dos Céus, o homem não procura elevar-se acima do próximo, mas acima de si mesmo, mediante o próprio aperfeiçoamento espiritual.

Os fariseus pedem do Mestre sinais no Céu, por desprezarem as obras que na terra o identificam por Grande Enviado, enquanto outro sinal no Céu é agora esperado, por não se reconhecer a presença de Jesus na Codificação Espírita.

Edificada por Kardec, sobre a pedra fundamental da mediunidade (MATEUS, 16:18), e traduzindo a eterna presença do Senhor, a Doutrina Espírita vem conferindo aos seres de coração puro as chaves do reino dos Céus (MATEUS, 16:19), enquanto anuncia a transição, espiritualmente proposta para breves anos (JOÃO, 16:13).

A vinda do Mestre, figuradamente, além da implantação de seu reinado neste plano, recorda a grande transição, a que se refere no seguinte texto:

> Assim como foi nos dias de Noé, *também será a vinda do filho*; nos dias anteriores ao dilúvio, em que pesem as exortações do profeta, comiam e bebiam, casavam-se e

davam-se em casamento, até o dia em que Noé entrou na barca, e não perceberam senão quando veio o dilúvio e os levou a todos. Assim será também a vinda do filho do Altíssimo (MATEUS, 24:37 a 39).

Particularmente, a vinda do Senhor, traduz conscientização doutrinária facultada pela Codificação Espírita, por resgatá-lo da cruz, onde simbolicamente situado pelos seres terrenos.

O Senhor só pode ser *visto* por aquele que se coloca acima das nuvens das imperfeições morais, considerando o que diz no sermão do monte: "Bem-aventurado o que tem puro o coração, porque *verá* a Deus".

Importa, pois, compreender a vida física por berço temporário do Espírito em evolução — cuja condição os Espíritos superiores já venceram — amparando-se na religião que educa e espiritualiza, edificando o reinado íntimo, enquanto aguarda o coletivo Reinado divino a ser implantado no processo da grande transição, a que figuradamente, alude o retorno do Filho do Altíssimo.

142
O Cristo e o Pai celestial

> *Tudo me foi entregue por meu Pai. Ninguém sabe Quem é o Filho, senão o Pai; e ninguém sabe quem é o Pai, senão o Filho e aquele a quem ele o quiser revelar.*
> (MATEUS, 11:27; LUCAS, 10:22.)

Membro da divina comunidade de seres angélicos, eleitos pelo Senhor Supremo do universo, o Cristo compreende a fonte da vida e da luz de todos os seres, em cujas mãos permanece o destino do mundo, por inacessível ao tempo e à destruição. O Evangelho, como código universal, constitui sua eterna mensagem de imortalidade, de justiça e de fraternidade.

Verbo da criação do princípio, Jesus representa a coroa gloriosa dos seres terrenos na imortalidade sem fim. O mundo não vê suas sábias mãos na direção das energias que vitalizam o organismo do globo, porque suas determinações foram substituídas pela palavra "natureza".[47]

De significativo valor conhecer a frase que revela sua glória com o Pai celestial, desde os perdidos milênios que precedem à criação do sistema solar a que a Terra pertence: "Glorifica-me ó Pai, com a glória que tenho contigo, antes que houvesse mundo" (JOÃO, 17:5).

---

[47] XAVIER, Francisco Cândido, *A caminho da luz*. "Introdução" e cap. 1.

Despido do véu simbólico ou dogmático, o texto dispensa interpretações que venham a empanar a transparência a seu respeito e acerca do Pai celestial.

Ninguém pode medir o quadro de virtudes e de sabedoria do próximo, *quando a medida procede do inferior para o superior*. Por essa razão, declara o Cristo não aceitar humano testemunho (João, 5:34 a 36), considerando ainda que, pelas obras que realiza em nome de Deus, se faz reconhecido dos Apóstolos, considerados "aqueles a quem ele quis se revelar".

O Senhor complementa a lição, dizendo: "Somente o Pai que me enviou, que ninguém viu a sua forma e de quem jamais se ouviu a voz, dá testemunho a meu respeito" (João, 5:37 e 6:46).

Imensurável o quadro evolutivo que separa os seres terrenos do Filho de Deus, cuja genealogia Emmanuel situa na poeira dos sóis que rolam na imensidão do universo. Se a Terra pertence à terceira geração de planetas, Jesus pertence aos planos das primeiras gerações.

Depois de caminhar sobre o mar, acalmar tempestades, acordar os catalépticos admitidos por mortos, dar vista aos cegos, curar leprosos, levantar paralíticos e de expulsar demônios, deve-se estranhar o comportamento dos sacerdotes, solicitando do Mestre sinais no Céu, mas demonstrando significativo incômodo com as obras que ele realiza na Terra, advertindo, por preservarem a cadeira que ocupam no Sinédrio: Que estamos fazendo, diante dos muitos sinais que esse Homem opera? Se o deixarmos continuar, todos crerão Nele; depois virão os romanos e tomarão o nosso lugar (João, 11:47 a 48).

Embora fazendo cair por terra os soldados e restaurando a orelha do servo do sumo sacerdote (João, 18:6; Lucas, 22:50 a 51), a milícia prossegue o desditoso mandato de prisão, ignorando os manifestos sinais que o Mestre acabara de lhes demonstrar, além de olvidar o exemplo de outros guardas que, anteriormente, se recusaram prendê-lo, por admitirem que ninguém jamais havia feito obras semelhantes (João, 7:45 a 46).

Conquanto o reduzido quadro de seres que demonstram reconhecê-lo, os samaritanos devem ser lembrados pelas palavras que dizem à mulher que o anunciou: "Já agora não é pelo que disseste que cremos; mas por que nós mesmos temos ouvido e sabemos que este é verdadeiramente o Salvador do mundo" (JOÃO, 4:42). Enquanto isso, alguns povos ainda o esperam num carro de fogo vindo do Céu à Terra, não obstante proclamado Filho do Deus Altíssimo pelos obsessores dos gadarenos.

Não importa assegurar o título de cristão, demonstrando exteriores convenções religiosas, dirigindo-se ao Mestre na condição de Judas, examinando o melhor caminho político, a fim de estabelecer a própria dominação, ou levantando mãos postas, no instante das vantagens materiais, ausentando-se dele na hora do sacrifício e do testemunho.

Convém citar o exemplo de Pilatos que o admite isento de culpa, entregando-o, contudo, à multidão insensata que o conduz ao Calvário. Recordem-se também as criaturas que o procuram interessadas apenas na cura das enfermidades, ou na multiplicação dos pães, como revela o seguinte texto: "Vós me procurais, não porque vistes os sinais, mas porque comestes dos pães e vos fartastes" (JOÃO, 6:26).

Importa ainda anotar a voz do Céu, por Mateus atribuída a Deus e por Lucas ao Espírito Santo, mensagem ouvida, também, na transfiguração, por Pedro, Tiago e João, depois do diálogo do Senhor com os Espíritos Moisés e Elias, quando seu rosto resplandece como o sol: "Eis o meu Filho Amado, meu eleito em quem me comprazo; a ele ouvi" (MATEUS, 3:17 e 17:5).

Por referir-se também a Jesus, o precursor informa não ser digno de desatar-lhes as correias de suas sandálias (LUCAS, 3:16).

Ainda sobre Jesus, o eleito de Deus, deve-se admitir que a criação e a direção do sistema solar, citado nos dois primeiros períodos, compreende o legado ou o reinado que lhe foi confiado pelo Pai eterno.

O divino Pai, cuja forma e voz jamais se viu ou ouviu, é conhecido apenas do Cristo que, na oração sacerdotal ainda diz: "Pai justo, o mundo não te conhece; eu, porém te conheço, enquanto os Apóstolos compreendem que tu me enviaste" (João, 17:25).

Se o Mestre é o único a ver o Pai celestial, deve ser admitido também por único a denunciar a completa pureza de coração, a que o Sermão do Monte faz alusão: "Bem-aventurados os que têm puro o coração, porque verão a Deus" (MATEUS, 5:8), concluindo-se que nem o precursor, admitido por maior dos nascidos de mulher, alcançou suficiente pureza de espírito para se ajustar ao quadro das citadas bem-aventuranças.

143
Grande tribulação

> *Porque haverá grande tribulação, como desde o princípio do mundo até agora não tem havido, nem haverá jamais.*
>
> (Mateus, 24:21 a 22.)

O capítulo 24 de *Mateus* divide-se em seis partes. Sob o título *Princípio das dores*, a segunda parte faz menção a guerras e rumores de guerra, fome, epidemias e terremotos, o que, sobejamente, vem sendo mostrado desde o início do século XX.

Com o título de *grande tribulação*, a terceira parte do capítulo, assegura que tais ocorrências nunca existiram, desde o princípio do mundo, nem existirão jamais, acrescentando: "Não tivessem aqueles dias sido abreviados, ninguém seria salvo, mas, por causa dos escolhidos, tais dias serão *abreviados*" (Mateus, 24:22).

Sob acurado exame, a grande tribulação, repousa em dois fatores, em menor escala, presentes do cenário terreno desde as civilizações mais recuadas. Conhecidos por cupidez e dinheiro, aliados à astúcia desenvolvem-se na proporção do progresso facultado pela ciência.

Oriundos da extrema usura, enfermidade espiritual de difícil tratamento, descendente da prepotência, seus efeitos nocivos não podem ser ignorados, considerando o inevitável desequilíbrio que conferem ao quadro econômico social, revelados na redução do poder aquisitivo do povo, não só pela inflação, intencionalmente promovida, como também por falsos índices de correção, com o que os países, a passos largos, caminham para o desfiladeiro de extrema pobreza, por se desconsiderar a obrigatória reparação a ser imposta a seus autores, indiretamente denunciada na sentença de Jesus ao moço rico: "Que insensato és; esta noite mesma tomar-te-ão a alma, e para quem ficará o que acumulas".

Como fator de tribulações, deve-se acrescentar ainda o atual comportamento sexual dos seres terrenos, concluindo-se que, dinheiro e sexo, mal-orientados, recordam solos de areia movediça, aos quais os "tentadores", encarnados ou desencarnados, podem induzir seres incautos, quando permanecem ausentes de conscientização evangélica, à luz da Codificação.

Enquanto o homem interpreta por desastres sísmicos, atmosféricos ou epidêmicos, a *grande tribulação* é consequência da extrema usura e do desequilíbrio das forças da libido, considerando orientadas pelo atual materialismo, portanto afastadas da orientação facultada pela imortalidade do Espírito, traduzindo desestruturação à família e consequente sociedade, para o que concorrem inúmeros fatores, entre os quais, a imprensa, o cinema, a televisão, a *internet*, além do falso conceito de liberdade de sexo, aliado ao materialismo absoluto.

Os desvios anotados no terreno do sexo, em eras anteriores, comparados aos de hoje, devem ser admitidos por *arremedo*, ainda assim acompanhados de significativas correções conhecidas na saga de Sodoma, Gomorra, Herculano e Pompeia.

As forças da libido não podem ser ignoradas ou reprimidas, sob pretexto de constituírem fruto proibido. Deve-se admitir, sem abono aos desvios oriundos do mau uso, a inconveniência do celibato eclesiástico ou dos votos monásticos, com repressão às energias que determinam a vida orgânica na Terra.

Considere-se que os que se fazem eunucos, por amor ao reino de Deus (MATEUS, 19:12), ainda constituem exceções, enquanto seres comuns definem o equilíbrio, no campo das emoções próprias, amparando-se no cônjuge, com o qual organiza a família, sagrada célula no processo da evolução do Espírito. Por isso recomendava Paulo que "é preferível casar-se a viver abrasado" (I Coríntios, 7:9).

O Espírito Lázaro[48] ensina que o homem, em sua origem, só possui instintos, registrando sensações no estado mais desenvolvido da atualidade, para anotar, depois de depurado, os sentimentos do amor, síntese de todas as aspirações dos seres, no roteiro de sua evolução, acrescentando que os instintos, inatos nos seres menos adiantados, compreendem a germinação ou os embriões dos futuros sentimentos.

O conceito atual de liberdade sexual, relaxando os laços do compromisso a dois, destrói a família e o berço, dois fatores de evolução que não podem ser desprezados, sem consequências imprevisíveis a serem refletidas na desorganização da sociedade, sem olvidar o Espírito imortal.

O comportamento sexual deve, pois, ser examinado sob o código do respeito e da responsabilidade, que a união de dois seres enseja, a fim de que sua força não se desvie às veredas da prostituição.

Quando se despreza o leme do respeito, no barco da vida terrena, as forças da libido assumem foros de vulgaridade, denunciando singular desinteresse à educação dos descendentes, em que pese os presentes com que se procura resgatar o desapreço à família.

O equilíbrio da criatura no domínio das forças sexuais, fala de sua evolução moral e da qualidade de suas companhias espirituais.

Nas cidades de Sodoma e Pompeia, enquanto milhares de corpos se rendem ao imperativo das chamas, a dor coletiva mobiliza o processo da evolução moral, em que as superiores diretrizes espirituais se amparam no propósito de se cortar o mal pela raiz.

---

48 KARDEC, Allan. *O evangelho segundo o espiritismo*, cap. XI, it. 8, "A lei de amor".

Em idênticas condições, o atual quadro social que o Céu conhece determinará, com certeza, o futuro quadro de sofrimento individual ou coletivo, emprestando leme e bússola ao barco da evolução moral, atualmente à deriva, no grande oceano revolto que as imperfeições morais recordam, considerando que as leis divinas não se fraudam sem o imperativo da correção.

O adjetivo tabu atribuído aos elevados princípios do respeito e da continência deixa o barco da existência sem leme e sem bússola, alargando os horizontes da liberdade no domínio do sexo sem censura, dando origem à insegurança anotada no terreno do consórcio, ou do compromisso anteriormente assumido pelos nubentes.

A ausência do cônjuge, observada na desarmonia das forças da libido, promove continuada aventura no terreno do sexo, denunciando, na maioria dos seres, aura de forças sexuais desequilibradas, num convite permanente ao consórcio espiritual conhecido por vampirismo.

Aos fatores que concorrem para desestruturar a família, devem ser adicionados a ausência de censura e o falso direito que os seres admitem possuir, olvidando que o direito legítimo, tem por base o dever cumprido. Direito e liberdade devem, por isso, guardar proporção ao progresso moral do homem ou, na sua ausência, acompanhados da censura a ser imposta por lei.

A abreviação daqueles dias, pode compreender a intensidade que Jesus atribui às atuais ocorrências, ou traduzir equívoco na contagem do tempo, tomando por base a diferença de cinco anos, denunciada pela data de seu nascimento, o que se considera *improvável* se a grande tribulação for admitida por fatores sísmicos ou cósmicos, porque compreenderia alteração do tempo medido pelos movimentos de rotação e translação do orbe terreno.

A presença do verbo "antecipar", pode ser admitida por cultura, equívoco de tradução ou porque, no pretérito, o termo traduzia outro sentido.

Visando, pois, emprestar à frase maior coerência, sugere-se que o verbo "antecipar" seja substituído por *cercear*, *interromper*, ou por termo que encerre sentido adequado, considerando que as diretrizes espirituais, antecipadamente conhecidas por Jesus, não permitem alterações.

A jurisprudência sugerida à atual conduta, no terreno da liberdade sexual, à semelhança do perdão de faltas facultado pela confissão, pode ser interpretada por abono aos seres que se distanciam dos elevados ditames do decoro e da moral.

Ainda que adquirindo foros de legitimidade, a Justiça celeste anota o atual comportamento, por *grande tribulação*, por comprometer o equilíbrio emocional do homem, e consequente progresso espiritual, que se respalda no alicerce da família.

Resta aos Espíritos, moralmente superiores — os bem-aventurados que sofrem perseguição por amor à justiça — a certeza de que toda árvore que o Pai celestial não plantou será arrancada e lançada ao fogo, além de admitir por cego conduzindo outro cego, os seres que, por seu comportamento, elegem por destino o fosso das experiências reparadoras.

144
Último juízo

> *Então, no Monte das Oliveiras, os discípulos se aproximaram de Jesus e lhe pediram: Dize-nos que sinal haverá e quando sucederão estas coisas. Vede que ninguém vos engane, disse o Cristo. Porque muitos virão em meu nome e enganarão a muitos. E, por se multiplicar a iniquidade, o amor e a honestidade se esfriarão.*
> (MATEUS, 24:3 a 14.)

Com o significado de "seleção de valores morais", a "grande transição" ou o "último juízo" são anunciados sob diversas denominações. Traduzindo "revelação" sobre o tema, o *Apocalipse* vem a ser, mediunicamente, escrito pelo evangelista João. O Juízo Final é citado pelo profeta Daniel, no título *O tempo do fim* (DANIEL, 12), por Zacarias, na referência à porcentagem dos Espíritos que haverão de permanecer neste plano (ZACARIAS, 13:8) e, indiretamente, por Isaías ao referir-se às estrelas e constelações que estremecerão nos Céus (ISAÍAS, 13:10 a 13). Por Jesus, o grande julgamento é citado sob os seguintes títulos: *Juízo e ressurreição* (JOÃO, 5:28), *Porta estreita* (LUCAS, 13:23), *Nem todos os que dizem Senhor! Senhor! entrarão no reino do Céu* (MATEUS, 7:21), *Trabalhadores da última hora* (MATEUS, 20:1), e *Grande julgamento* (MATEUS, 25:31). No sermão profético, sob os títulos *Princípio das dores, Grande tribulação, Vinda do Filho* (MATEUS, 24:29); e nas *Parábolas do festim das bodas* (MATEUS, 22:1), *da figueira, do bom e do mau servo* (MATEUS, 24:32 e 45), *das dez virgens* e *dos talentos* (MATEUS, 25).

Importa observar que nenhum texto se refere à destruição do mundo, mas à seleção de íntimos valores, tendo por medida o quadro de virtudes adquiridas.

Na profecia de Daniel, "o Espírito jurou por aquele que vive eternamente", que isto se daria depois de 1290 dias, a contar da abominação do devastador, assinalada pela expulsão dos judeus, nos anos 69 e 70 d.C., anotando a felicidade daquele que alcançar os 1335 dias. Se 1290 dias, simbolicamente, correspondem a 1878 anos — período da desolação, à formação do estado de Israel, no ano de 1948 — os citados 1335 dias, em proporção idêntica, perfazem, aproximadamente, 1943 anos que, contados a partir da tomada de Jerusalém, compreende o ano de 2012, também citado nas profecias maias.

Embora constituindo solo fértil ao surgimento de várias opiniões sobre o tema, importa recordar que tais anotações não ultrapassam o terreno das conjecturas, considerando o que, sobre o assunto, consta no evangelho de Mateus: "Mas a respeito daquele dia e hora ninguém sabe, nem os anjos do Céu, senão o Pai celestial" (24:36).

Além do intrínseco sentido, cada capítulo acrescenta lição diferente acerca das leis que deverão presidir a vida dos seres depois da grande aferição de valores, por instituir o reinado do Cristo, neste plano.

A "porta estreita" traduz proposta de esforço íntimo, por vencer primitivas manifestações inerentes ao extenso reino animal, em cuja senda, através dos milênios, a alma adquire a propriedade do raciocínio — a primeira fase do homem — utilizado, atualmente a serviço da prepotência e do egoísmo.

A parábola dos "trabalhadores da última hora" sugere, no entanto, o equilíbrio a ser implantado no mundo da economia terrena, por apagar de seu cenário os atuais bolsões de fome e miséria implantados pela avareza e extrema ambição que, abonadas por perdões simbólicos e pelo sangue do Cristo, instituídos por religiões convencionais, acabaram por institucionalizar o crime da usura, neste plano.

As parábolas das "virgens" e do "festim das bodas" destacam o imperativo da íntima iluminação, por consequência da aquisição dos valores morais, patrimônio inalienável que, à semelhança da candeia ou da lâmpada, faculta autoiluminação ao Espírito, permitindo seu comparecimento à simbólica festa de comunhão de valores, que assinalará a nova era.

Na *Parábola do grande julgamento*, Jesus destaca a responsabilidade do homem que, por olvidar a condição de mordomo dos bens que administra, deixa de assistir os seres que se fazem próximos. Importa lembrar que, para Jesus, nem a cruz se constitui de impedimento ao socorro que empresta a Dimas, o bom ladrão.

Se cotidianas aflições não conseguem modificar o comportamento do homem, inevitável a presença das "grandes tribulações", considerando o reajuste moral exigido para o ingresso no reinado do Cristo, a ser implantado neste plano, em sua simbólica vinda à Terra.

Na *Parábola da figueira*, revelando os sinais que precederão o derradeiro "juízo", o Cristo esclarece ainda que o quadro de indiferentismo destacado nos dias de Noé compreende o mesmo a ser observado na próxima transição, considerando que os seres terrenos, sugerindo exclusividade e apego à vida física, olvidam aquisições que contemplam o Espírito imortal, cujo destino compreende as etéreas moradas.

A qualificação de "último", sugere a existência dos demais julgamentos que ocorrem no final de cada existência, tomados então por base à qualidade de vida noutra dimensão e à elaboração de futuros "destinos", considerando falsa a teoria do sono eterno e a ineficácia dos rituais e dos perdões simbólicos, acenados por doutrinas convencionais.

Admitida por ocorrência global, esclarece o Senhor que, procedendo do Oriente, do Ocidente, do setentrião e do meio dia, ou seja, de Norte a Sul e de Leste a Oeste, todas as nações compareçam à sua presença e, com a mesma facilidade com que o pastor separa bodes de ovelhas, por íntimas qualidades, os seres serão por ele distinguidos.

Por mencionar, figuradamente, a porcentagem de Espíritos a serem afastados da Terra, Jesus esclarece que, se dois estiverem no campo, um será tomado e deixado o outro; se duas pessoas estiverem trabalhando no moinho, uma será tomada e deixada a outra, ratificando o índice de 50%, compreendido na *Parábola das dez virgens*, enquanto Zacarias, o único profeta que se refere ao assunto, menciona dois terços o percentual dos seres que serão excluídos, permanecendo neste plano apenas um terço da humanidade atual (ZACARIAS, 13:8).

Difícil, no entanto, saber se o percentual tem por base os seres encarnados, atualmente, compreendidos em sete bilhões, ou se abrange todas almas que habitam a Terra, estimadas em vinte bilhões, de acordo com anotações do Espírito André Luiz.

Os textos evangélicos falam, igualmente, de guerras e de terremotos, sem olvidar os falsos profetas que, no entanto, só enganam aos que com eles se identificam, acrescentando: "Onde estiver o cadáver, aí se ajuntam os abutres", concluindo--se que, nos templos onde comparece a vaidade e onde se cultivam interesses subalternos, simbolizando cadáveres, certamente que o Cristo e o homem sensato não haverão de comparecer.

Escritas por Emmanuel, importa conhecer as palavras que, sobre o assunto, o autor atribui ao Cristo.

Falando à guisa de profecia, ao receber o Espírito Lívia no seu reinado espiritual, depois de liberta do sacrifício que padecera no circo romano, "a voz do Mestre parece encher os âmbitos do próprio infinito, como se ele a lançasse, qual baliza divina do seu amor, no ilimitado 'espaço e tempo', no seio radioso da Eternidade":

> Quando a escuridão se fizer mais profunda nos corações da Terra, determinando a utilização de todos os progres-

sos humanos para o extermínio, para a miséria e para a morte, derramarei minha luz sobre toda a carne e todos os que confiarem nas minhas promessas, ouvirão compreensivas vozes e apelos santificantes!...

Sim! Amados meus, porque o dia chegará no qual todas as mentiras humanas hão de ser desmascaradas pela claridade das revelações do Céu. *Um sopro poderoso de verdade e vida varrerá toda a Terra, que pagará,* então, à evolução de seus institutos, *pesados tributos de sofrimento e de sangue!* ... Exausto de receber fluidos venenosos da ignomínia e da iniquidade de seus habitantes, *o próprio planeta protestará contra a impenitência dos homens, rasgando as entranhas em dolorosos cataclismos. As impiedades terrestres formarão pesadas nuvens de dor que rebentarão, no instante oportuno, em tempestades de lágrimas na face escura da Terra.*

Na oficina dos séculos porvindouros, todavia, após as convulsões renovadoras da vida planetária, com a seleção natural dos Espíritos e, reajustadas as instituições terrestres na fraternidade e no bem, na paz e na justiça, examinadas todas as ruínas, e extraído o material passível de aproveitamento, então organizaremos para o mundo novo ciclo evolutivo, consolidando, com as divinas verdades do Consolador, os progressos definitivos do homem espiritual.[49]

Para a citada seleção, o Mestre toma por base o bem e o mal, ainda que indiretos, observados nas ações dos homens, classificados simbolicamente como ovelhas e bodes, situados, respectivamente, à sua direita e à sua esquerda, esclarecendo: "Toda vez que deixastes de atender a um destes pequeninos, foi a mim que o deixastes de fazer" (MATEUS, 25:45). Não se confunda, todavia, o termo pequenino por mendigo, nem o verbo "atender" por dar esmola, até porque o Mestre não necessita de humanas espórtulas.

---

[49] XAVIER, Francisco Cândido. *Há dois mil anos.*

À guisa de advertência, além das bem divulgadas profecias maias, mensagens diversas, oriundas de várias fontes, referem-se ao grande e último Juízo, sem *conseguirem*, contudo, qualquer modificação nos inferiores hábitos do homem que, à semelhança de sonâmbulo, sem respeito ao alheio direito e ao sabor das próprias imperfeições, caminha em busca do imediatismo, atendendo ao exclusivo apelo da ambição e da prepotência.

Compreendidas por recados de Jesus, as profecias não conseguem mudar a índole e o caráter dos seres, cuja evolução espiritual exige renovadas parcelas de tempo e sofrimento mais intensivo.

As grandes transformações, por vezes, mencionadas por fenômenos sísmicos ou cósmicos, registradas na evolução do planeta, lembrando linhas diretivas e assinalando períodos evolutivos do homem, são conhecidas do Cristo que, por via mediúnica, se necessário, as revela aos seres terrenos.

Admita-se, todavia, que as anunciadas ocorrências não serão idênticas para todas as nações, considerando a desigualdade do carma coletivo e individual. Enquanto alguns países anotam tremores de terra, erupções de vulcões ou *tsunamis*, outras nações, com base na desmedida ambição do poder econômico, somada à falsa orientação religiosa dominante, denunciam complexas e inexplicáveis dívidas externas ou internas, prescrevendo ao povo pesadíssimos tributos que dão origem a extensas crises econômicas, responsáveis por processos de inflação, por elevado índice de desemprego, além do aviltamento dos salários, considerando, veladamente, manipulados os índices de correção.

Admita-se, então, que tais ocorrências traduzem os sinais anunciados pelo Mestre (MATEUS, 24:33), revelando a proximidade da transição planetária, recordando, em consequência, o imperativo de renovação imediata dos íntimos valores morais do indivíduo.

Como significativo sinal do fim dos tempos e consequente expiação de dívidas materiais e morais, importa recordar o terrorismo que, em setembro de 2001, veio a reduzir a ruínas as famosas torres gêmeas, orgulho da nação americana, com o que o país inicia o resgate ao insensato ataque nuclear de 1945, de que foram vítimas as cidades de Hiroshima e Nagazaki, observando-se, todavia, que, de modo idêntico, o país do "sol nascente", surpreendido por um *tsunami* em março de 2011, também resgata a arbitrária ação de afundar, sem justo motivo, centenas de navios americanos estacionados em Pearl Harbor, não significando, contudo, que o carma das vítimas de ambas as ocorrências estivesse obrigatoriamente vinculado à causa que deu origem aos citados dramas.

Não obstante a vulnerável localização do país nipônico sobre inseguras placas submarinas, importa considerar que, nos ventos e tempestades que o Senhor acalma diante dos Apóstolos, reconhece-se o poder do Cristo para moderar ou aplacar fenômenos da própria natureza, desde que isentos os homens de pretéritas culpas que constituem a principal origem dos inúmeros quadros de surpresa e de sofrimento.

Se a morte do corpo físico significa juízo parcial, no mundo de cada ser, determinando, até agora, o porvir do Espírito no próprio lar terreno, o Juízo Final, ou grande julgamento, definirá o futuro da alma que, na hipótese de reprovação moral, pode situar-se noutro planeta.

Pelo significativo choque que produzem ao Espírito, mortes coletivas — traduzindo a expressão evangélica "ressurreição para o juízo" (João, 5:29) — denunciam vigorosos capítulos determinados pelo processo evolutivo, visando o despertar do *sono eterno* de longas experiências comprometedoras, além de *improfícuos e demorados condicionamentos religiosos* a que, por vezes, o homem se entrega por milênios, retardando significativamente a própria evolução espiritual.

Finalmente, importa esclarecer que as profecias não têm por finalidade isentar o homem da morte física, já que o chão do planeta não se configura por eterno domicílio. Admitida por futuro de todos os seres, *a morte física não deve implicar preocupação, mas vigilância permanente* sobre si mesmo, por assegurar a evolução espiritual, vacinando-se contra surpreendentes quadros de dor.

Ode ao Evangelho

Três séculos vividos de Cristianismo,
De torpes perseguições, sem merecer,
Os discípulos do Cristianismo nascente,
De pobres catacumbas vão esquecer.

Do umbral, portões abertos, à besta,
Inescrupuloso domínio vai propor;
De sua excêntrica e fecunda cabeça,
Atrozes planos ao mundo vai impor.

Por alimentar o subalterno projeto,
Existências de executivos providencia;
E, mediante o edito de Milão, de 313,
De sacramentos, a seita que cria.

Contrariando o reinado do Cristo,
Constantino, o velho mundo doma;
Por vencer o candidato Maxêncio,
Em grande triunfo entra em Roma.

O conhecido Concílio de Niceia
Inescrupulosas diretrizes vai propor;
Adicionando ao novo testamento,
Os sacramentos que o irão compor.

J. Moutinho

Prosseguindo diabólicos projetos,
Manuscritos e papiros recolhidos,
Por receberem estranhas versões,
Rituais e dogmas lhe são incluídos.

Introduzidos na versão dos setenta,
E sugeridos a Jesus os sacramentos,
Ao Novo Testamento soma o batismo,
Da remissão, pelo arrependimento.

Simbólica e longa noite, então inicia,
Consequência da confissão auricular;
Por, dos fieis, vasculhar toda vida,
Seus destinos, a Igreja a governar.

Consequência de seguidos concílios,
Conceitos novos, com estranho ledo;
No século oito, imagens conferem
O simbólico patrimônio de São Pedro.

Das inúmeras propostas em pauta,
A inquisição é conceito consagrado;
Fomentando seguidas perseguições,
E confiscando dinheiro cobiçado.

Em 1231, no trono o papa Gregório,
Oficializa a despótica inquisição,
No mundo, interpretada por flagelo,
O simbólico sudário da maldição.

Como inquisidores, Aquino, Loiola e
Torquemada, lembram noite de terror;
Por seis séculos, enchendo o mundo,
De calúnia, lágrimas e profunda dor.

Importa, se recordem os valdenses,
Pelo Vaticano, então excomungados;
Por exemplificarem dias apostólicos,
Como hereges, executados.

Do século quinze, a arrecadação,
Por consequência das indulgências;
Procedendo o protesto, de Calvino,
E Lutero, do papa, sem clemência.

Em 24 de agosto, de 1572,
Na França do reinado seu;
Catarina de Médicis, decreta
A cruel noite de São Bartolomeu.

Por mil anos, Satanás detido,
Como do Apocalipse, a anotação;
Faculta à América a liberdade,
E ao codificador a encarnação.

Breve trégua, experimenta o mundo,
Conquanto no limiar, duas guerras;
Facultando a renovação de ânimos,
Às sofridas gerações da Terra.

Resultado da ausência de Satanás,
A profética e frágil democracia;
Considerando singular preocupação,
À tribulação descrita na profecia.

Assegura o evangelho de Mateus,
Traduzindo informação de pais;
Que a adversidade daqueles dias,
Nunca houve, nem haverá jamais.

J. Moutinho

Por seguidos séculos condicionados,
Os espíritos da atual geração,
Que aos dogmas se mantém ligado
O próprio adepto da Codificação.

Recordando a história da Igreja,
Quadro idêntico, na geração atual;
Onde a importância do ser se mede,
Na proporção do intrínseco mal.

Por vencida a prisão dos mil anos,
Pela extensa superfície do plano;
Seduzindo a Gogue e a Magogue,
O desforço do maligno, insano.

Número idêntico às areias do mar,
O povo, por Satanás conduzido;
O acampamento dos bons sitiando,
Com fogo do céu será consumido.

Apocalíptico, o lago de enxofre,
Onde o diabo e sedutor lançados;
O planeta inferior que os espera,
Por longos séculos atormentados.

Homem! que às lides de servidor,
Do Espiritismo, foste conduzido;
Não copies o sacerdócio organizado,
De soberba e vaidade construído.

Na vida tudo passa, embora lento,
Obediente, como se fora, ao destino;
Eterna e simbólica a foice do tempo,
Nas mãos do Cristo, traduz ensino.

Dos predecessores, os destinos observa,
Como terminaram a vida de mando;
Por desafetadas e humildes sendas
Sem títulos, à Espiritualidade voltando.

De conscientização, a evangélica espada,
Somada à inconfundível evolução;
Enche, do coração, o simbólico alforje
Despindo a capa da presunção.

Vivenciando a humildade que procede
Do coração, do Cristo crucificado;
Do tempo, nem a foice temerás
Se no divino manto agasalhado.

Com base na maturidade do espírito,
O ensino se transmite escalonado;
Pois, embora abertos os olhos físicos
De alguns, o entendimento fechado.

Denunciando farisaico desinteresse
E, pelo diabinho coxo inspirado
Dança, música e arte, introduz o
Instrutor, no estudo sistematizado.

Referências

A BÍBLIA Sagrada. Tradução de João Ferreira de Almeida. Brasília: Sociedade Bíblica do Brasil, 1993.

FERREIRA, Aurélio Buarque de Holanda. *Novo dicionário Aurélio da língua portuguesa*. 4. ed. Curitiba: Positivo, 2009.

FRANCO, Divaldo Pereira. Campeonato da insensatez. Pelo Espírito Vianna de Carvalho e outros. *Reformador*, ano 124, n. 2.131, p. 366-368, out. 2006.

KARDEC, Allan. *A gênese*. Tradução Guillon Ribeiro. 53. ed. Brasília: FEB, 2013.

_____. *O evangelho segundo o espiritismo*. Tradução Guillon Ribeiro. 131. ed. Brasília, FEB, 2014.

MOUTINHO, João J. *Os profetas*. Rio de Janeiro: FEB, 2010.

O NOVO Testamento. Tradução de Haroldo Dutra Dias. Brasília: FEB, 2010.

OS FILHOS de Galileu. Produção, roteiro e direção de Alison Rose. Ontario: Inigo Films, 2004. 1 DVD (48 min).

PEREIRA, Yvonne do Amaral. *Dramas da obsessão*. 11. ed. Brasília: FEB, 2013.

_____. *Recordações da mediunidade*. 12. ed. Brasília: FEB, 2013.

XAVIER, Francisco Cândido. *A caminho da luz*. 38. ed. Brasília: FEB, 2013.

_____. *Caminho, verdade e vida*. Brasília: FEB, 2014.

_____. *Há dois mil anos*. Pelo Espírito Emmanuel. 49. ed. Brasília: FEB, 2014.

_____. *Nos domínios da mediunidade*. 36 ed. Brasília: FEB, 2014.

_____. *O consolador*. 29 ed. Brasília: FEB, 2013.

_____. *Voltei*. 28. ed. Brasília: FEB, 2014.

O EVANGELHO SEM MISTÉRIOS NEM VÉUS					
EDIÇÃO	IMPRESSÃO	ANO	TIRAGEM	FORMATO	
1	1	2015	150	14x21
1	2	2015	2.000	14x21
1	POD*	2021	POD	14x21
1	IPT**	2022	50	14x21
1	IPT	2023	50	14x21
1	IPT	2024	60	14x21
1	IPT	2024	60	14x21

*Impressão por Demanda
**Impressão Pequenas Tiragens

O EVANGELHO NO LAR

Quando o ensinamento do Mestre vibra entre quatro paredes de um templo doméstico, os pequeninos sacrifícios tecem a felicidade comum.[1]

Quando entendemos a importância do estudo do Evangelho de Jesus, como diretriz ao aprimoramento moral, compreendemos que o primeiro local para esse estudo e vivência de seus ensinos é o próprio lar.

É no reduto doméstico, assim como fazia Jesus, no lar que o acolhia, a casa de Pedro, que as primeiras lições do Evangelho devem ser lidas, sentidas e vivenciadas.

O espírita compreende que sua missão no mundo principia no reduto doméstico, em sua casa, por meio do estudo do Evangelho de Jesus no Lar.

Então, como fazer?

Converse com todos que residem com você sobre a importância desse estudo, para que, em família, possam compreender melhor os ensinamentos cristãos, a partir de um momento de união fraterna, que se desenvolverá de maneira harmônica e respeitosa. Explique que as reflexões conjuntas acerca do Evangelho permitirão manter o ambiente da casa espiritualmente saneado, por meio de sentimentos e pensamentos elevados, favorecendo a presença e a influência de Mensageiros do Bem; explique, também, que esse momento facilitará, em sua residência, a recepção do amparo espiritual, já que auxilia na manutenção de elevado padrão vibratório no ambiente e em cada um que ali vive.

Convide sua família, quem mora com você, para participar. Se mora sozinho, defina para você esse momento precioso de estudo e reflexões. Lembre-se de que, espiritualmente, sempre estamos acompanhados.

Escolha, na semana, um dia e horário em que todos possam estar presentes.

O tempo médio para a realização do Evangelho no Lar costuma ser de trinta minutos.

---

[1] XAVIER, Francisco Cândido. *Luz no lar*. Por Espíritos diversos. 12. ed. 7. imp. Brasília: FEB, 2018. Cap. 1.

As crianças são bem-vindas e, se houver visitantes em casa, eles também podem ser convidados a participar. Se não forem espíritas, apenas explique a eles a finalidade e importância daquele momento.

O seguinte roteiro pode ser utilizado como sugestão:

1. Preparação: leitura de mensagem breve, sem comentários;
2. Início: prece simples e espontânea;
3. Leitura: *O evangelho segundo o espiritismo* (um ou dois itens, por estudo, desde o prefácio);
4. Comentários: breves, com a participação dos presentes, evidenciando o ensino moral aplicado às situações do dia a dia;
5. Vibrações: pela fraternidade, paz e pelo equilíbrio entre os povos; pelos governantes; pela vivência do Evangelho de Jesus em todos os lares; pelo próprio lar...
6. Pedidos: por amigos, parentes, pessoas que estão necessitando de ajuda...
7. Encerramento: prece simples, sincera, agradecendo a Deus, a Jesus, aos amigos espirituais.

As seguintes obras podem ser utilizadas nesse momento tão especial:

- *O evangelho segundo o espiritismo*, como obra básica;
- *Caminho, verdade e vida*; *Pão nosso*; *Vinha de luz*; *Fonte viva*; *Agenda cristã*.

Esse momento no lar não se trata de reunião mediúnica e, portanto, qualquer ideia advinda pela via da intuição deve permanecer como comentário geral, a ser dito de maneira simples, no momento oportuno.

No estudo do Evangelho de Jesus no Lar, a fé e a perseverança são diretrizes ao aprimoramento moral de todos os envolvidos.

www.febeditora.com.br
@febeditoraoficial
@febeditora

Conselho Editorial:
Carlos Roberto Campetti
Cirne Ferreira de Araújo
Evandro Noleto Bezerra
Geraldo Campetti Sobrinho – Coord. Editorial
Jorge Godinho Barreto Nery – Presidente
Maria de Lourdes Pereira de Oliveira
Miriam Lúcia Herrera Masotti Dusi

Produção Editorial:
Elizabete de Jesus Moreira

Revisão:
Davi Miranda

Capa:
Fernanda Falleiros Wirth Chaibub
Thiago Pereira Campos

Projeto Gráfico:
Fernanda Falleiros Wirth Chaibub

Diagramação:
Thiago Pereira Campos

Foto de Capa:
www.istockphoto.com/merydolla
www.istockphoto.com/pixelparticle

Normalização Técnica:
Biblioteca de Obras Raras e Documentos Patrimoniais do Livro

Esta edição foi impressa no sistema de Impressão pequenas tiragens, em formato fechado de 140x210 mm e com mancha de 97x163 mm. Os papéis utilizados foram o Off white 80 g/m² para o miolo e o Cartão 250 g/m² para a capa. O texto principal foi composto em Adobe Garamond Pro 11,5/13,3 e os títulos em Centaur 26/49. Impresso no Brasil. *Presita en Brazilo.*